读懂新课程 丛书

丛书主编　张广斌　陈忠玲

数学大单元
教学设计与课例精选

SHUXUE DADANYUAN

JIAOXUESHEJI YU KELI JINGXUAN

綦春霞

丁明怡

编　著

北京师范大学出版集团
BEIJING NORMAL UNIVERSITY PUBLISHING GROUP
北京师范大学出版社

图书在版编目（CIP）数据

数学大单元教学设计与课例精选 / 綦春霞，丁明怡
编著. -- 北京 ：北京师范大学出版社，2025.4.
（读懂新课程丛书 / 张广斌，陈忠玲主编）. -- ISBN
978-7-303-30303-8

Ⅰ.G633.602

中国国家版本馆 CIP 数据核字第 2024KL1223 号

出版发行：北京师范大学出版社 https://www.bnupg.com
　　　　　北京市西城区新街口外大街 12-3 号
　　　　　邮政编码：100088

印　　刷：	保定市中画美凯印刷有限公司	
经　　销：	全国新华书店	
开　　本：	710 mm×1000 mm　1/16	
印　　张：	18.5	
字　　数：	340 千字	
版　　次：	2025 年 4 月第 1 版	
印　　次：	2025 年 4 月第 1 次印刷	
定　　价：	68.00 元	

策划编辑：鲍红玉　　　　　　　　责任编辑：宋　星
美术编辑：李向昕　　　　　　　　装帧设计：李向昕
责任校对：陈　荟　马力敏　　　　责任印制：马　洁

读懂新课程

丛书编委会

顾　问

顾明远

主　任

田慧生

主　编

张广斌　陈忠玲

编　委（按姓氏笔画排序）

丁明怡　李晓东　杨　利　杨　清　杨明全
吴刚平　吴欣歆　张　悦　张广斌　张志忠
陆志平　陈忠玲　范佳午　胡定荣　桑国元
黄延林　黄晓玲　崔允漷　康世刚　綦春霞

总　序

　　课程教学是立德树人的关键环节，深化课程教学改革是建设教育强国的重点领域。习近平总书记多次强调课程教学改革的重要性。在 2018 年全国教育大会上，习近平总书记指出，要着眼于"教好"，围绕教师、教材、教法推进改革，探索形式多样、行之有效的教学方式方法，切实在素质教育上取得真正的突破；在 2024 年全国教育大会上，习近平总书记再次强调要全面提升课堂教学水平。新课程承载着党和国家的育人新要求、新使命，深化课程教学改革对于全面落实教育强国建设具有重大战略意义。

　　我国 2022 年新修订的义务教育课程方案和语文等 16 门学科课程标准颁布，标志着具有中国特色、世界水平的义务教育课程新蓝图绘就，并正式进入素养导向的课程实施阶段。深化课程教学改革是一项复杂系统工程，涉及方方面面。在对新课程的认识理解上，要站在党和国家事业发展全局，坚守为党育人、为国育才使命，整体把握新课程培养目标、课程方案、教学方式、考试评价、专业支撑等的内在逻辑；在新课程落地实施上，强调课程内容的结构化，强化综合学习、学科实践，倡导学习中心课堂，强调时代性、基础性、综合性、实践性等特点，创新探索教育教学新方式，培育课程教学改革新生态。

　　读懂新课程丛书重点在于推动从政策理念到教学行动的转变，既有从政策理论角度引领新课程教学的导论，又有针对一线教师关切，结合课程教学改革重点难点热点焦点，聚焦于大单元教学、项目式学习、跨学科主题学习、STEM 教育、作业设计、中华优秀传统文化教育等重点领域进行的目标引领与实践探索。

　　为确保政策性、专业性、指导性和实用性，高站位、高品质、高质量，充分发挥不同领域专家在课程教学改革中的专业优势，本丛书邀请高校科研院所专家学者、课标教材修订专家、教研员、一线教师等共研共创、协商对话，促使新课标理念与教学实践融通，让新课标理念落位课堂，培养教师，滋养学生。

　　本丛书内容主要包括三部分：一是总论部分，主要论述新课程的政策逻辑、顶层设计，以及课程教学改革新生态三个方面的内容。二是学科分论或专题分论部分，分别概述并阐释大单元教学、项目式学习、跨学科主题学习等重点领域的教育理念及实施路径。三是教学实施部分，主要呈现新课程政策理念在课堂教学中的具体实践。课例主要由中国人民大学附属中学、清华大学附属中学、北京市十一学校、北京市第四中学、北京市第二中学、郑州外国语学校、重庆谢家湾学校、北京市海淀区中关村第一小学、杭州市春晖小学、贵阳市第一实验小学等全国知名学校的骨干教师参与教学研发。

本丛书将政策、理论、实践相互关联、相互促进。政策提供改革蓝图，理论提供指导思想，实践为新课程落地操作，它们相互依存、相互支撑，共同形成新时代深化课程教学改革的一盘大棋。另外，我们还运用数字技术开发了融媒体资源，打破了时空限制，为读者提供了可视化的、鲜活真实的课堂教学案例。

新课程，是召唤性概念，既具有专业引领性，又具有课程教学改革的牵引性。新课程，是发展性概念，只有扎根教学实践土壤才能不断生长。新课程，还是协同性概念，需要政府、学校、家庭、社会共同培育课程实施新生态。读懂新课程，以行动诠释理念，以成果证明价值；读懂新课程，让课堂充满活力，让教学充满激情，让教育充满智慧；读懂新课程，才能最终实现从理念到行动的转换和升华。

感谢参与本丛书撰写的高校科研院所专家学者、课标教材修订专家、教研员、一线教师。他们的辛苦付出、精益求精的敬业精神和研究态度，保证了本丛书正确的方向性和专业的引领性。感谢北京师范大学出版社的大力支持和精心组织，鲍红玉编辑、郭翔编辑、何琳编辑在书稿前期的体例设计和撰写等方面提出了宝贵的意见，各分册图书责任编辑对书稿文字表述等进行了细致的修改，为本丛书的顺利出版提供了质量保证。

本丛书汇聚了专家学者对新课程的发展性思考，展现了一线教师的实践性创新。我们期待以此为支点，汇集更多新课程战线上的有识之士和中坚力量，撬动课程教学改革不断走深走实，为教育强国建设注入强劲动力。如有不足之处，敬请读者批评指正。

张广斌　陈忠玲
2024 年 10 月

前　言

随着新课程改革的推进，核心素养成为理论研究与实践探索所关注的焦点。而大单元教学作为落实核心素养的有效途径之一，受到了高度关注。《义务教育课程方案（2022年版）》中要求"推进综合学习""探索大单元教学，积极开展主题化、项目式学习等综合性教学活动，促进学生举一反三、融会贯通，加强知识间的内在关联，促进知识结构化"。《义务教育数学课程标准（2022年版）》在课程实施部分提出"改变过于注重以课时为单位的教学设计，推进单元整体教学设计，体现数学知识之间的内在逻辑关系，以及学习内容与核心素养表现的关联"。因此，大单元教学是落实新课程理念的重要的教学方式和途径。数学大单元教学设计基于对数学内容本质和学生认知规律整体分析，合理整合数学教学内容，分析单元与课时的知识和素养的表现，确立单元教学目标，整体规划单元教学活动，目的是促进学生对数学知识的整体理解和把握，发展学生的核心素养。

本书是"读懂新课程丛书"之一，内容分为三个模块。模块一：读懂新课程，实现从理念到行动的蝶变，从新课程的政策逻辑、顶层设计和课程改革的生态等理念给予引领；模块二：数学大单元教学设计及实施，基于《义务教育数学课程标准（2022年版）》的理念要求，围绕数学核心素养，解读了大单元教学及数学大单元教学设计的内涵、要素，以及单元整体的结构化设计与实施。模块三：数学大单元教学课例精选，从单元设计的背景、单元中的核心知识及其知识结构、单元基本问题、单元学习目标、单元活动整体规划、单元评价方案、具体课时设计、核心活动的实施实录以及教师的反思与成长九个方面给出10个课例，内容涉及"数与代数""图形与几何""概率与统计"等领域，兼顾了小学、初中不同学段的要求。总之，本书的内容设计体现了新课程理念的高位引领、数学学科的本质，以及精品课例实践示范的特色。

本书由綦春霞、丁明怡主编并统稿。模块一由张广斌完成。模块二中的"大单元教学解读"与"数学课程中的素养及其要求"由綦春霞完成，"数学大单元要素及其实施"由丁明怡完成。模块三中的课例由来自北京、广东、上海等地的骨干教师完成。课例一由李翔、李汝贵、熊俊高完成；课例二由王国友、丁丽兵、曹娟娟完成；课例三由邱喆完成；课例四由李岩完成；课例五由刘洁完成；课例六由张苏完成；课例七由钟琳玲、栾鹏、吕士成完成；课例八由佟威完成；课例九由师春红完成；课例十由廖北怀完成。

在本书的编辑过程中，北京师范大学出版社鲍红玉编辑在书稿体例的设计和撰写方面提出了宝贵意见，宋星编辑对书稿文字进行了细致修改。在此一并表示感谢！

数学大单元教学是落实数学核心素养重要且有效的途径，但不是唯一途径。数学教学的改革需要我们持续创新。让我们携手并进，不断实践和攀登，只要我们坚定目标，不懈努力，就一定能达到理想的彼岸。

綦春霞　丁明怡
2024 年 10 月

目 录 C O N T E N T S

▶模块一

读懂新课程，实现从理念到行动的蝶变

一、站在党和国家事业发展全局的战略高度，把握新课程的政策逻辑 /003

(一)新课程是新时代国家意志的重要体现，具有鲜明的政治属性 /004

(二)新课程是新时代科技和经济的思想投射，具有鲜明的时代属性 /005

(三)新课程是新时代社会和文化的现实观照，具有鲜明的民生属性 /007

二、立足落实立德树人根本任务，系统把握新课程顶层设计的育人初心 /009

(一)新课程作为落实党的教育方针的关键载体，担负着促进学生全面个性发展的使命 /009

(二)新课程明确了核心素养新导向，助推着立德树人根本任务落实落地 /011

(三)新课程作为育人思想的重要体现，刻画着立德树人的实践新样态 /012

三、着眼素养导向的学习中心课堂，培育课程改革新生态 /014

(一)确立素养导向的教学目标，强调核心素养本位 /014

(二)建立学习中心课堂，强调以学为主 /015

(三)培育课程新生态，聚焦于新课程实施 /016

▶模块二

数学大单元教学设计及实施

一、大单元教学解读 /023

(一)大单元提出的背景 /023

(二)大单元整体教学的基本内容及实施要求 /024

(三)基于素养导向的大单元设计 /026

目录　C O N T E N T S

二、数学课程中的素养及其要求　/030

　　（一）数学课程标准解读　/030

　　（二）数学学科素养及其内涵　/032

　　（三）数学核心素养导向下的大单元设计　/040

三、数学大单元要素及其实施　/047

　　（一）数学大单元要素　/047

　　（二）数学大单元教学设计　/047

　　（三）数学大单元的情境创设　/052

▶**模块三**

数学大单元教学课例精选

课例一　万以内数的认识　/057

　　一、单元设计的背景　/057

　　二、单元中的核心知识及其知识结构　/058

　　三、单元基本问题　/061

　　四、单元学习目标　/061

　　五、单元活动整体规划　/061

　　六、单元评价方案　/063

　　七、具体课时设计　/069

　　八、核心活动的实施实录　/072

　　九、教师的反思与成长　/072

课例二　图形变换　/074

　　一、单元设计的背景　/074

　　二、单元中的核心知识及其知识结构　/074

目录 C O N T E N T S

三、单元基本问题 /080

四、单元学习目标 /081

五、单元活动整体规划 /081

六、单元评价方案 /093

七、具体课时设计 /099

八、核心活动的实施实录 /104

九、教师的反思与成长 /104

课例三 制作绘圆尺 /107

一、单元设计的背景 /107

二、单元中的核心知识及其知识结构 /107

三、单元基本问题 /109

四、单元学习目标 /110

五、单元活动整体规划 /110

六、单元评价方案 /115

七、具体课时设计 /115

八、核心活动的实施实录 /119

九、教师的反思与成长 /119

课例四 有理数的运算 /124

一、单元设计的背景 /124

二、单元中的核心知识及其知识结构 /125

三、单元基本问题 /127

四、单元学习目标 /128

五、单元活动整体规划 /128

六、单元评价方案 /133

七、具体课时设计 /135

八、核心活动的实施实录 /140

九、教师的反思与成长 /140

目 录 C O N T E N T S

课例五 一元一次方程的应用 /143

一、单元设计的背景 /143

二、单元中的核心知识及其知识结构 /143

三、单元基本问题 /145

四、单元学习目标 /146

五、单元活动整体规划 /146

六、单元评价方案 /149

七、具体课时设计 /152

八、核心活动的实施实录 /154

九、教师的反思与成长 /154

课例六 二次函数 /156

一、单元设计的背景 /156

二、单元中的核心知识及其知识结构 /157

三、单元基本问题 /159

四、单元学习目标 /159

五、单元活动整体规划 /159

六、单元评价方案 /162

七、具体课时设计 /169

八、核心活动的实施实录 /172

九、教师的反思与成长 /172

课例七 平行四边形 /175

一、单元设计的背景 /175

二、单元中的核心知识及其知识结构 /176

三、单元基本问题 /178

四、单元学习目标 /179

五、单元活动整体规划 /179

六、单元评价方案 /190

目录 C O N T E N T S

七、具体课时设计 /205

八、核心活动的实施实录 /210

九、教师的反思与成长 /210

课例八 三角形全等的判定 /213

一、单元设计的背景 /213

二、单元中的核心知识及其知识结构 /214

三、单元基本问题 /216

四、单元学习目标 /217

五、单元活动整体规划 /217

六、单元评价方案 /221

七、具体课时设计 /224

八、核心活动的实施实录 /230

九、教师的反思与成长 /230

课例九 轴对称 /233

一、单元设计的背景 /233

二、单元中的核心知识及其知识结构 /233

三、单元基本问题 /236

四、单元学习目标 /237

五、单元活动整体规划 /237

六、单元评价方案 /241

七、具体课时设计 /246

八、核心活动的实施实录 /252

九、教师的反思与成长 /252

课例十 数据的分析 /255

一、单元设计的背景 /255

二、单元中的核心知识及其知识结构 /256

三、单元基本问题 /264

目 录 CONTENTS

四、单元学习目标 /265

五、单元活动整体规划 /265

六、单元评价方案 /271

七、具体课时设计 /274

八、核心活动的实施实录 /281

九、教师的反思与成长 /281

模块一
读懂新课程，实现从理念到行动的蝶变

科技经济的发展尤其是数智技术的突破，推进并催生着学校教育和整个教育体系的重构，学生学习生活的实体空间和虚拟空间被打通，学校、家庭、社会教育的边界被解构，育人方式正在发生深刻变革，全域教育时代到来。党的二十大报告首次把教育、科技、人才进行"三位一体"统筹安排、一体部署，党的二十届三中全会明确教育、科技、人才是中国式现代化的基础性、战略性支撑。2024 年 9 月，习近平总书记在全国教育大会上发表重要讲话，明确了教育强国的性质和方向，揭示了教育强国的基本特质，提出了教育的政治属性、人民属性、战略属性的科学内涵和实践要求，将党对教育的认识提升到一个新的高度。对党的教育政策、方针的理解必须坚持系统的观念，坚持联系的观点，从政治、经济、文化和社会发展出发来整体把握党和国家对育人的需求。

新课程承载着党和国家的育人需求。课程方案和课程标准是规范基础教育课程运作的纲领性文件，是教育行政部门推进课程改革行动的指导性文件。课程方案明确了培养目标、基本原则、课程设置、课程标准编制和教材编写、课程实施等内容。课程标准规定着课程性质、课程理念、课程目标、课程内容、学业质量和课程实施等。课程方案和课程标准是教材编写、教学实施、考试评价以及课程管理的直接依据。可以说，谁读懂了课程方案、掌握了课程标准，谁就掌握了课程改革的领导权和话语权。我国 2022 年新修订的义务教育课程方案和语文等 16 门学科课程标准正式颁布实施，标志着具有中国特色、世界水平的义务教育课程蓝图绘就并进入实施层面。

课程实施是一项复杂的系统工程，涉及理念、政策、实践等诸多环节，涉及课程标准修订、教材修订、教科研、学校师生等诸多要素，需要利益相关者共同努力、协同推进。读懂新课程，实现从理念到行动的转变，首要在读懂，重点在行动，关键在实效。在对新课程的认识理解上，要站在党和国家事业发展全局，置于国内外政治、经济、社会大环境中，整体把握新课程目标、理念、行动等的内在逻辑；在新课程落地实施上，要在吸纳国内外已有课程教学典型经验和有效做法的基础上，聚焦于时代性、基础性、综合性、实践性等课程改革新要求和素养育人新使命，培育新课程新生态，积极探索、大胆创新，力争在教育教学方式变革和提高育人质量上取得新突破。

一、站在党和国家事业发展全局的战略高度，把握新课程的政策逻辑

任何真实的课程改革都是时间和空间维度的过程性存在，都有其植根的社会历史

情境和具体关系，有其在地化的资源、历史和本土反思。将课程置于政治、经济、社会、文化等场景中进行理解和建构，是认识新课程政策的逻辑起点。正如再生产理论所强调的，学校教育与社会、政治、经济、文化结构之间存在对应关系；新课程作为课程改革的政策载体，反映着政策生态的性质、特征与现实要求，同政策生态存在投射性关系。① 读懂新课程，不是一头扎进教育，而是要跳出教育认识新课程的精神实质，了解新课程与政治、社会、经济、科技和国家安全的关系，整体把握新课程的理念和内在逻辑。为此，下文从政治、科技和经济、社会和文化等几个维度呈现新课程的政策逻辑，以帮助大家整体认识新课程蓝图的立意初衷。

（一）新课程是新时代国家意志的重要体现，具有鲜明的政治属性

习近平总书记强调，要从党和国家事业发展全局的高度，坚守为党育人、为国育才。党的十八大以来，党中央高度重视课程教材工作，从治国理政的战略高度，强调课程教材建设体现国家意志。新课程作为立德树人的关键载体，具有鲜明的政治属性。这是认识理解新课程的根本所在。

1. 新课程承载着党和国家的政治新使命

一个国家实施什么样的课程，反映并决定着这个国家培养什么样的人和能够培养什么样的人。新时代党的使命任务是以中国式现代化全面推进中华民族伟大复兴。为党育人、为国育才是党和国家在推进中国式现代化过程中的育人要求。新课程是落实党和国家课程改革政策的重要载体，政治性是新课程的第一属性，决定着培养什么样的人、为谁培养人以及如何培养人等核心问题。新课程明确把"以习近平新时代中国特色社会主义思想为指导""全面贯彻党的教育方针"②写进其中，并全面融入课程方案和课程标准；同时，系统吸纳了马克思主义基本原理与中国实际相结合、与中华优秀传统文化相结合等马克思主义中国化最新成果。党的领导是我国政治体制、政治结构和政治关系的根本，是建设中国特色、世界水平的课程体系的根本政治保证。

2. 新课程体现着党和国家发展的战略新要求

义务教育是国家依法统一实施的所有适龄儿童、少年必须接受的基本公共教育，是现代国民教育体系的基石，具有先导性、奠基性、全局性作用。新课程系统体现了党和国家发展战略的时代需要，蕴含着深入实施科教兴国战略、人才强国战略、创新

---

① 屠莉娅：《课程改革与政策生态之关联——基于我国基础教育新课程改革的分析》，载《北京大学教育评论》，2011(3)。

② 中华人民共和国教育部：《义务教育课程方案(2022年版)》，前言1页，北京，北京师范大学出版社，2022。

驱动发展战略对义务教育的育人要求，明确宣告"将个人追求融入国家富强、民族振兴、人民幸福的伟大梦想之中"①，旨在为全面建成社会主义现代化强国、实现中华民族伟大复兴奠定人才基础。可以说，新课程的质量和实施效果将直接关系到党领导的中国特色社会主义事业的巩固与发展，关系到第二个百年奋斗目标和中华民族伟大复兴中国梦的实现，关系到国家的繁荣昌盛、长治久安。

3. 新课程确立为党育人、为国育才的新规格

新课程旗帜鲜明地提出为党和国家培养有理想、有本领、有担当的少年，为德智体美劳全面发展的社会主义建设者和接班人成长奠基，明确了义务教育阶段培养担当民族复兴大任时代新人的具体要求。古今中外，每个国家都是按照自己的政治要求来培养人的。为党育人，就是要为国育才。教育始终是国之大计、党之大计。人才始终是社会主义现代化的第一资源。与 2001 年培养目标"有理想、有道德、有文化、有纪律"的"四有"新人相比，新课程进一步凝练提升为"有理想、有本领、有担当"的"三有"少年。"有理想"一以贯之、内涵不断丰富，"有本领、有担当"更加凝练聚焦。新课程的政治属性更加凸显，明确要求"热爱祖国，热爱人民，热爱中国共产党，学习伟大建党精神"②，加强政治修养，增强"四个自信"，从小树立远大理想，扣好人生第一粒扣子。

（二）新课程是新时代科技和经济的思想投射，具有鲜明的时代属性

经济基础决定上层建筑，也制约着课程改革的政策空间；科技和经济发展与课程教学关系日趋紧密，课程结构对科技和经济变革有很大的依从性。新课程的政策主张反映着科技和经济发展的环境变迁。由于特定政策观念及执行中的政策具有其存在的某种经济条件，当后者发生了变化或被认为发生了变化时，现存政策的所有部分都要解体，然后一种可能的、包括新要素的政策将被制定出来。③ 20 世纪 80 年代以来，特别是我国加入世界贸易组织之后，我国经济经历了从计划经济体制向市场经济体制的加速转型，市场配置和自由竞争推动着经济环境更加开放包容，科技和经济发展的一体化形态更迭出现，新课程思想要素与科技和经济的生态联结愈加紧密。在以往党

① 中华人民共和国教育部：《义务教育课程方案（2022 年版）》，2 页，北京，北京师范大学出版社，2022。
② 中华人民共和国教育部：《义务教育课程方案（2022 年版）》，2 页，北京，北京师范大学出版社，2022。
③ ［英］斯蒂芬·鲍尔：《政治与教育政策制定——政策社会学探索》，王玉秋、孙益译，78 页，上海，华东师范大学出版社，2003。

代会报告中，科技一般被安排在经济建设中，教育一般被安排在社会建设中，人才被安排在党的建设中。立足新时代新征程，党中央突出强调了坚持创新在我国现代化建设全局中的核心地位。立足实施科教兴国战略，强化现代化建设人才支撑的大局，着眼全面建设社会主义现代化国家，必须开辟发展新领域新赛道，不断塑造发展新动能新优势，全面深入实施坚持教育优先发展、科技自立自强、人才引领驱动的重大举措。

1. 新课程反映着新时代科技和经济发展的主体性要素

党的二十大报告明确提出，高质量发展是全面建设社会主义现代化国家的首要任务，把实施扩大内需战略同深化供给侧结构性改革有机结合起来，加快建设现代化经济体系，着力提高全要素生产率。党的二十届三中全会要求健全因地制宜发展新质生产力体制机制，并做出全面部署。新科技和经济形态下的经济制度结构、经济状况和面向未来等要素，尤其是大数据电子商务的发展，在市场供需关系中使需求方的主体性地位更加凸显。同时新科技和经济形态需要人人拥有市场主体意识、市场生存发展能力，要求经济主体成为自我负责、自负盈亏者。市场中的人就是要自我负责，供需关系中需求方主体性地位的突出投射在新课程中就要求新课程培养适应新科技和经济的人。在教育供需关系中，学生的主体需求更加凸显。一方面，学生不再是知识的被动接受者，而是学习的主体，具有独立精神和自我生活诉求；另一方面，学生是知识建构者和主体性存在者，学生的学习需要直接反映着社会政治经济生活对学生的要求，刺激新课程内容的重构和优化。新课程明确提出"为每一位适龄儿童、少年提供适合的学习机会"①，在学习方式上倡导"创设以学习者为中心的学习环境，凸显学生的学习主体地位"②，同时"发挥新技术的优势，探索线上线下深度融合，服务个性化学习"③；在学习内容上强调精选课程内容，注重培养学生的爱国情怀、社会责任感、创新精神和实践能力，为未来发展奠基。这些都是新科技和经济主体性要素在新课程中的映射。

2. 新课程反映着新时代科技和经济发展的公共性思想

面对国内外经济发展新常态，我国正在大力推动数字经济，加快形成以国内大循环为主体、国内国际双循环相互促进的经济发展新格局。为此社会需要建立更加彰显

---

① 中华人民共和国教育部：《义务教育课程方案（2022 年版）》，4 页，北京，北京师范大学出版社，2022。

② 中华人民共和国教育部：《义务教育课程方案（2022 年版）》，14 页，北京，北京师范大学出版社，2022。

③ 中华人民共和国教育部：《义务教育课程方案（2022 年版）》，14 页，北京，北京师范大学出版社，2022。

民主与公平的公共生活模式，构建与新经济环境相契合的机制与规范，促进更大范围的经济生活公共参与。这反映了公众的公共性诉求。新课程强调教师不再是权威的知识传授者，而是课程政策公共性的代表者和实施者；教师通过对课程的理解与创造性建构走向对课程的适应和创生。课程政策话语更加强调基础性、共同性，凸显基本公共服务的价值理念与课程实践。新课程在政策运行上打破了高度集中的科层行政模式，拓展了政策制定的公共参与范围，引入了专家参与、论证、咨询等更为开放、民主且有效的机制；在课程政策管理上明确了国家、地方和学校三级课程管理体制，使课程改革的多方创造性得到进一步激活。

3. 新课程反映着新时代科技和经济发展的开放性样态

创新是引领经济发展的第一动力，是建设中国式现代化的重要战略支撑。实现我国经济更高质量、更有效率、更加公平、更可持续的发展，必须坚持改革开放。改革开放促进我国经济与国际接轨，积极吸收借鉴其他国家和世界组织在科技和经济领域的典型经验和成功实践，特别是世界知识经济、数字经济等新思想、新要素为我所用。比如，在数字经济时代，数据成为代替土地、劳动力、原材料和资本等促进经济发展的直接资源和动力，引发产业结构的巨大调整。这些新要素、新形态不仅对学生核心素养发展提出了新要求，还是推动课程变革的新动力。新课程以更加开放的姿态，对经济新形态的人才素质和结构新需求进行了系统呈现。为此，新课程进一步明确了培养学生的核心素养，增加了信息科技等新元素，更加凸显了课程的育人功能，实现了核心素养目标在整个基础教育的贯通设计，实现了课程目标、课程内容、课程结构、学业质量、教学和评价等方面的系统转型升级。

（三）新课程是新时代社会和文化的现实观照，具有鲜明的民生属性

课程改革是特定历史时期和特定社会的产物，应以社会文化为背景，为社会文化发展服务。课程政策与社会文化发展的关系是课程改革永远无法回避的问题。伴随着中国特色社会主义进入新时代，我国社会主要矛盾已经转化为人民日益增长的美好生活需要和不平衡不充分的发展之间的矛盾。人民的美好生活需要日益广泛，不仅对物质文化生活提出了更高的要求，而且在民主、法治、公平、正义、安全、环境等方面的要求日益增多。社会学家拉尔夫·达仁道夫(Ralf Dahrendorf)认为，我们没有看见过一个社会，在那里所有的男人、妇女和儿童都能享有同样的应得的权利和同样的供给。其原因就在于每种社会都必须协调人的不同的任务，不过也必须协调人的权益和能力。[1] 面对现实社会生活的多样性、多元性和多指向性，社会公平和正义导向的社

---

[1] ［英］拉尔夫·达仁道夫：《现代社会冲突》，林荣远译，38页，北京，中国社会科学出版社，2000。

会治理必须对现实社会的各种复杂利益诉求进行约束、协调和引导。这也是当前课程改革的社会性新要求。

1. 新课程促进着社会公平正义的实现

改革开放以来，我国经历着社会结构的变迁，出现了政治领域、经济领域和公共领域或社会组织，特别是伴随着自媒体、大数据、人工智能等快速发展产生了大量虚拟社区、社群等准公共领域。这种社会结构的变迁直接带来民主参与社会、政治、经济活动和政策制定的热情，以及维护国家权力和自身利益的觉醒。新课程不仅反映了公共政策运行的基本社会结构和关系，还为公共政策的运行提供了必要的精神动力，引导和协调社会文化和价值观的传播，为公共政策运作提供了充分的智力条件。[①] 新课程作为促成社会正义的公共政策产品，为每个人提供学习和发展的均等机会；作为一种公共服务，则承担着促进社会发展和学生主体发展的双重使命。

2. 新课程传承着社会主流文化价值观

党和国家高度重视文化价值建设，特别是党的十八大以来，以习近平同志为核心的党中央明确提出培育和践行社会主义核心价值观、弘扬中华优秀传统文化、铸牢中华民族共同体意识等新要求。新课程在这些方面做了呈现：有机融入习近平新时代中国特色社会主义思想；有机融入中华优秀传统文化、革命文化和社会主义先进文化，以及法治、国家安全、民族团结、生态文明等内容。

3. 新课程承载着人民对美好生活的向往

世界百年课程改革实践表明，各国普遍把课程改革作为推动社会发展和经济繁荣的重要举措，不断强化国家课程在发展战略中的地位和作用。党的十九大以来，我国经济社会发展取得一系列重大成就，人民对美好生活的向往之情与日俱增，对高质量教育的需求日趋强烈。二十多年来的课程改革由早期的质疑、批判、论争到近些年的研究阐释、主动布局，凝聚着共识的课程改革文化生态正在逐步形成。这也反映了社会对新课程的共同期盼，正所谓具有正义感、责任感、政策目标群体的成员有良好的心理素质，制定的政策不仅体现公正、合理，而且执行起来顺畅。[②] 课程作为文化资本，代表的是社会主流文化，与个人的前途、命运、社会地位息息相关。面向未来的新课程不仅奠定着共同社会结构的基础，也在话语体系上与社会生活的联系更加紧密，越来越大众化。

---

① 屠莉娅：《课程改革与政策生态之关联——基于我国基础教育新课程改革的分析》，载《北京大学教育评论》，2011(3)。

② 吴立明：《公共政策分析》，75 页，厦门，厦门大学出版社，2006。

总体来看，在人类历史上，没有任何一个时期像当今时代，新课程与政治、科技、经济、社会和文化发展的联系如此紧密。可以说，政治、科技、经济、社会和文化发展不仅决定着新课程政策的核心思想、生命周期，还决定着新课程政策的未来取向和行动。这是认识理解新课程的政策逻辑起点。

二、立足落实立德树人根本任务，系统把握新课程顶层设计的育人初心

课程是教育发展到一定阶段的历史产物，与教育的目的性和人类文化知识量的积累密切关联。当有目的、有计划、有组织的教育和人类文化知识累积到一定程度时，理性选择与逻辑组织是课程存在和发展的前提。课程自从出现后就成为教育的基石，课程改革亦成为教育改革的核心。课程在横向上与知识类型有关，在纵向上与主体人的知识内生过程有关。这种认识和关系一直延续至今，并不断得到拓展延伸。新课程以学生的身心发展为主线，明确了新时代义务教育阶段的培养目标，对教育发展的新使命、新样态、新趋势进行了系统的内化与呈现，进一步增强了育人目标的针对性、时代性，系统回答了培养什么人、怎样培养人、为谁培养人的根本问题。这是厘清课程与教育、课程改革与教育改革，特别是立足育人认识新课程的现实起点。

（一）新课程作为落实党的教育方针的关键载体，担负着促进学生全面个性发展的使命

课程政策不仅具有鲜明的本国教育历史与时代烙印，而且反映着世界教育发展趋势。新中国成立后，课程改革经过了学习苏联、借鉴西方等几十年的探索实践，当前又走到扎根我国历史文化传统，确立具有中国特色、世界水平课程体系的建设道路上。新课程在这些方面进行了优化完善，特别是进一步凸显了学生全面个性发展的政策、规律和实践性。

1. 新课程把落实党的教育方针置于根本性地位

20 世纪 90 年代，党中央把培养德、智、体全面发展的建设者和接班人确立为党的教育方针，指出教育必须为工农服务，必须为国家的生产建设服务。1999 年，《中共中央 国务院关于深化教育改革全面推进素质教育的决定》提出"美"的人才培养要求，强调教育必须为社会主义现代化建设服务，必须与生产劳动相结合，培养德、智、体、美等方面全面发展的社会主义事业建设者和接班人。2018 年，习近平总书记在全国教育大会上提出"培养德智体美劳全面发展的社会主义建设者和接班人"的新要求。德、智、体、美、劳"五育"并举的人才培养新思想为我国教育发展和课程改革指明了

新方向。"德、智、体、美、劳"的提出是对"德、智、体""德、智、体、美"育人的进一步拓展和丰富、延续和发展，是中国特色社会主义教育持续创新发展的最新成果。党的教育方针将马克思主义关于人的全面发展思想贯穿到社会主义教育培养目标中，指明了新时代建设教育强国必须牢牢把握的前进方向。新课程承载着对党的教育方针的新认识和对时代教育需求的新回应。当下应以党的教育方针为根本指引，整体设计和系统完善义务教育新课程，落实"五育"并举和创新性人才培养要求，一体化设计道德与法治课程，将科学、综合实践活动课程提前至一年级开设，强化课程育人的整体性和系统性。同时，新课程强调将劳动、信息科技的内容从综合实践活动课程中独立出来，完善艺术课程，以音乐、美术为主线，融入舞蹈、戏剧、影视等内容。

2. 新课程贯穿融通着教育发展规律

尊重和敬畏教育规律是课程政策制定者应具备的教育自觉，好的课程政策要遵守间接经验与直接经验相结合、掌握知识和发展智力相统一、传授知识与思想教育相统一、教师主导与学生主体相统一等规律。进入 21 世纪以后，我国课程改革正是遵循教育规律、把握教育特性、体现社会发展和人的全面发展现实需要的教育变革。新课程体现着人的全面个性发展思想和教育规律的贯穿融通，按照社会主义教育方向，更加注重为学生全面发展和教育现代化建设服务的有机统一。一方面，按照育人逻辑，进行教育内容选择、组织和课程内在结构完善；另一方面，按照育人与成才逻辑，更加注重教育与社会实践相结合。这些新时代人的全面个性发展和教育规律有机融合的课程设计逻辑彰显着新课程的时代教育新元素、新特征。

3. 新课程内含教育的底层实践逻辑

育人为本的教育包含价值性和工具性双重属性，两者在人才培养规格和方式上存在差异。价值性重在培养人格，教授怎么做好人、达到人格完备；工具性重在培养专业人才，教授具体工作怎么完成。在工业化和后工业化时代，整个社会呈现出教育伴随科技发展进步的历史主线。传统与现代之间存在的对立性、同化性和支撑性等关系，以及工具与价值理性之间存在的冲突、平衡和融合等关系，成为推动课程改革的重要维度和关键要素。人们被调动起来加入科技引发的工具性竞争，需要分科教育不断细化扩张，释放教育的工具性能量。工具性教育越专业化、分科越详尽，人的视野就会变得越狭隘，整体理解和把握能力也就越匮乏。在数字时代，工具性与价值性呈现新现象、新样态。新课程一方面保持着对教育工具性的延续和扩张；另一方面强调对教育价值性的回归，试图以综合性打通各学科的底层逻辑，实现对人的全面发展的支撑。新课程提出的核心素养在不同学科存在不可替代性和外在表现差异，但在底层逻辑上都是对人性的回应、对人的健全人格的塑造。

(二)新课程明确了核心素养新导向，助推着立德树人根本任务落实落地

面对为党育人、为国育才和落实立德树人根本任务的新要求，新课程的载体做了较大调整完善。相较于 2001 年版、2011 年版的课程方案和课程标准，新课程的结构框架进一步完善，课程性质、功能定位、内容质量和编写要求、课程实施以及管理等更加具体明确，特别是核心素养、学业质量标准等有重要突破，推动了新课程话语体系和课程生态文化的创新发展。总体来看，新课程在核心素养导向上更加明确，在学业质量标准上更加具有可操作性，使立德树人育人目标的落地路径更加清晰。

1. 培养学生的核心素养是新课程落实立德树人根本任务的集中体现

新课程强调围绕学生的核心素养，深化对育人价值的理解和认识，按照教学内容和教学活动的素养要求，精选和设计课程内容，精准设定教学目标，把立德树人根本任务落实到具体教育教学活动中，实现对学生正确价值观、必备品格和关键能力的培养。新课程强调以学生核心素养为纲，统领课程教学的话语体系。核心素养是后天经过学习逐步养成的，强调学习知识或技能之后能做什么、能解决什么问题。可以说，核心素养是三维目标的整合与提升，是学生学习课程后所具有的正确价值观、必备品格和关键能力。不同于以前的义务教育课程知识与技能、过程与方法、情感态度与价值观三维目标，新课程在知识基础上更加注重对关键能力的培养。同时，核心素养是义务教育阶段学生应具备的素养，是课程育人价值的集中体现。核心素养贯穿课程标准修订的全过程，统领课程标准的各部分，使课程标准各部分保持内在的一致性和统一性。在这个意义上，课程越来越成为教育问题而不仅仅是学科问题，课程标准的教育学味道越来越浓了，甚至可以说课程标准就是一门基于课程的"教育学"。

2. 学业质量标准是新课程结构自我完善的重要新突破

质量是所有活动的落脚点，质量标准是核心的标准。坚持育人为本，强化学业质量指导，明确各学科的学业质量标准，引导和帮助教师把握教育教学的深度和广度，为课程实施与评价提供依据，是这次新课程的亮点。在原有教学大纲内容要求的基础上，2001 年、2011 年颁布的义务教育课程标准呈现了内容标准，作为以知识点为载体的内容标准实现了里程碑式进步。前两版课程规定了教什么、学什么，但对于教成什么样、学成什么样等缺乏质量标准依据。新课程在结构上进行了完善，增加了学业质量标准，明确了学生在完成课程学习之后的学业成就综合表现。这里强调的不是知识点的成就表现，而是知识的综合运用。学业质量是学生在完成一门课程的阶段性学习后的学业成就表现，是学生在学完相应课程内容后发生的变化和收获，是以学生核心素养及其表现水平为主要维度，结合课程内容，对学业成就表现的总体刻画。学业质量标准不仅是作业、测验的依据，还是过程评价、结果评价与考试命题的依据。

3. 新课程设置更加科学合理，弹性适应学制安排

新课程中不同类别课程的性质和要求更加清晰明确。国家课程奠定共同基础，由国务院教育行政部门统一组织开发、设置，要求所有学生必须按规定修习。地方课程和校本课程强调拓展补充、兼顾差异。其中，地方课程由省级教育行政部门确定开发主体、统筹开发，并给予学校一定的选择权；校本课程由学校组织开发，原则上由学生自主选择，以多种课程形态服务学生的个性化学习需求。新课程强调九年一贯设置科目，小学以综合课程为主，初中采取分科与综合相结合的形式。同时，新课程赋予"六三"学制和"五四"学制更大的弹性空间，在科目设置上要求更加明确，比如，关于历史、地理在初中阶段开设的问题，新课程明确实施"五四"学制的地区可从六年级开设地理。在新授课总课时不变的情况下，新课程明确了年级周课时和各门课程总课时的上下限，增加了劳动教育内容，要求信息科技单独设课，使课程设置更加科学合理，更有利于核心素养落地。

（三）新课程作为育人思想的重要体现，刻画着立德树人的实践新样态

我国基础教育课程改革育人目标经历了从"双基"到"三维目标"再到"核心素养"的不同发展阶段，完成了从知识到学科再到育人的转向。新课程的颁布实施推动着课程改革进入以人为本和核心素养的新时代。从以教为主转向以学为主、从以讲解接受为主转向以活动建构为主是育人方式变革较为集中、典型的表现。

1. 强调课程内容结构化，强化学习逻辑

当课程育人目标由"三维"走向核心素养时，课程内容的组织方式也随之改变。新课程以核心素养为纲，选择具有核心素养成分和价值的学科知识内容并进行结构化组织，以大观念、主题、任务等实现对课程内容的结构化。大观念、大概念等是一门学科知识内容体系中有解释力、统整力和渗透力的知识，这种知识内含学科思想、学科方法、学科思维，是核心素养在学科的体现。不同学科的课程标准对此的称谓不同。比如，语文课程标准"任务群"，其他学科课程标准"主题""任务""项目"等，本质上都强调以素养为纲，构建以主题、任务、大单元等为形式的教学内容结构单位。强调大观念、大概念等，一方面旨在对学科知识内容进行精选和提炼，实现少而精的目标；另一方面旨在对学科知识内容进行重构和组织，实现有机整合的目标。长期以来，教育教学中存在学生学习的生活立场与学科立场、生活逻辑与学科逻辑的左右摇摆、相互批判甚至对立现象。新课程站位学习逻辑，强调生活逻辑对学习对象的整体感知，同时强调学习的学科逻辑进阶，通过习得过程实现从基础知识和基本技能向核心素养的升华。学习逻辑淡化阶段性目标、过程性目标，强调内容结构化，从而实现素养目标。

例如，地理课程从空间尺度视角对课程内容进行组织，按照"宇宙—地球—地表—世界—中国"顺序，引导学生认识人类地球家园。地理课程以认识宇宙和地球的关系、地理环境与人类活动的关系为主要线索，将地理实践活动和地理工具运用贯穿其中，形成将学科知识与学科活动融为一体的课程内容结构。又如，英语课程内容由主题、语篇、语言知识、文化知识、语言技能和学习策略等要素构成，围绕这些要素，通过学习理解、应用实践、迁移创新等活动，可以推动学生的核心素养在课程学习中持续发展。英语课程内容的六个要素是一个相互关联的有机整体，共同构成核心素养发展的内容基础。其中，主题具有联结和统领其他内容要素的作用，能为语言学习和课程育人提供语境范畴。

2. 加强学段衔接，强化综合学习

《中华人民共和国国民经济和社会发展第十四个五年规划和 2035 年远景目标纲要》和联合国教科文组织发布的《共同重新构想我们的未来：一种新的教育社会契约》，强调未来需要学科深度融合，教育需要跨学科，需要变革育人方式。新课程注重幼小衔接，在小学一至二年级注重活动化、游戏化、生活化学习设计；同时结合学生从小学到初中在认知、情感等方面的发展特征，呈现课程深度、广度变化，进而体现学习的连续性和进阶性。新课程进一步增强了课程的综合性和实践性，强调积极开展主题化、项目式学习等综合性教学活动，设置占本学科总课时 10% 的跨学科主题学习活动；同时提出强化学科间的相互关联，促进知识结构化。

3. 创新育人实践，强化评价改革

育人实践是运用学科的概念、思想与工具，整合心理过程与操控技能，解决真实情境中的问题的一套典型做法，是具有育人价值意蕴的典型教学实践。育人实践直接的体现就是学科实践。学科实践不是为了改造或改变学科世界，而是为了培育学生的核心素养。任何基于实践、通过实践的学科学习都是学科实践的表现。比如，各学科新课程标准倡导的观察、考察、实验、调研、操作、设计、策划、制作、观赏、阅读、创作、创造等活动，让学生真实地感受到知识的来源和背景，体验到知识的用处和价值并发展学以致用的能力。这是核心素养的形成之道，也是新课程倡导基于情境、问题、任务、项目进行学习之所在。

基于此，新课程在教学要求中提出注重做中学，强化学科实践育人，引导学生参与学科探究活动，经历建构知识、运用知识、解决问题、创造价值的过程，在实践中体会学科思想方法；强调知识学习与学生经验、现实生活和社会实践之间的联系，注重真实情境的创设，进一步增强学生认知真实世界、解决真实问题的能力。同时，新课程倡导基于证据的评价，增加教学和评价案例，强化如何教的具体指导，注重对学习过程的观察、记录与分析；强调对话交流，关注学生真实发生的进步，注重自我总结、反思和改进的意识和能力；注重动手操作、作品展示、口头报告等多种评价方式。

三、着眼素养导向的学习中心课堂，培育课程改革新生态

推动新课程从理念走向实践的行动，应是在新的育人理念和任务要求基础上的优化升级，而不是把原有经过实践检验的有效探索搁置一边甚至推倒重来。素养导向的新课程为素养导向的新课堂教学提供了政策空间，主要表现为：在教学目标上，强调知识本位转向素养本位，确立素养导向的教学目标；在教与学的关系上，强调以教为主走向以学为主，建立学习中心课堂；在学习方式上，强调从间接经验的"坐而论道"到与学科实践的相得益彰，构建实践育人方式；在知识内容上，强调从知识教学走向知识统整的大概念、大单元、大主题等教学。素养导向的新课堂教学一方面打破了传统课堂的内涵、外延，实践着育人在哪里发生，哪里就是课堂的理念，特别是大数据、人工智能在教育中的广泛应用建构着新的课堂教学新时空；另一方面要求在育人方式和人才培养模式上进行深刻变革和创新，而不是进行零星的、局部的、简单的、表层的改变与调整。课程改革二十余年，无论师资、条件保障，还是制度机制建设，都具备了较好的改革基础。同时伴随着课程改革进入深水区，后续改革的难度和复杂程度将会进一步凸显。素养导向的新课堂教学需要好的课程实施生态。实践表明，没有好的课程实施生态，再好的课程政策也会水土不服、难以落地。

（一）确立素养导向的教学目标，强调核心素养本位

教学目标是教学活动实施的方向和预期达成的结果，是一切教学活动的出发点和最终归宿。确立素养导向的教学目标并组织实施教学活动是新课程教学的基础和前提。

1. 确立素养导向的教学目标

素养导向的教学目标设计与表达是新课程相较以往的话语体系的不同之处。在教学目标上，我国课程改革经历了"双基""三维目标""核心素养"三个阶段。"双基"本位的教学把基础知识和基本技能的理解与掌握作为教学目标；"三维目标"本位的教学把知识与技能、过程与方法、情感态度与价值观的落实、经历、体验作为教学目标；"核心素养"本位的教学把素养的培育作为教学目标，也就是核心素养等于"正确价值观＋必备品格＋关键能力"。

素养导向的教学目标表达也必然面临着素养与知识的关系性存在。素养不是天上掉下来的，每门学科的知识都以各种形式蕴含着价值观、必备品格、关键能力。这是学科的育人价值所在。也就是说，核心素养基于知识、高于知识，是从知识中提炼出来的"精华""营养"。素养导向的教学就是把学科知识转化为学生核心素养的过程。同时，学科知识必须根据核心素养来选择、组织并转化为课程知识。课程知识要少而精，指向核心素养。

所有学科要基于核心素养确立教学目标，以核心素养的形成、落实、发展为教学目标和要求，即遵循着核心素养—课程目标—教学目标的具象逻辑，实现着教、学、评的一致性。这就要求揭示具体知识内容与核心素养的关联，把核心素养作为教学目标，进而避免以单纯识记和掌握知识点为教学目标。

以数学课程标准的教学建议为例。教学目标的确定要充分考虑核心素养在数学教学中的培养。每一个特定的学习内容都具有培养相关核心素养的作用。要注重建立具体内容与核心素养主要表现的关联，在制定教学目标时将核心素养的主要表现体现在教学要求中。例如，确定小学阶段"数与运算"主题的教学目标时，关注学生符号意识、数感、量感、运算能力等的形成；确定初中阶段"图形的性质"主题的教学目标时，关注学生空间观念、几何直观、推理能力等的形成。[1]

2. 把素养导向的教学目标落实在具体教学中

素养导向的教学在确立核心素养在教学中的核心地位的基础上，要实现教学的一切资源要素、环节流程、实践活动等围绕核心素养组织和展开，并最终指向学生核心素养的发展。具体包括以下三个方面。一是以核心素养为教学的出发点。教学面临的首要问题是为什么而教的问题。可以说，为核心素养而教是新课程区别于以往为知识而教的教育教学的分水岭、分界线。二是以核心素养为教学的落脚点。教学成效最终要落在学生核心素养的形成和发展上，而不是"双基""三维目标"的掌握上。这也是检验教学质量的有效标准。三是以核心素养为教学的着力点。素养导向的教学必须在核心素养的形成上发力，把教学的宝贵时间和精力投放在学生核心素养培育上。这是评价教学的重要依据。

(二)建立学习中心课堂，强调以学为主

教与学的关系是贯穿教育教学活动始终的一对主要关系，由教与学的关系产生的问题不仅是教学论研究对象，还是课程改革的一对永恒主题。历史上各种教学理论和

---

① 中华人民共和国教育部：《义务教育数学课程标准（2022年版）》，84页，北京，北京师范大学出版社，2022。

教学改革基本上都是围绕教与学这一对关系展开的。素养导向的教学改革必须重视教与学的关系变革，明晰教与学的关系立场。

1. 建立学习中心课堂是全面深化课程教学改革的必然要求

改革的核心要义是解放人，教学改革的宗旨是解放学生。从教走向学是当前世界教学改革的共同价值旨归。新课程改革强调从教走向学、倡导学习方式变革，也取得了明显成效，创造了自主、合作、探究等典型经验。总体看，现实中"教"的本位意识和讲授中心课堂尚未得到根本性改变，以教为主向以学为主的转变还有一定差距。从根本上实现以教为主向以学为主的转变，推进教与学关系的根本性调整，是新课程的价值使然，更是建立新课堂教学的首要任务。试想，以教师讲授活动为主的课堂无论采用什么新颖的模式，或者以什么新奇的样态出现，即使是非常吸引学生的注意力，甚至一时取得多么显著的成效，也都不是教学改革的方向和正道。全面推进教与学的根本性调整，实现以教为主向以学为主的转变，才是教学改革的根本方向和长久之计。

2. 建立学习中心课堂是核心素养落地的必然要求

学习中心课堂要以学习为主活动、主形式、主线路，这是激活学生学习的潜力、能力、实力的基础。只有学生学的力量被激活释放，知识才能有效转化为学生素养，素养导向的教学才能有效落地。一方面，课堂教学要建立在依靠、利用、发挥学生的学习潜力、能力和实力之上。教学过程是教不断转化为学的过程，最终实现教是为了不教。培养能力的路径就是使用能力，让教学走在发展的前面，引领、刺激、带动学生学习能力的发展。另一方面，课堂教学要以学生的学习活动为主。课堂教学的设计、组织必须以学生的学习为主线，让学生的学习从不知到知、由浅入深、由表及里、从感性到理性。学生的学习活动包括自主学习、合作学习等。这些新形态的学习应占据课堂的主要时空并成为课堂教学的主要形态，进而让学生的学习在课堂教学中真实、深刻、完整地发生。

（三）培育课程新生态，聚焦于新课程实施

新课程实施生态由政府主导、学校主体、社会协同、专业和技术支持的价值行为系统组成。① 构建新课程实施新生态，是当前乃至今后相当长时期新课程实践面临的首要任务。

1. 构建新课程实施的政治文化生态，发挥新课程实施的政府主导功能

任何教育改革都是思想价值观念的变革，深受制度机制和利益的触动。应试教育

---

① 张志勇、张广斌：《义务教育课程改革的政策逻辑与生态构建——〈义务教育课程方案和课程标准（2022 年版）〉解读》，载《中国教育学刊》，2022(5)。

政绩观不改变，功利化、短视化教育盛行，立德树人的根本任务就难以落实。新课程必须构建管、办、评、督一致的课程实施新生态。

一是明确四级课程实施主体。新课程首次提出国家、省、地市县和学校四级课程实施主体，要求各司其职、各尽其责，协同推动新课程落地实施。国务院教育行政部门负责指导省级教育行政部门全面落实国家课程、建设地方课程、规范校本课程；省级教育行政部门负责统筹规划本区域课程实施安排、资源建设与利用等，同时指导督促地市县级课程实施；地市县级教育行政部门负责课程实施过程的检查指导，提供条件保障；学校被赋予课程实施的责任主体地位，负责健全课程建设与实施机制，制定有效措施，加强教师队伍建设，提升课程实施能力。

二是建立课程实施监测机制。课程质量监测的目的是服务、反馈、改进和推动新课程更好实施，是课程实施政治文化生态的重要内容。新课程首次提出"开展国家、省两级课程实施监测"①，明确教育部和省级教育行政部门委托专业机构进行课程实施监测。监测范围覆盖国家课程、地方课程和校本课程，监测内容包括课程开设、课程标准落实、教材使用、课程改革推进等方面，同时把党中央和国务院系列教育要求等作为监测重点。

三是建立课程实施督导机制。建立课程实施督导机制旨在督导课程实施环境和条件保障，明确要求对地方各级人民政府课程实施保障情况、学校课程开设和教材使用情况进行督查，并把义务教育质量监测结果作为课程实施质量的重要指标，以督导确保义务教育课程开齐、开足、开好。

2. 构建新课程实施的学校文化生态，赋予学校教师课程实施的自主权

只有赋予教师课程改革的主体地位，教师才能成为课程改革的第一责任人，才能真正在实践中自觉把新课程理念落地。

一是营造素质教育课程改革的文化生态。广大教师应深刻把握新课程的性质、定位及新理念、新变化，形成新课程改革的内在自觉和自主实践。

二是教师专业发展和心灵成长相结合。教学是一项专业化事业。教师要避免专业恐慌和专业孤独，在专业共同体中获得专业支持、享受专业成长的幸福。教师专业成长要建立纵向衔接、横向交叉的研究共同体。学科教研在现有基础上要进一步探索基于学校的跨学科、跨年级教师教研共同体，让更多教师承担起课程实施主体责任并将其转化为自觉行动；探索基于区域的跨学科、跨年级教师教研共同体，解决区域层面

---

① 中华人民共和国教育部：《义务教育课程方案（2022年版）》，16页，北京，北京师范大学出版社，2022。

的新课程育人短板问题，引领区域课程发展方向；同时促进教师能力建设与心灵成长相结合。好的课程实施不仅需要教师的专业成长，还离不开教师的心灵成长。美好心灵需要教师自我呵护，更需要人们对教师职业的尊重。没有教师的心灵成长和人们对教师职业的尊重，教师很难发自内心地关爱学生，新课程实施也将会大打折扣。

三是拓宽教师新课程实施的自主空间。目前，学校作为千条线中的"一根针"，还存在疲于应付各种活动检查，以至于出现教师教书育人主业被副业化的现象。学校既不能两耳不闻窗外事，也不能被社会事务缠身、过度社会化。地方和学校要研究教师工作日常，为教师减轻负担；同时，建立教师实施新课程任务责任清单制，确保教师课程教学、研究和交流研讨时间，以及保障课程教学、教科研等经费，明确教育政治红线，让教师轻装上阵、全身心投入课程改革。

3. 构建以数字为底层的新课程实施的社会文化生态，形成协同育人合力

在数字时代，学校、家庭、社会教育边界被解构，人人皆学、处处能学、时时可学成为现实。人与地球的关系、人与技术的关系都在发生着深刻的变化，这正在改变着人与人的关系。这带来了新的可能，也凸显了整个世界是相互关联的。我们的教育系统应该更加重视世界的关联性，体现关联性的力量源泉作用。学校教育作为立德树人主阵地，就必须走出"知识再生产"的"孤岛"状态。同时，数字技术在教育教学中被广泛应用，数字教育教学正在成为推动课程实施的新动能，以数字为底层的教育教学成为数字时代课程改革的新样态。

一是提高协同育人的认识站位。学校、家庭、社会协同育人，无形中给教师增加了工作量，带来较大的工作压力。要解决这一问题，首先要从理念认识上明确学校、家庭、社会协同育人机制是教育体制机制的重要组成部分，是国家、地方或学校为了达到协同育人的效果而制定的有关设计安排、有效运转以及考核评价等系统性制度。[①]

二是做好协同育人的优质教育资源供给。义务教育新课程的实施特别需要社区、家庭教育资源的支撑。开放的、多元的教育资源供给是义务教育新课程实施的必备条件。

三是多举措推进学校、家庭、社会协同育人。新课程呼唤学校、家庭、社会教育新生态。学校教育以学科教育为主，家庭教育以生活教育为主，社会教育以实践教育为主，三者应相互协同、相互支撑、相互补充。

---

① 张广斌、陈朋、王欢：《我国学校家庭社会协同育人的政策演变、研究轨迹与走向》，载《北京教育学院学报》，2021(6)。

4. 构建新课程实施的专业和技术文化生态，提升新课程实施能力和水平

当今教师工作的专业化、智慧化、协同化要求越来越高，义务教育新课程的实施离不开良好的专业和技术文化生态。新课程实施专业支持系统建设尤为重要，要加快建立新课程、新教材落地的专业服务体系。

一是强化新课程实施的国家专业支持。国家层面依托课程教材专家团队和教材研制出版单位，研制义务教育课程实施指南，依据学业质量标准研制学生分层作业训练体系，开发学业质量评价标准工具，提供大量可供选择的优质教学案例资源；组织创建新课程创新实施示范区、示范校，及时把典型经验和成果向全国宣传推广，适时组织开展新课程资源案例遴选工作，进一步提高教师对课程资源的选择性和利用率。

二是强化新课程实施的区域专业服务。发挥我国各级教研力量在义务教育新课程实施中的专业支持作用，建立新课程区域全员专业服务体系，形成教研员全员服务、名师带动、骨干引领的新课程实施专业支持网络，让广大教师在新课程实施中做到"经验可分享，问题能解决"。

三是强化新课程实施的社会专业服务。素养导向的义务教育新课程实施对资源支撑和专业要求提出了更高的标准。团结更大范围内的课程教学专业共同体为课程实施提供专业支持，是未来课程实施专业服务的重要方向。发挥高校、民间研究机构在新课程实施中的专业支持作用，鼓励支持区县、中小学通过政府购买服务引入高质量专业服务。

四是发挥数字教育教学的新动能、新优势。伴随着数字时代的到来，互联网、大数据、生成式人工智能等新技术正在改变着人们的生产生活方式，也改变着教育教学方式，对新课程实施既是挑战，也是机遇。国家教育数字化战略行动实施以来，国家、区域、学校教师课程实施的数字化环境发生了很大变化，数字教育教学生态环境正在孕育形成。一方面，国家智慧教育公共服务平台不断优化升级，为新课程实施提供了丰富的课程资源，使教师数字化课程资源共建共享能力得到进一步提升。另一方面，学校把建设数字教育教学生态环境作为课程实施的重要任务，借助各种教育教学服务支持数字技术，为教师课程实施提供实时有效的教学反馈信息，帮助教师动态把握学生的学习情况。同时，学校要积极创造条件，让每位教师都有机会、有能力、有热情成为数字时代数字教育教学的建设者和推动者。

模块二
数学大单元教学
设计及实施

一、大单元教学解读

（一）大单元提出的背景

"大单元教学"源于"单元教学"，"单元"是课程开发的基本单位，关于"单元"整体观念的教学思想可追溯到 19 世纪末。

19 世纪末 20 世纪初，新教育运动代表人物德可乐利在其创办的"生活学校"中推行德可乐利制教学法，取消传统的分科教学体系，大力提倡"整体化"的教学，以兴趣为中心组织安排综合课程。① 德可乐利的"整体化"思想被视为单元教学的萌芽。20 世纪初，美国教育学家杜威提倡实用主义下的单元教学，主张"从做中学""教育即生活"等思想，这对单元教学的发展产生了较为深远的影响。之后，杜威的学生克伯屈沿袭了其主要教育思想，提出了设计教学法，也被称为单元教学法，即提倡学生依据自身兴趣决定教学内容，在自己设计、负责的单元活动中获得知识与提升能力。20 世纪 30 年代，美国教育学家莫里逊在其所著的《中学教学实践》中提出了"莫里逊单元教学法"，旨在通过单元教学方式，使学生以数日或一周的时间学习一本教材或解决一个问题。20 世纪 60 年代，美国教育心理学家布鲁纳提出了结构主义教学论，提倡"使学科的基本结构转化为学生头脑中的认知结构"，该观点成为单元教学建构的基础。② 到 21 世纪，随着教育教学理论的发展，对单元教学的研究层次逐渐加深，单元教学理论也得到了进一步完善，如教育家威金斯与麦克泰提出"理解为先单元教学设计"。

在我国，五四运动后，单元教学理念开始被引入。最早提出类似教学理论的是梁启超。他提出的"不能篇篇文章讲，须一组一组的讲"，可被视为我国单元教学理念的萌芽。③ 1923 年，《新学制课程标准纲要》颁布后，单元教学的授课方式随之出现。例如，夏丏尊与叶绍钧在其编著的《国文百八课》中将教学内容安排为"每课一单元，有一定的目标，内含文话、文选、文法或修辞、习问四项，各项打成一片"。20 世纪后半叶，我国对单元教学的探究逐渐丰富，如王世发就单元教学的产生、发展与本质进行论述，提出了单元教学方法说、教学阶段说、教学结构体系说、教

---

① 　《德可乐利制教学法》，载《中国教育资讯报》，2002-10-24。

② 　高凡：《布鲁纳认知——发现学习理论与我国新课程改革》，载《课程教育研究》，2017(52)。

③ 　梁启超：《中学以上作文教学法》，载《中华活页文选（教师版）》，2008(1)。

学组织形式说、教学制度说、教学模式说等观点。①

进入 21 世纪后，世界各国的课程改革均以核心素养培育为目标，教育进入素养时代。2014 年，我国印发的《教育部关于全面深化课程改革落实立德树人根本任务的意见》指出，教育部将组织研究提出各学段学生发展核心素养体系，明确学生应具备的适应终身发展和社会发展需要的必备品格和关键能力。为有效提升学生的核心素养，多位教育学者提出了开展基于核心素养的单元教学设计。与此同时，我国于 2017 年、2020 年和 2022 年相继颁布了各学段课程标准，开始推行新课程改革。

《普通高中数学课程标准(2017 年版 2020 年修订)》与《义务教育数学课程标准(2022 年版)》(以下简称《新课标》)，均提倡教学需体现知识的整体性，教学需整体设计和教师需整体把握知识等要求。例如，《新课标》在教材编写建议中指出，教材内容结构要着重关注核心素养的整体性。构建内容结构既要关注数学内容之间的逻辑联系，又要关注核心素养整体性培养的要求。在教学建议中指出，教学目标的设定要体现整体性和阶段性。基于对具体教学内容主体、单元和课时的分析设计教学目标；重视对教学内容的整体分析，帮助学生建立结构化的数学知识体系；推进单元教学设计，体现数学知识之间的内在逻辑关系以及学习内容与核心素养之间的关联。此外，研究不局限于单元划分与教学设计，更朝着多样化单元教学的方向发展，如基于跨学科的项目式学习、主题学习等模式逐渐兴起。实施大单元教学不仅能够提高学生的学习兴趣、动力与效果，培养学生的综合性与跨学科思维能力，而且能够促进教师从知识的传授者转变为单元知识的研究者与组织者、整体教学的设计者与实施者，对学生学与教师教的升级产生深远的影响。

（二）大单元整体教学的基本内容及实施要求

1. 基本内容

单元是一个溯源久远且内涵丰富的教学概念。单元是一种集合，它连接着课程与课时。② 依托单元，现代教育发展出了"大单元整体教学"的理念。

大单元整体教学是从教材中发掘学科大概念，围绕大概念运用整体和系统思维，对具有内在关联的内容进行分析和组织，将其整合成为单元，以此为基本单

---

① 王世发：《关于单元教学两个问题的探讨》，载《山东师大学报(社会科学版)》，1991(6)。

② 刘徽：《"大概念"视角下的单元整体教学构型——兼论素养导向的课堂变革》，载《教育研究》，2020(6)。

位匹配情境任务，追求培养学生的核心素养的一种教学设计。其中，学科大概念统摄着大单元整体教学，能够反映学科的本质，居于学科的中心地位，是具有较为广泛的适用性和解释力的原理、思想和方法。① 对于具体章节来说，它是一个上位概念。

大单元整体教学具有一些核心特征，主要体现为以下两个方面。

第一，结构化。课程设计或教学设计遵循着一些基本逻辑，如学科逻辑、认知发展逻辑和心理逻辑等。结构化是内容逻辑化的一种表现。大单元整体教学以大概念为统领，不断统摄相关知识、技能和观点等内容，系统地将学习内容进行整合关联，使得整个学习过程成为一个有机整体。

第二，发展性。崔允漷认为一个单元就是一个指向素养的、相对独立的、体现完整教学过程的课程细胞。② 这里提到的"课程细胞"很有启示意义。崔允漷把整体教学看作一个生命体，大单元是这个生命体的基本结构和功能单位——细胞，生命体的活力，正得益于蕴含其中的细胞驱动。这种发展性也指向培养参与教学实践个体的核心素养。陈忠玲等人认为，核心素养下的大单元整体教学应秉承"人—知识—人"的思路，知识是能促进人全面发展的手段，而人的发展是教学的出发点与归宿。③

2. 实施要求

《义务教育课程方案（2022 年版）》指出："推进综合学习。""探索大单元教学，积极开展主题化、项目式学习等综合性教学活动，促进学生举一反三、融会贯通，加强知识间的内在关联，促进知识结构化。"

那么在实施中有哪些路径呢？

第一，依据大概念确定教学单元。在教学设计前期，教师需要在深入理解教材内容的基础上，构建学科内容的基本结构，归纳出具有统领意义的大概念。教师需要站在整个学科的高度上确定大概念，兼顾课程标准的要求和学生发展情况，使教学内容成为一套结构化的知识体系，同时符合不同阶段学生的发展需要。

第二，围绕教学单元规划整体目标。确定教学单元之后，教师需要围绕其对整

① 顿继安、何彩霞：《大概念统摄下的单元教学设计》，载《基础教育课程》，2019（18）。

② 崔允漷：《如何开展指向学科核心素养的大单元设计》，载《北京教育（普教版）》，2019（2）。

③ 陈忠玲、乔光斌：《基于核心素养的大单元教学》，载《北京教育（普教版）》，2020（3）。

体目标进行系统规划。教学目标应该是进阶和多维的，需要适应学生不同发展阶段的认知特点，引导他们进行循序渐进和不断拓展深入的学习，同时教学需要兼顾知识、能力、思维和经验等多个层面，保证教学以持续、递进的方式促进学生的理解和迁移应用。进一步地，教学设计也要明确单元教学，以及使学生达到怎样的预期学习结果和发展水平，以此增强设计的科学性和可操作性。[①]

第三，根据整体目标构思教学活动。有效的大单元整体教学设计需要情境、策略、流程和活动等资源的支持，在教学活动中促使学生形成丰富的知识、技能、思维和经验。我国教育已经从应试导向转向了素养导向，但是一线教师在设计情境支架、策略支架、过程支架、活动支架、思维支架，以及学习单、工作纸、评量表等上往往力有不逮。[②] 一线教师还需要深入学习、实践并设计创造。

第四，评价教学活动，反思教学单元。完整的大单元整体教学流程包括评价和反思，这个环节与教学目标和教学内容紧密相关，保证了教、学、评的一致性。传统的评价环节集中于终结性评价，重在对学习成果进行评估，但今天的教学需要将过程性评价与终结性评价进行结合，因此除了要评价学生对具体知识和有关技能的掌握情况之外，还要评价学生对大概念的理解和应用情况。对于教学设计本身的发展来说，评价任务接应教学目标，根据评价结果反思教学单元的合理性是完善教学单元必不可少的一环。

（三）基于素养导向的大单元设计

2014 年印发的《教育部关于全面深化课程改革落实立德树人根本任务的意见》要求将核心素养落实到各学科教学中。学科核心素养是学科教育之"家"，它意味着不再只关注"逐个"知识点的"了解""识记""理解"等目标。新的教学目标关注学生运用知识做事、持续地做事、正确地做事，强调知识点从理解到应用，重视知识点之间的联结及其运用。由此看来，学科核心素养的出台倒逼教学设计的变革，教学设计要从设计一个知识点或课时转变为设计一个大单元。[③]随后，各学科颁布的课程标准倡导建立大单元设计与核心素养之间的联系。

那么，基于素养导向的大单元设计应该如何落实到具体教学中呢？我们需要考虑四个方面，包括基本构成、基本问题及整体规划、课时设计和评价方案。

---

① 顿继安、何彩霞：《大概念统摄下的单元教学设计》，载《基础教育课程》，2019（18）。

② 荣维东：《大单元教学的基本要素与实施路径》，载《语文建设》，2021（23）。

③ 崔允漷：《学科核心素养呼唤大单元教学设计》，载《上海教育科研》，2019（4）。

1. 基本构成

大单元设计主要由知识结构和基本要素两个部分构成。

一是大单元设计的知识结构。教师需要明确大单元中所要教授的大概念，围绕大概念，运用整体和系统思维对具有内在关联的内容进行分析和组织，整合成为单元，使整个学习过程成为一个有机结构。单元目标需要关联学科核心素养，同时也需要匹配课程标准中的要求、教材和学情等。除此之外，当大单元教学中有跨学科内容时，教师还需要说明课程内容与其他学科的联系；在课时分配方面，需要对每课时的主要教学内容进行介绍，以思维导图或结构框图等方式呈现可以增强知识分析的直观性。

二是大单元设计的基本要素。崔允漷认为素养导向下的大单元设计需要一个新的学习方案。① 这个学习方案应该是一个完整的学习故事，它包含六个基本要素。

①单元名称与课时，即回答为何要花几课时的时间学习此单元的问题。教师可以根据单元的特性，用大任务、大项目或大问题来命名。

②单元目标，即回答此单元要解决什么，期望学生学会什么的问题。教师在制定单元目标的过程中需强调学科核心素养的培养。

③评价任务，即回答何以知道学生已经学会了的问题。评价任务起到承上启下的作用，上接目标，以视其与目标的匹配性；下连学习过程，把评价任务嵌入教学过程中，按教、学、评一致的思路设计教学过程。

④学习过程，即回答要经历怎样的学习才能学会的问题。其实质是设计学生的学习经验。

⑤作业与检测，即回答学生是否真的学会了的问题；教师可以通过这一环节获取有效反馈，从而评估学生的学习成果，发现学生的错误和不足，促进学生的学习。

⑥学后反思，即回答通过怎样的反思让学生管理自己的学习的问题。从某种程度上说，核心素养是学生自己反思或悟出来的，不是被直接"教"出来的。从具体的知识与技能到学科核心素养，其关键环节在于介入真实情境与学后反思。

2. 基本问题及整体规划

(1)基本问题。

基本问题是对整个单元的问题化处理。基本问题指向核心知识、关键能力，是

---

① 崔允漷：《如何开展指向学科核心素养的大单元设计》，载《北京教育（普教版）》，2019(2)。

一些能够激起持续思考和探究、需要理由和证据、指向学科内的重要和可迁移观点、在整个单元教学中会被反复提起的问题。在教学过程中，基本问题是对基本单元的外化，学生对基本问题的理解可以促进其迁移思考。

在进行大单元教学之前，需要对基本问题进行明确，每个单元确定 1～2 个基本问题，可做不同侧重点的排布。不能偏离素养基调，不做机械低效的"全覆盖"，目的是凸显主干知识和关键能力，用"少而重要"的关键问题统率和驱动一个单元的学习，让学生在学习过程中协同思考，促进知识迁移。

（2）整体规划。

为摒弃"只见树木，不见森林"的零散教学，迈向整体化的大单元教学，整体的开发与设计尤为重要。单元教学设计是由几个相关联的课时教学设计按照一定的逻辑构成的，突出整体性、结构性和逻辑性。整合知识是为了以更好的方式组织实施教学，因此大单元活动需根据一定的逻辑进行分解与规划，可以以知识点或能力点为单位组织教学。以核心素养为导向，为提高大单元教学的整体性与可操作性，可以搭建大单元教学框架，以流程图或表格的形式，简要呈现本单元的教学过程，并注明课时。

基于上述教学设计的基本元素，以核心素养为导向，可制订如表 2-1-1 所示的大单元教学框架，其中横向维度为大单元教学框架要素，纵向维度为大单元教学时间顺序。在横向上，其中单元目标以核心知识、核心素养为中心；评价任务指每个环节的教学是否完成学习任务，介于单元目标与学习过程之间，达到以评促教、以评促学的效果；学习过程指设计学生的学习经验，即学生学会的进阶过程而非教师教的过程；作业与检测以及学后反思则是基于核心素养，引导学生感知自身水平与能力变化的途径。核心素养是安排整体教学活动的基础，课时安排可根据不同的教学任务来计算，每个课段的课时数不一，需要教师根据具体教学情况判断。在纵向上，以大单元教学时间顺序为维度，从单元引入、单元探究最后至单元小结，一步步引导学生构建相互联系的知识体系，发展学生整体性的核心素养。

表 2-1-1　大单元教学框架

	单元名称与课时	单元目标	评价任务	学习过程	作业与检测	学后反思
单元引入						
单元探究						
单元小结						

3. 课时设计

具体课时设计共呈现一节课的教学设计，可以是一节概念课、应用课等，体现本单元设计的特色和理念。

具体课时设计包括课题名称、教学内容分析、学生情况分析、教学目标、教学重难点、教学过程。其中教学内容分析与学生情况分析需要以核心素养为导向，注重知识的整体性与学生发展的阶段性；教学过程包括教师活动、学生活动等；教学目标与学生学习过程、评价任务三者相辅相成，以实现教、学、评一体化的教学。

4. 评价方案

大单元教学需贯彻《新课标》的教学评价建议，发挥评价的育人导向作用，以核心素养为导向，坚持学生主体的评价地位，坚持以评促学、以评促教，在评价主体、评价内容、评价方式上有相应的改变，具体如下。

在评价主体上，体现多元化。改变以往以教师为主体的单一评价方式，积极探索教师评价、学生自评、生生互评与家长评价相结合的评价方式。在大单元教学过程中，时常存在小组学习与个体独立学习两种学习活动。对于小组学习，学生自评与互评在其中发挥重要作用，教师需要引导学生在学习活动中多反思、多学习；对于个体独立学习，教师评价仍为关键，教师需要根据学生的个性化差异给予不同的反馈与建议，帮助学生提升其学科核心素养。

在评价内容上，聚焦于学生的核心素养。改变以往以知识为核心的单一评价方式，将评价聚焦于学科核心素养。在大单元教学中，知识系统的构建尤为重要，教师更需要关注学生整体知识体系的建构情况而非单独知识的掌握情况。为贯彻核心素养，依托单元核心活动完成程度，教师在评价过程中还需要观察学生活动水平的表现，注重学生的"文化基础"、"自主发展"与"社会参与"方面的发展以及学科核心素养与能力的发展。

在评价方式上，强调多样化。改变以往以纸笔测试为终结性评价的单一评价方式，积极结合多种评价方式，即诊断性评价、形成性评价与终结性评价，在不同的教学阶段落实相应的教学目标。在评价工具方面，教师不仅可以使用作业与检测等线下评价工具，还可利用科学技术辅助教学评价。

二、 数学课程中的素养及其要求

（一）数学课程标准解读

《新课标》从内容要求、学业要求和教学提示三个方面对数学课程予以阐述，强调学生核心素养的提升，并以此作为数学课程的总目标。在以核心素养为导向的数学课程中，教师应体现教、学、评一体化的设计，实施大概念引领下的单元整体教学，落实学生核心素养的培养。它主要体现为核心素养贯穿在《新课标》的课程性质、课程理念、课程目标、课程内容、课程实施中。

在课程性质部分，《新课标》明确指出："数学在形成人的理性思维、科学精神和促进个人智力发展中发挥着不可替代的作用。数学素养是现代社会每一个公民应当具备的基本素养。数学教育承载着落实立德树人根本任务、实施素质教育的功能。"

在课程理念部分，《新课标》提出了"确立核心素养导向的课程目标""设计体现结构化特征的课程内容""实施促进学生发展的教学活动""探索激励学习和改进教学的评价""促进信息技术与数学课程融合"五种课程理念。其中尤为突出的两个变化是新增了以核心素养为导向的课程目标以及突出了课程内容的结构化特征。

在课程目标部分，《新课标》确定了义务教育阶段以"三会"表达的核心素养，在小学和初中阶段明确具体的核心素养表现，课程目标的表述以核心素养为导向，厘清核心素养与课程目标的关系。总目标提出了"通过义务教育阶段的数学学习，学生逐步会用数学的眼光观察现实世界，会用数学的思维思考现实世界，会用数学的语言表达现实世界(简称'三会')"，体现了课程目标以核心素养为导向。课程目标相对来说是比较具体明确的要求，而核心素养则是更上位的，是长远的追求。学段目标作为总目标的分解，对每个学段的具体目标做出了详细规划，体现了各学段内容的要求，融入了核心素养的具体表现。

在课程内容部分，《新课标》将课程内容分为"数与代数""图形与几何""统计与概率""综合与实践"四个领域。内容结构的设计以主题的形式呈现，具体内容要求呈现学科知识与核心素养两条线索。主题的整合更加凸显学科内容的本质特征，以及相关内容之间的联系。《新课标》从课程内容选择、课程内容组织和课程内容呈现几个方面阐述课程内容的结构化特征。课程内容选择以发展学生核心素养为导向，充分考虑学生发展的需求、数学学科的特点和社会科技的发展。贯穿学科知识和核心素养两条线索，将具体的内容与相关的核心素养建立联系。课程内容组织要有助于学生的理解与掌握，促进学生核心素养的形成。课程内容呈现直接影响学生对学习内容的感知与理解，课程与教学内容应采用适合学生年龄特征和促进学生学习的呈现方式。教学活动的设计与组织可以采用单元整体教学设计的思路，从整体上分析内容本质、分析学情，完成教学活动的设计与实施。首先，基于教材自然单元整体分析内容，形成以核心素养为线索的反映前后相关单元之间联系的整体理解。其次，确定单元中的关键内容，关键内容能更好地体现所学内容的学科本质和核心概念，并且蕴含着相关的核心素养。最后，设计有效的教学活动。基于学生的基础和前概念，设计和组织围绕关键内容的学习活动，促进学生整体发展。

在课程实施部分，明确教学实施的要求。《新课标》明确了核心素养导向的教学活动设计与实施的基本要求，提出在教学实践中应准确把握课程要培养的学生核心素养，明确教学内容和教学活动的素养要求，培养学生正确的价值观、必备品格和关键能力，设定教学目标，改革教学过程和教学方法，把立德树人根本任务落实到具体教育教学活动中。《新课标》特别强调实施基于主题的大单元整体教学。应依据学生已有的知识经验、认识水平、学习要求，结合具体内容特点系统规划单元教学目标，整体把握结构化的课程内容，选择能促进学生思考的教学方式，在教学中整体设计、分步实施。在具体实施时，要先整体把握单元教学内容，进而确定单元主题、设计素养导向的单元教学目标，最后规划单元教学进程。在确定单元主题时，要明确单元教学内容的组织逻辑，再根据组织逻辑确定单元主题的呈现方式。在单元教学目标的设计上，要体现核心素养，处理好核心素养与"四基""四能"的关系，体现整体性、阶段性和可操作性。在规划单元教学进程时，要具体落实基于主题的单元教学设计，必须根据单元教学目标和课时教学目标统筹规划单元教学进程，分两个阶段进行。单元教学进程是动态的，除了考虑单元知识的固有逻辑之外，还需要考虑学生的认知规律及主题的探究进程，在实施过程中根据教学情况不断地调整和优化。

在课程评价部分，《新课标》新增了"学业质量"部分，将学业质量界定为"学生在完成课程阶段性学习后的学业成就表现，反映核心素养要求"。学业质量是教育质量的重要组成部分和重要标志。学业质量标准以核心素养及其表现、课程总目标，以及学段内容要求、学业要求为依据，是对学生学业成就具体表现特征的整体刻画，用以反映各学段课程目标与核心素养的达成度，具有学段特征和结构特征。学业质量标准对学生的学习活动、教师的教学活动以及教材的编写具有重要的指导作用，也是学业水平考试命题及评价的重要依据。

此外，《新课标》强化综合评价，提出强化素养导向，注重对正确的价值观、必备品格和关键能力的考查，开展综合素质评价。

（二）数学学科素养及其内涵

《新课标》以习近平新时代中国特色社会主义思想为指导，落实立德树人根本任务，致力于实现义务教育阶段的培养目标，使得人人都能获得良好的数学教育，不同的人在数学上得到不同的发展，逐步形成适应终身发展需要的核心素养。《新课标》指出，数学课程要培养学生的核心素养，主要包括三个方面：会用数学的眼光观察现实世界，会用数学的思维思考现实世界，会用数学的语言表达现实世界。

同时，核心素养具有整体性、一致性和阶段性，在不同阶段具有不同表现。小学阶段侧重对经验的感悟，初中阶段侧重对概念的理解，其主要表现见表 2-2-1。

表 2-2-1　数学核心素养与各学段学业表现

核心素养	主要表现		跨学科表现
	小学	初中	
会用数学的眼光观察现实世界	数感	抽象能力	创新意识
	量感		
	符号意识		
	几何直观	几何直观	
	空间观念	空间观念	
会用数学的思维思考现实世界	运算能力	运算能力	应用意识
	推理意识	推理能力	
会用数学的语言表达现实世界	数据意识	数据观念	
	模型意识	模型观念	

1. 小学阶段的数学核心素养及其内涵

（1）数感。

数感主要是指对于数与数量、数量关系及运算结果的直观感悟。[①]

培养学生的数感，能使其深入理解数的意义和数量关系，也能让学生初步感受数学表达的简洁与精确，调动学生学习、探究数学的积极性。

例如，在四年级平均数相关内容的讲授中，教师可以通过"分小球"的游戏，将每个小组作为一个游戏整体，引导学生思考如何将教师手里的球自由分配到组员手中，使每个组员都可以分得 3 个小球。在此过程中，教师向学生介绍平均数的概

[①] 中华人民共和国教育部：《义务教育数学课程标准（2022 年版）》，7 页，北京，北京师范大学出版社，2022。

念。学生在参与游戏的过程中能够深入了解平均数的含义，感知平均数的概念。

（2）量感。

量感主要是指对事物的可测量属性及大小关系的直观感知。①

培养学生的量感，能够让学生养成用定量的方法认识和解决问题的习惯。学生可以根据已有的生活经验和已经掌握的数学知识对不同物体的具体质量进行估测，以此对数量大小及关系形成理性的感知和判断。

例如，在六年级的复习教学中，对于度量与测量知识，教师可以引导学生将新旧度量单位进行对比和分析，促使学生不断调整和完善对量的认知，打破新旧知识之间的联系，建立对度量单位的整体性认知。②

（3）符号意识。

符号意识主要是指能够感悟符号的数学功能。③

加强符号意识的培养，能够帮助学生准确识记、理解并应用这些符号，提高学生的抽象思维能力和逻辑思维能力，为后续学习打下坚实的基础；还可以促进学生在数学学习与运用中体会到数学的美，领悟到数学的魅力。④

例如，在学习符号 a^3 时，很多学生容易错误地认为 $a^3=3a$，这时教师要给学生讲解两者的本质和区别，a^3 代表三个 a 相乘，即 $a^3=a\times a\times a$，而 $3a$ 代表 3 与 a 相乘，即 $3a=3\times a$，这样一来可以帮助学生更好地理解符号。⑤

（4）运算能力。

运算能力主要是指根据法则和运算律进行正确运算的能力。⑥

运算能力是与学生的数学学习联系最为紧密、最为相关的一项能力素养。培养和提高学生的运算能力，有助于学生形成规范化思考问题的品质，养成一丝不苟、

---

① 中华人民共和国教育部：《义务教育数学课程标准（2022 年版）》，7 页，北京，北京师范大学出版社，2022。

② 胡玉梅：《小学数学数感与量感的教学分析》，载《基础教育论坛》，2023（19）。

③ 中华人民共和国教育部：《义务教育数学课程标准（2022 年版）》，8 页，北京，北京师范大学出版社，2022。

④ 段安阳、严微：《符号意识：直抵数学本质的教学——符号意识的本质内涵及培养策略》，载《教育科学论坛》，2023（5）。

⑤ 张芳芳：《小学低学段学生数学符号意识的培养策略研究》，载《数理化学习（教研版）》，2022（7）。

⑥ 中华人民共和国教育部：《义务教育数学课程标准（2022 年版）》，8 页，北京，北京师范大学出版社，2022。

严谨求实的科学态度。①

例如，在低年级的课堂教学中，教师可以教授学生一些简单的算数技巧，如快速计算两位数相加、减法借位等。这些技巧可以帮助学生更快地解决进位加、退位减的运算问题。平时强化口算练习也可以训练学生的基本算数能力。②

(5)几何直观。

几何直观主要是指运用图表描述和分析问题的意识与习惯。③

几何直观的培养对学生的学习与发展能够产生积极影响，有助于学生把握问题的本质，明晰思维的路径，逐步建立数形结合思维，实现对问题的有效思考，也可以提升学生的空间想象力。

例如，在"长方体和正方体"一课中，教师可以让学生画出长方形和正方形，思考粉笔盒、文具盒等实物包含的长方形和正方形的数量，根据面积公式推导长方体和正方体的表面积、体积公式，利用直观图示和模型来帮助学生进行推导。④

(6)空间观念。

空间观念主要是指对空间物体或图形的形状、大小及位置关系的认识。⑤

培养空间观念有助于学生理解现实生活中空间物体的形态与结构，能够激发学生的想象力和创造力。

例如，在"平行四边形和梯形"一课中，教师可以直接引入生活中的平行四边形和梯形的实物作为教学引导的基础素材，让学生进行直观的观察并绘制出一些符合题目条件的平行四边形和梯形图案。⑥

---

① 林燕山：《核心素养视域下小学生运算能力培养路径》，载《学苑教育》，2023(29)。

② 李娜珊：《浅谈如何提高小学生的数学运算能力》，载《天津教育》，2023(19)。

③ 中华人民共和国教育部：《义务教育数学课程标准(2022年版)》，8页，北京，北京师范大学出版社，2022。

④ 王晓倩：《小学数学教学中如何培养学生的几何直观能力》，载《理科爱好者》，2022(6)。

⑤ 中华人民共和国教育部：《义务教育数学课程标准(2022年版)》，9页，北京，北京师范大学出版社，2022。

⑥ 王俊渊：《如何在小学数学教学中培养学生的空间观念》，载《小学生(下旬刊)》，2022(7)。

（7）推理意识。

推理意识主要是指对逻辑推理过程及其意义的初步感悟。[1]

培养推理意识，有助于提高学生的问题解决能力，使学生养成有条理的思维习惯，增强交流能力，使学生在观察事物的过程中获取数学信息、形成认知思路，进而对问题提出解决方法。[2]

例如，在推理相关内容的讲授中，教师引入学生喜欢的猜硬币小游戏。通过参与游戏过程，让学生明白猜的时候不是漫无目的地随便猜，而是根据已知信息推出结论，像这样的过程就是推理。[3]

（8）数据意识。

数据意识主要是指对数据的意义和随机性的感悟。[4]

形成数据意识，有助于学生理解生活中的随机现象，逐步养成用数据说话的习惯。《新课标》区分了小学与初中两个阶段在"统计与概率"领域的教学要求，其中小学阶段侧重数据意识，旨在加强学生对数据意义的感悟。

在教学过程中，教师可以提前为学生准备调查课题，让学生亲自体验收集数据的过程。

（9）模型意识。

模型意识主要是指对数学模型普适性的初步感悟。[5]

培养模型意识，有助于学生开展跨学科主题学习，增强对数学的应用意识，是形成模型观念的经验基础。

例如，在计数活动中，可以把"一条直线上的四个点可以构成多少条不同的线段"作为一类计数问题的典型模型，从而把"四个人两两握手，总共握了几次手"划归为典型模型。

---

[1] 中华人民共和国教育部：《义务教育数学课程标准（2022 年版）》，9 页，北京，北京师范大学出版社，2022。

[2] 朱红浇：《小学数学传统课堂中推理意识培养存在的问题及分析》，载《考试周刊》，2022（39）。

[3] 黄丽环：《关注小学数学课堂，发展学生推理能力》，载《教学管理与教育研究》，2020（6）。

[4] 中华人民共和国教育部：《义务教育数学课程标准（2022 年版）》，9 页，北京，北京师范大学出版社，2022。

[5] 中华人民共和国教育部：《义务教育数学课程标准（2022 年版）》，10 页，北京，北京师范大学出版社，2022。

(10)应用意识。

应用意识主要是指有意识地利用数学的概念、原理和方法解释现实世界中的现象与规律，解决现实世界中的问题。[1]

培养应用意识，有助于学生用学过的知识和方法解决简单的实际问题，养成理论联系实际的习惯，发展实践能力。

(11)创新意识。

创新意识主要是指主动尝试从日常生活、自然现象或科学情境中发现和提出有意义的数学问题。[2]

培养创新意识，有助于学生形成独立思考、敢于质疑的科学态度与理性精神。

例如，在"多边形的面积"一课中，在学生对四边形的面积计算公式形成初步的了解后，教师可以给学生布置小组合作探究的任务，让他们分组测量和计算学校花坛的面积，并讨论使用怎样的工具可以有效测量花坛的长、宽。[3]

2. 初中阶段的数学核心素养及其内涵

初中阶段的数学核心素养除了和小学的几何直观、空间观念、运算能力、创新意识和应用意识等部分素养相同之外，还包括抽象能力、推理能力、数据观念和模型观念等。

(1)抽象能力。

抽象能力主要是指通过对现实世界中数量关系与空间形式的抽象，得到数学的研究对象，形成数学概念、性质、法则和方法的能力。[4]

数学抽象是人重要的能力[5]，通过对事物的抽象，识别对象的数量关系和图形特征，辨析异同点，从而把握对象的数学特征，形成理性的思维。数学抽象能力的培养需要教师长期关注抽象素材，教学中细化抽象过程，实践中指导抽象方法，活

---

[1] 中华人民共和国教育部：《义务教育数学课程标准(2022年版)》，10页，北京，北京师范大学出版社，2022。

[2] 中华人民共和国教育部：《义务教育数学课程标准(2022年版)》，11页，北京，北京师范大学出版社，2022。

[3] 李亚密：《浅谈在小学数学教学中培养学生的创新意识》，载《试题与研究》，2023(31)。

[4] 中华人民共和国教育部：《义务教育数学课程标准(2022年版)》，8页，北京，北京师范大学出版社，2022。

[5] 潘竹树、李祎：《借助数学抽象 培养关键能力——以"数轴上的动点问题"为例》，载《数学通报》，2023(8)。

动中积累抽象经验。

例如，在数轴的学习中，学生在解答数轴上的动点问题时容易出现"无法对两点间的距离及其内涵进行解释"的问题。教学中教师容易认为数轴上"两点间的距离"很简单，忽略了知识的形成过程，教学上的"跳跃"造成学生的抽象基础不稳固。解决这个问题需要回到"绝对值的意义"这一概念上。如图 2-2-1 所示，可以借助绝对值的定义理解 $AO=|a-o|$，为学生理解"两点间的距离"做铺垫。

图 2-2-1　数轴上的点

(2)推理能力。

推理能力主要是指从一些事实和命题出发，依据规则推出其他命题或结论的能力。[①]

要培养学生的推理能力，就要引导学生养成"发现→猜想"的学习习惯。[②] 教师在教学过程中要通过恰当的形式对学生进行引导，使其能在真实的教学情境中对问题进行合理的推理和猜想，最终解决问题。

例如，对于下列问题：若 $\dfrac{a}{7}=\dfrac{b}{5}=\dfrac{c}{2}$，且 $a+b-c=30$，求 a 的值。很多学生找不到解题的切入点，此时教师应引导学生观察等式，分析 a，b，c 之间的关系，可令 $\dfrac{a}{7}=\dfrac{b}{5}=\dfrac{c}{2}=k$，进而用 k 分别表示 a，b，c。在教师的引导下，学生能够发现代数式中蕴含的等量关系，从而找到解决这一问题的关键。

(3)数据观念。

数据观念主要是指对数据的意义和随机性有比较清晰的认识。[③]

初中阶段的"数据观念"是小学"数据意识"到高中"数据分析"的关键过渡[④]，是

---

① 中华人民共和国教育部：《义务教育数学课程标准（2022 年版）》，9 页，北京，北京师范大学出版社，2022。

② 郁军：《初中数学教学中如何培养学生的逻辑推理能力》，载《中学教学参考》，2016(35)。

③ 中华人民共和国教育部：《义务教育数学课程标准（2022 年版）》，10 页，北京，北京师范大学出版社，2022。

④ 鲍建生、章建跃：《数学核心素养在初中阶段的主要表现之六：数据观念》，载《中国数学教育》，2022(21)。

定性描述到定量分析的过渡。此过程能够使学生加深对数据及其意义的认识，形成稳定的统计素养。教师要通过真实的统计活动，帮助学生体会统计问题解决的一般过程，从中感悟统计的思想方法。

例如，在定制校服时，教师可以带领学生收集本班同学的身高数据，提出不同方案：自报身高、查找档案或实际测量，并引导学生比较不同来源数据的优缺点，根据实际情况选择合适的方案。在此过程中，学生对数据的理解会更加深入，其数据观念能够得到发展。

（4）模型观念。

模型观念主要是指对运用数学模型解决实际问题有清晰的认识。[①]

数学模型是数学与现实世界互动的主要媒介，是数学与现实世界交流的基本语言。[②] 在教学设计和课堂实施中，教师要重视引导学生根据实际问题的条件，选择合适的方程、不等式或函数类型，构建具体的模型并解决问题。

例如，在讲授一次函数时，教师可以给出匀速行驶的汽车的具体数据，让学生通过探索发现汽车行驶距离与时间的关系符合一次函数：$y = kx + b (k \neq 0)$，使学生体会到数学模型在生活中的实际作用。

（5）几何直观。

几何直观是数学眼光的主要表现方式[③]，通过熟练掌握基本图形、建构基本图形与复合图形的关系、使用数形结合等，可以提高学生的几何直观感知能力、操作能力和融通能力。

例如，如图 2-2-2 所示，已知△ABC，用尺规按下列要求作图：作∠BAC 的角平分线 AD；作∠CBE＝∠ADC，BE 交 CA 的延长线于点 E；作 AF⊥BE，垂足为点 F。对学生来说作图难度较大，因为这是一道复合作图题。教师要引导学生厘清画图的基本要求，将复合图形分解为基本图形，分析作图顺序，画出符合要求的图形，从而提升学生的作图能力，培养学生的几何直观。

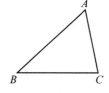

图 2-2-2　三角形

① 中华人民共和国教育部：《义务教育数学课程标准（2022 年版）》，10 页，北京，北京师范大学出版社，2022。

② 鲍建生、章建跃：《数学核心素养在初中阶段的主要表现之七：模型观念》，载《中国数学教育》，2022(23)。

③ 刘佳：《八年级学生几何直观素养培育的实践与探索》，载《中学数学月刊》，2023(10)。

（6）空间观念。

空间观念是创新精神所需的基本要素，没有空间观念，几乎谈不上任何发明创造。教师要在教学过程中让学生体会二维空间和三维空间之间"相互转换"的过程。

例如，教师可以通过言语向学生描述如图 2-2-3 所示的积木块建筑，让学生画出相应的建筑形状。在看不到实物的情况下，学生只有进行直观想象才能判断积木块之间的位置关系。在这个过程中，学生会多次进行"如果……那么"的思考，从而使其空间观念得到发展。

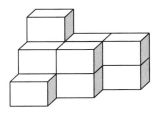

图 2-2-3　积木块建筑

（7）运算能力。

计算是一项基础能力，也是初中教学的重点与难点。[①] 教师要在教学中培养学生良好的解题习惯，引导学生针对题目、题型等对运算技巧进行总结，从而提高学生的运算能力。

例如，在进行分式运算的时候，其加减运算是重点和难点，教师可以带领学生共同总结技巧，如先约分后通分：在计算 $\dfrac{x+1}{x^2+3x+2}+\dfrac{x^2-2x}{x^2-4}$ 时，两个分式均能约分，先约分再计算，会简化计算过程。

（8）创新意识。

创新是一个时代、一个民族的灵魂。[②] 在教学过程中，教师要注重根据学情来创设教学情境，培养学生灵活的思维能力和发散思维，促进学生创新意识的发展。

例如，教师在教学中可以引导学生对一道题展开深入交流，通过头脑风暴、合作讨论促进学生创新思维的发展，逐步培养学生的创新意识。

（9）应用意识。

培养应用意识，不仅有利于实现生活化教学[③]，而且有利于实现课程教学目标，深化学生的数学思维。教师应该将理论与实际有机结合，培养学生的应用意识及迁移能力。

例如，在教授比例尺的相关内容时，教师可以引入现实情境，让学生利用地图

---

① 刘云：《核心素养视角下初中数学教学中学生运算能力的培养》，载《西部素质教育》，2017(10)。

② 杜其丰：《在初中数学教学中如何培养学生的创新意识》，载《试题与研究》，2018(36)。

③ 王深：《初中数学应用意识的培养路径分析》，载《中学课程辅导》，2023(17)。

设计假期旅游路线。① 该情境能够很好地激发学生的兴趣，调动学生的学习积极性，培养学生的发散思维和应用意识，通过活动让学生意识到比例尺在生活中的作用，锻炼学生利用所学知识解决现实问题的能力。

（三）数学核心素养导向下的大单元设计

在进行大单元设计时，要从素养的视角出发，体现单元的知识结构，将素养贯穿在整个单元设计中。在具体设计时，要重点关注以下几个方面。

1. 体现单元的知识结构

数学核心素养导向下的大单元教学是从单元知识的整体出发，根据教学内容、课程标准要求、知识难易程度、学生学情等要素进行知识重组、再构的教学过程。结构决定功能，不同的结构设计对于数学课程的实施会产生不同的影响。以核心素养为统领、以学生的整体发展为目标的课程内容结构，必将对数学教学产生积极的影响。

《新课标》与修订之前相比，在课程内容结构上有一些明显的变化，主要表现在明确领域和主题两个层次上。主题体现学科知识和核心素养两条线索，突出"综合与实践"领域的内容特征。《新课标》在继续保持原来四个领域"数与代数""图形与几何""统计与概率""综合与实践"的基础上，对下属主题进行了整合与增删，形成了如表 2-2-2 所示的内容结构。

表 2-2-2　各学段各领域的主题

领域	学段			
	第一学段 （1～2 年级）	第二学段 （3～4 年级）	第三学段 （5～6 年级）	第四学段 （7～9 年级）
数与代数	1. 数与运算 2. 数量关系	1. 数与运算 2. 数量关系	1. 数与运算 2. 数量关系	1. 数与式 2. 方程与不等式 3. 函数
图形与几何	图形的认识与测量	1. 图形的认识与测量 2. 图形的位置与运动	1. 图形的认识与测量 2. 图形的位置与运动	1. 图形的性质 2. 图形的变化 3. 图形与坐标

① 毛云峰：《提升学生应用意识，促进学生全面发展——初中数学如何培养学生的应用意识》，载《数理天地（初中版）》，2022(3)。

领域	学段			
	第一学段 （1～2 年级）	第二学段 （3～4 年级）	第三学段 （5～6 年级）	第四学段 （7～9 年级）
统计与概率	数据分类	数据的收集、整理与表达	1. 数据的收集、整理与表达 2. 随机现象发生的可能性	1. 抽样与数据分析 2. 随机事件的概率
综合与实践	重在解决实际问题，以跨学科主题学习为主，主要包括主题活动和项目学习等。第一、第二、第三学段主要采用主题式学习，将知识内容融入主题活动中；第四学段可采用项目式学习。			

大单元教学内容的结构应紧扣大单元的主题，关注学生数学抽象、逻辑推理、直观想象、数学运算等素养水平的提升。围绕发展学生核心素养，将相关联的知识与技能归纳和整理，做好内容的合理搭配，强化组合，指向实践运用，保证内容学习的系统性、完整性、连续性。

2. 素养贯穿的大单元要素

数学大单元要素是确定大单元教学目标的前提，是大单元教学设计的重点环节，主要包括以下六个方面：单元名称与课时、单元目标、学习过程、评价任务、作业与检测、学后反思。[①]

(1)单元名称与课时。

在确定单元名称与课时的过程中，首先对单元教学内容依据课标做对标分析，明确本单元对应课标的具体模块、任务群。其次明确把握单元教学内容在学习模块、学习任务群及初中学段中的地位与作用，进而厘清单元与单元之间的逻辑链条，透视单元内部的节内容之间的结构脉络。在课时确定时，要清楚每一节内容的教学要点和价值，并用表格或者思维导图等方式进行呈现，实现有序设计和整体设计的统一。

根据单元的特性，单元名称可以用大任务、大项目、大观念或大问题来命名。例如，初中阶段"数与代数"领域下有"数与式""方程与不等式""函数"三个主题；"数与式"主题下有有理数、实数、代数式三部分内容，"方程与不等式"主题下有方程与方程组、不等式与不等式组两部分内容，"函数"主题下有函数的概念、一次函

---

① 崔允漷：《如何开展指向学科核心素养的大单元设计》，载《北京教育（普教版）》，2019(2)。

数、二次函数、反比例函数四部分内容。由此，"数与代数"领域就可以分为三个主题，每个主题对应不同的学习单元，每个学习单元再按知识的重要性或地位分配课时。这样就有效保证了每个学习单元都能够围绕数学核心素养展开。

（2）单元目标。

单元目标的确定，要把握本次课程标准修订的基本价值取向——以核心素养为统领。单元目标一定要体现核心素养导向，基于核心素养对学生提出更为具体明确的要求。进一步地，通过分析不同领域的学段目标，将反映不同阶段特征的核心素养的表现与不同学段学生学习的进程和内容要求结合起来，确定相应的单元目标，从而使学生通过学习获得"四基"，发展"四能"，形成正确的情感态度与价值观。

（3）学习过程。

学习过程的实质是设计学生的学习经验。基于主题的单元整体教学设计是以系统论为基础，从发展学生核心素养的视角出发的，应根据学生已有的知识经验、认知水平、学习要求，结合具体内容特点系统规划，选择能促进学生思考的教学方式，在教学中整体设计、分步实施。在此过程中需要着重关注几个问题：一是必须依据至少三分之二的学生是如何达成目标（即学会）的进阶来设计；二是必须嵌入评价任务，以实现教、学、评一致的教学；三是必须在整体设计的前提下分课时呈现学习方案，使之适用于真实的课堂教学。

（4）评价任务。

评价任务的根本目的是促进学生的发展。评价任务应强调师生的互动和参与、评价内容与方式的多元化、评价过程的动态发展等。将评价标准落实到单元层面，开发制订指向单元持续性理解和基本问题的表现标准，对学生的学习表现水平做出不同层级的描述，为师生描绘出一份学习进阶的路线图。[①]

评价任务应该明确"好到什么程度才是好""具有什么表现就能证明理解和运用了学科核心观念"。通过单元学习的表现标准，学生能在每一课时、每一任务中明白：我现在在哪里，我将要去哪里，如何去那里，怎样证明我到达了那里；教师也能清晰知道每一步应该给予学生怎样的评价、反馈、支持和帮助。

对于我国中小学数学教师来说，评价任务是教学设计的难点。评价是数学教学过程的重要环节之一，评价的目的是全面了解学生数学学习的过程和结果，同时激

---

① ［美］波帕姆：《促进教学的课堂评价》，国家基础教育课程改革"促进教师发展与学生成长的评价研究"项目组译，12～15页，北京，中国轻工业出版社，2003。

励学生学习，并为教师的教学提供反馈，改进教师教学。教师在进行评价时，要关注单元目标，单元目标指向何种数学知识或数学核心素养，评价就要落在何处。基于评价任务在教学过程中所起到的承上启下的作用，教师在设计教学过程时，要按照教、学、评一体化的思路进行。

（5）作业与检测。

作业与检测，考查学生是否真正掌握了数学知识、方法，是否正确把握了数学情感。《新课标》增加了"学业质量"部分，专门给出数学课程学业质量标准，以数学核心素养及其表现、课程总目标，以及学段内容要求、学业要求为依据，对学生学业成就的具体表现特征进行整体刻画，不再强调数学学科固定的知识与技能，而是关注某一阶段的数学课程结束后学生的数学核心素养达成及发展情况。作业与检测必须紧紧结合数学核心知识主题的主线，以结构化数学知识主题为载体，评估学生的抽象能力、推理能力、运算能力、几何直观和空间观念等核心素养的表现。

在作业与检测的设计上，采用多种形式相结合，设计分层作业、弹性作业、个性化作业和长作业等，从作业与检测结果中了解学生对基础知识和基本技能掌握的情况。在设计的过程中，还应关注基础性的少而精、分层的精准性、弹性的合理性和个性化的必要性。其中，作业设计还可以将课堂内的数学活动延伸到课堂外，让学生从事收集数据、查阅资料、独立思考、合作交流、实践检验、推理论证等多种形式的活动，促进学生应用意识、创新意识的发展。

（6）学后反思。

数学核心素养不是教师教出来的，而是学生通过反思自己悟出来的。因此，需要学生在学习后进行反思提升。在数学学习中，自主学习、反思总结、提炼概括是非常关键的能力，能够培养学生的主体意识，发挥学生学习的主观能动性。

学后反思的目的是让学生学会学习，通过反思管理自己的学习。学生通过学后反思能意识到反思对数学学习的重要性，能在数学活动中，对自身活动的过程和结果进行思考和总结，逐步形成反思的意识和习惯；能在数学学习过程中建立自我评价机制，善于通过回顾学习过程、检查学习策略、检验学习结果等方式总结经验、提炼方法；能通过对数学活动过程和结果的反思，根据不同情境和自身实际，灵活选择或调整学习策略和方法。

3. 数学大单元设计的几个要点

在大单元设计中，要重视对单元统整的基本问题的设计，注重单元的整体规划与具体课时设计，注重对单元的及时评价与反思。具体来讲，有以下几点。

(1)基本问题的设计。

教师要充分解读课标要求和教材内容，把握待发展的数学核心素养，并对单元中的核心知识及知识结构进行梳理。结合学情分析、教学目标和重难点，明确单元的基本问题。

例如，在"平行四边形"单元教学设计中，教师对平行四边形的课标要求和教材内容充分解读后，明确通过本单元教学，发展学生的几何直观、空间观念和推理能力。结合教学内容，梳理本单元的核心知识和知识结构。在把握学情的基础上，分析教学目标和重难点，明确单元的基本问题。

【问题】以平行四边形为例，如何研究中心对称图形？

问题阐释：从教学目标来看，通过观察探究平行四边形的对称性，猜想、验证并证明平行四边形边、角、对角线的性质和判定；从教学重点来看，不论是平行四边形的性质定理还是判定定理，都是对构成平行四边形的元素(如边、角、对角线)特征进行分析，而对这些元素特征都是以中心对称性开展研究的。因此，以平行四边形为例，如何探究中心对称图形自然也就成了本单元的基本问题。

(2)单元的整体规划与课时设计。

大单元设计都有一个明确的主题。确定主题后，教师应根据主题实施需求，设定相应的目标、任务、情境与活动，将分散的知识内容进行系统整理，并在必要处拓展一些学习资料。根据主题逻辑稳步推进数学核心素养教学，帮助学生提高数学学习逻辑性。在整体规划上，可以选择以数学知识内容为主线，也可以选择以数学思想方法为主线，还可以选择以素养为主线展开。[①] 下面我们分别以数学知识内容和数学思想方法为主线来具体说明。

以数学知识内容为主线，串联原有大单元内的自然单元。在单元流程设计时，教师可以贯通上下，对原有单元顺序进行适当调整，也可以立足整体按照数学核心素养的逻辑概念，构建网络庞大的线性知识单元。例如，对于浙教版八年级下册第四章"平行四边形"和第五章"特殊平行四边形"，我们可以将其整合设计成一个大单元，整合为"认识平行四边形及其家族""探析平行四边形家族成员特征""研判平行

---

① 潘利英：《核心素养背景下初中数学单元教学的有效设计方法探析》，载《考试周刊》，2021(98)。

四边形家族成员"三大板块。

第一大板块"认识平行四边形及其家族",分两课时进行。第一课时,初步认识平行四边形及其组成元素,学生会辨认平行四边形,分清边、角、对角线;第二课时,逐步认识平行四边形所有家族成员:矩形、菱形、正方形,体会它们之间的关系,理解它们的定义。

第二大板块"探析平行四边形家族成员特征",分三课时进行。第一课时,探究平行四边形关于边、角、对角线方面的性质,并总结探究的思路历程;第二课时,在教师引导下类比并探究矩形和菱形在边、角、对角线方面的性质;第三课时,学生结合前两课时自主探究正方形的性质。

第三大板块"研判平行四边形家族成员",分四课时进行。第一课时,探索平行四边形的判定,并总结探索平行四边形判定的思维方法;第二课时,探索矩形的判定;第三课时,探索菱形的判定;第四课时,学生自主探索正方形的判定方法。最后,在知识学习的基础上,进行大单元总结回顾,形成平行四边形家族学习与研究的大框架。

以数学思想方法为主线,明确教学方法,重新排列组合。在单元流程设计时,教师可以基于数学思想方法,改变教材原有顺序,将相关知识进行重组教学,以培养学生相应的思维品质和思想方法,提升学生的数学核心素养。例如,类比思想的应用见图2-2-4。在研究平行四边形家族成员特征和判定时,类比思想贯穿其中;研究四边形、圆等几何图形时,均可类比三角形的研究路径:概念—性质—判定—应用,确定研究方向和内容,有助于学生把握整个平面几何知识的本质特征,在一定程度上体现了研究几何图形的一般规律;在学习一元一次不等式时,可类比等式性质及一元一次方程解法,探得不等式基本性质和不等式解法。

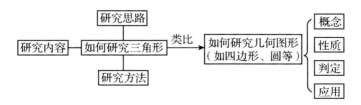

图 2-2-4 类比思想的应用

在单元课时设计时,打破"课时主义"的束缚,体现素养导向下的单元设计的要求。在进行课时设计时,体现系列任务下的问题解决活动。我们以"平行四边形"单元设计的第一课时为例来说明。

例如,对"平行四边形"的第一课时"平行四边形的性质(1)",教师设置了 7 个活动，引导学生从研究几何图形的一般路径出发，在回顾小学学过的平行四边形概念的基础上，通过画平行四边形直观认识平行四边形，并学习平行四边形的构成元素。学生观察自己所画的平行四边形，自主思考、大胆猜想平行四边形的边、角性质，进而验证猜想，体会验证猜想是探索问题的必然延续，体会合情推理与演绎推理的辩证关系。最终通过对平行四边形性质的应用，培养学生分析问题、解决问题的能力，发展学生的推理能力、几何直观和空间想象素养。

(3)单元的评价与反思。

教学评价体系应具有多元化特征，包括评价形式、评价结果的多样化，评价维度的多样化，评价主体的多元化。① 在大单元教学的评价中，也要体现课标的要求。

一是评价形式、评价结果的多样化。学生的核心素养表现有多种形式，需要多种方式才能准确评价学生数学核心素养的养成情况。《新课标》强调："评价方式应包括书面测验、口头测验、活动报告、课堂观察、课后访谈、课内外作业、成长记录等，可以采用线上线下相结合的方式。"

评价结果的呈现应与学生的年龄特征、学习内容等相结合。《新课标》强调："根据学生的年龄特征，评价结果的呈现应采用定性与定量相结合的方式，关注每一名学生的学习过程。"不同学段的学生特征不同，数学学习内容也不同，应采用不同的评价方式进行评价。

《新课标》提出："第一学段的评价应以定性的描述性评价方式为主，第二、第三学段可以采用描述性评价和等级评价相结合的方式，第四学段可以采用等级评价和分数制评价相结合的方式。"教师应根据具体情况，考虑学生群体与评价内容的特点，选择恰当的评价方式。

二是评价维度的多样化。既要评价学习的结果，也要重视评价的过程。《新课标》指出："评价不仅要关注学生数学学习结果，还要关注学生数学学习过程，激励学生学习，改进教师教学。"

例如，《新课标》中的例 71，在对学生进行评价时，教师可以关注以下几个方面：第一，学生能否理解题目的含义；第二，学生能否建立数学知识与实际问题的联系，利用数学的思维思考现实世界；第三，学生能否正确运用二次函数的知识解决问题；第四，学生能否对结果进行验证，获得使围栏面积最大的解决方案。又

---

① 中华人民共和国教育部：《义务教育数学课程标准(2022 年版)》，89～90 页，北京，北京师范大学出版社，2022。

如，在教学过程中开展有关合作解决问题的活动时，教师要观察学生在合作时是否积极参与，能否倾听并理解他人的观点，能否有条理、准确地表达自己的观点，是否具备克服困难、独立思考的精神等。通过记录学生在活动中的表现，评价学生的情感态度与价值观及其变化。

三是评价主体的多元化。在大单元教学评价中，不只教师可以成为评价者，家长、同学，甚至学生本人都可以成为评价者。为了对学生的学习情况和教师的教学情况进行全方位考查，可综合运用教师评价、家长评价、学生相互评价以及学生自我评价的方式。教师应当协调好自己与家长及学生的关系，重视沟通，发挥多元评价主体的作用，促使教、学、评有机衔接，形成育人合力。例如，《新课标》提出："如学习单元结束时，教师可以要求学生设计一个学习小结，对学生的学习情况进行评价，也可以组织学生在班级展示交流学习小结让学生互评……"教师可以多在班级范围内安排展示交流、学习小结，开展学生相互评价及学生自我评价，促进学生学会反思、独立思考，形成良好的学习习惯。

三、 数学大单元要素及其实施

《新课标》明确指出，课程目标的确定，立足学生核心素养发展，集中体现数学课程育人价值。数学核心素养是通过数学活动逐步形成与发展的正确的价值观、必备品格与关键能力，因此要求教师提升教学设计的构建，从一节课的教学设计转变为单元内容的教学设计，从关注单一的知识点、课时转变为着眼于单元结构的整体设计，进而改变学科知识点的碎片化教学，设计与实施基于数学核心素养的单元整体教学。

（一）数学大单元要素

数学大单元要素主要包括六个方面：单元名称与课时、单元目标、学习过程、评价任务、作业与检测、学后反思。[①] 数学大单元教学设计要从这六个方面进行阐述，将这些要素依据设计要求组织起来，形成一个结构清晰的整体，并以规范的格式呈现完整的设计方案。具体已在前面进行阐述。

（二）数学大单元教学设计

数学大单元教学设计应指向数学核心素养，从单元的角度出发，关注起统率作

---

① 崔允漷：《如何开展指向学科核心素养的大单元设计》，载《北京教育（普教版）》，2019(2)。

用的"大"的观念、项目、任务、问题等，实现学科育人的目的。[1] 本书的教学设计主要从以下几个方面进行：单元设计的背景、单元中的核心知识及其知识结构、单元基本问题、单元学习目标、单元活动整体规划、单元评价方案、具体课时设计、核心活动的实施实录(书中将以二维码形式呈现)和教师的反思与成长。

1. 单元设计的背景

单元设计的背景是分析本单元(主题)学习的教育教学功能和价值。

例如，在"一次函数"的单元教学设计中，教师根据课标进行了纵向比较。从1902 年的《钦定学堂章程》到《新课标》，通过对发展脉络的梳理，发现函数的内容从无到有，从简洁明了到细致入微。表 2-3-1 展示了函数内容的发展脉络。

表 2-3-1　函数内容的发展脉络

重要变化	时间节点
1."函数"一词开始出现	1929 年
2. 出现了对具体函数的表述	1936 年
3."一次函数"一词开始出现	1941 年
4. 强调函数的图象	1950 年
5. 出现对正比例关系 $y=kx$ 及一次函数 $y=kx+b$ 的描述	1952 年
6. 出现对正比例函数及一次函数图象和性质的描述	1963 年
7. 出现待定系数法求一次函数解析式	1986 年
8. 对正比例函数及一次函数的要求更加细致	1988 年
9. 强调对一次函数的探索	2001 年
10. 强调探索并理解一次函数	2022 年

教师进而得出以下结论：课标对一次函数的要求越来越细致和明确；开始讲授函数的年级由高一逐渐下降到八年级；始终强调函数的图象；从不同角度强调一次函数与方程的联系；逐渐开始关注实际问题；逐渐开始强调学生自主探索的过程，也是学生反思提高的过程。再通过对《新课标》内容要求的分析，确定在单元教学设计中重点培养学生的抽象能力和推理能力。

2. 单元中的核心知识及其知识结构

(1)教学内容分析及课时分配。

教学内容分析需要阐释学习主题与课标中内容要求、学业要求、学业质量等的

---

[1]　崔允漷：《学科核心素养呼唤大单元教学设计》，载《上海教育科研》，2019(4)。

联系；课程内容与其他学科的联系(如果有跨学科的内容)；课时分配及每课时主要教学内容介绍。这部分的呈现可以是思维导图或结构图等形式。

例如，在"一次函数"单元教学设计中，可以通过知识结构图建立知识结构，见图 2-3-1。

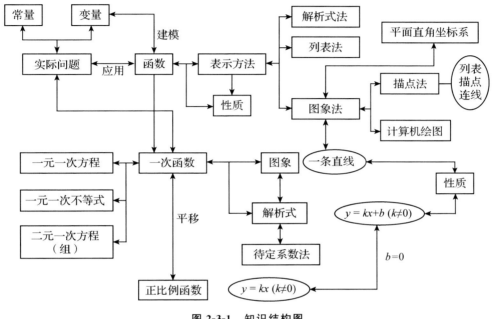

图 2-3-1　知识结构图

(2)学生情况分析。

通过测试、调研或访谈等方式分析学生在思维、认知等方面的基本情况，说明本单元(或主题)学习中学生的思维障碍点和发展点。

例如，在"求概率的方法"单元教学设计中，教师设计了详细的调查问卷来帮助了解学生情况。问卷共 28 道选择题，分为三个部分：第一部分是学生的基本情况调查，第二部分是学生的数学学习表现调查，第三部分是概率知识学业水平测试调查。教师通过对学生调查问卷的分析，了解学生已有的概率知识及在概率的学习过程中的某些思维习惯与方式，从而为改善教学方式提出建议。

3. 单元基本问题

关于基本问题的介绍已在前文有所阐述。

例如，在"二次函数"单元教学设计中，教师提出的基本问题为：认识变量之间的关系——从一次函数到二次函数。针对这个问题，教师从二次函数的教学目标、学习基础、教学重点等多方面进行了阐释，得出了"从函数的角度认识一类新的函数关系是本单元的基本问题"这一结论。在此基础上，教师对课堂教学提出了建议，强调"建立知识之间的联系，将二次函数的学习纳入函数板块，从一次函数到二次函数逐步完善函数知识体系的构建，形成函数学习方法。"

4. 单元学习目标

单元学习目标的确定应聚焦于数学核心素养，以学生为主体，依据课标从知识技能、思路方法、数学思维品质、数学思想方法以及价值观等维度整合目标。

例如，在"等腰三角形"单元教学设计中，教师基于对教学内容和学生情况的分析确定了单元学习目标。

第一，掌握等腰三角形的性质定理和判定定理，并学会应用其解决问题。

第二，经历提出问题、分析问题、解决问题的过程，培养一般性思考问题的习惯，充分发展推理能力。通过动手操作后的猜想实验以及论证，积累从具体到抽象的活动经验，发展几何直观。

第三，体会数学的直观性、抽象性、严谨性，在探究中发展质疑意识，在活动中获取成功的体验，建立学习的自信心，同时培养交流创新能力和团队合作能力。

希望通过本单元的教学，学生能够夯实基础，积累活动经验，充分认识几何直观在解决几何问题中的作用，充分发展推理能力，培养质疑精神。

5. 单元活动整体规划

单元活动整体规划以流程图或者表格的形式呈现，包括活动的问题、核心知识、能力素养发展及课时安排等。

例如，在"有理数的运算"单元教学设计中，在有理数运算的教学过程中培养学生的运算能力，并对运算界定了三种水平，进而确定在本单元的教学中发展学生运算能力的方式。教师用表格的形式对本单元活动进行了整体规划，见模块三中的表3-4-1。

6. 单元评价方案

(1)单元学习效果的评价。

单元学习效果的评价主要包括评价内容、评价指标(等级)、评价方法等。

例如，在"三角形全等的判定"单元教学设计中，教师通过对课标中本单元内容要求等的分析，以"整体构建，探究三边"为例，详细阐述了评价方案，并用表格的形式进行了具体呈现，见模块三中的表3-8-3。

（2）作业设计。

作业设计包括作业内容、形式及与单元教学目标的关系，关注不同学段、不同学科作业的特点和要求。

例如，在"三角形全等的判定"单元教学设计中，本单元的作业以全等三角形判定的应用与梳理学习过程为主，关注培养学生的作图能力和逻辑推理能力，分类讨论数学思想方法等，从而达到本单元教学目标检测的目的，见模块三中的表3-8-4。

7. 具体课时设计

在课时设计中，具体呈现一节课的教学设计，可以是一节概念课、应用课等，应体现本单元设计特色和理念。一节课的教学设计格式要求如下。

课题：××××××

一、教学内容分析

二、学生情况分析

三、教学目标

四、教学重难点

五、教学过程

在教学过程的设计中，应结合学生情况分析进行预案的设计，从知识、能力、素养等多个维度阐述设计意图，与单元教学目标和本节课的教学目标保持一致。

例如，"一次函数"单元教学设计中的"回顾知识，明确内容"环节：

【问题】展示三名同学在课前梳理的知识总结，反思三份总结的共性、区别和特色。

预案一：能归纳出三份总结都提到了一次函数的定义、图象和性质。

预案二：

特色一：明确了一次函数的主要研究内容；特色二：先梳理特殊的正比例函数，再过渡到一次函数；特色三：表现形式呈现网络状，体现了一次函数的核心地位。

教师点拨：强调一次函数的主要研究内容是定义、图象和性质，并从图象谈起。

【设计意图】让学生在知识层面进行反思，发现共性，查缺补漏，明确一次函数的主要研究内容——定义、图象和性质，促使学生带着反思意识对一次函数进行复习，并明确本节课进一步需要反思和探讨的内容——知识的回顾是否有漏洞，知识之间有怎样的关系。

8. 核心活动的实施实录

此处将核心活动课堂实录转化为文字后形成核心活动的实施实录，能为教师提供全景式的课堂回溯。具体内容可扫描右侧二维码阅读。

课堂实录（文字版）

9. 教师的反思与成长

通过反思教学实践，教师可以对自己的教学方法、策略和技能进行评估，发现教学设计和实施过程中的亮点和不足之处。教学反思可以有效提高教师的数学教学专业水平，有助于开展富有成效的教育实践。在撰写教学反思过程中，应关注单元教学与原有教学的区别，在备课、试讲、正式讲、总结等不同阶段的教学改进。

（三）数学大单元的情境创设

学生学科核心素养的表现程度需要通过在真实情境中运用所学的知识并完成相应任务来衡量。指向学科核心素养的评价必须有恰当的情境，离开真实情境或任务是无法很好地评价学科核心素养的。①

1. 情境创设的基本原则

在情境创设的过程中，主要以真实性、适切性、科学性和多样性为基本原则。"真实性"主要指情境创设要反映真实生活、学习情境下的实际现象与问题。不仅背景的设计应是真实的、可能发生的，而且问题的设计应是真实的，此外背景与问题之间也应具有连贯性和一致性。"适切性"主要指情境创设要符合学生的生活背景、知识范畴、理解水平和心理特征等，还应符合课堂教学的实际需求，信息量要适当。尤其关注学生在生活、学习中遇到的实际问题，这类问题的研究和解决更容易激发学生的兴趣，引起学生的反思。"科学性"主要指情境创设的条件和结论无科学性错误，表述无歧义。关注学生在得出数学结论后，能通过缜密的思维，多角度、辩证地分析问题，选择和判断出解决实际问题的合理结论。"多样性"主要指情境创设应多样化，不宜单一。

2. 情境创设的主要分类

情境创设包括现实情境、数学情境、科学情境和文化情境等的创设。其中，教师在进行教学设计中比较多地采用现实情境和数学情境的创设，对科学情境和文化情境的创设在近两年也做了多方面的尝试。科学情境需要学生综合利用数学、物理、化学、地理、历史、体育、通用技术等学科知识，用数学和跨学科思维分析问

---

① 崔允漷：《如何开展指向学科核心素养的大单元设计》，载《北京教育（普教版）》，2019（2）。

题和解决问题，发展抽象和建模等数学关键能力，促进数学学科育人方式和学习方式的变革。文化情境曾经出现大量的文言文翻译或图形解析的现象，减弱了数学文化情境的意义。近两年，文化情境有了更多元的创设。譬如，体现地域文化、非遗文化，或者中华优秀传统文化的数学文化素材与现实问题相结合等，帮助学生了解和领悟中华民族独特的数学智慧，增强了学生的文化自信和民族自豪感。

真实的情境与任务体现在大单元教学设计中，可以引导教师开展数学教育教学改革，引导学生自主、合作、探究学习，进而提高教育教学质量。课堂教学从"讲授"走向"活动"，让学生亲身经历数学知识形成、发展和应用的过程，积累数学活动经验，理解知识本质，感悟数学思想，从而达到数学学科的育人目的。

模块三
数学大单元教学
课例精选

课例一　万以内数的认识

基本信息

学科	数学	设计者	李翔、李汝贵、熊俊高	指导者	綦春霞
实施年级	二年级	版次	2024 年 4 月第 1 版	学校	佛山市顺德区乐从第一实验学校
课程标准模块	数与代数				
使用教材	北师大版下册				
单元名称	生活中的大数				
课时安排	共 3 课时				

一、 单元设计的背景

　　数与代数是小学数学课程的主要内容。这一部分主要涉及数的认识、数的运算和数量关系，而数的认识是数的运算的基础。《新课标》对"万以内数的认识"做出了这样的教学提示——数的认识教学应提供学生熟悉的情境，使学生感受具体情境中的数量，可以用对应的方法，借助小方块、圆片和小棒等表示相等的数量，然后过渡到用数字表达，使学生体会可以用一个数学符号表示同样的数量；知道不同数位上的数字表示不同的值。教学中应注意，10 以内数的教学重点是使学生体验 1~9 从数量到数的抽象过程，通过 9 再加 1 就是十，体会十的表达与 1~9 的不同是在新的位置上写 1，这个位置叫十位，十位上的 1 表示 1 个十，1 个十用数字符号 10 表达。同理认识百以内数、万以内数。通过数量多少的比较，理解数的大小关系。在这样的教学活动中，帮助学生形成初步的符号意识和数感。

　　从以上教学提示中可以感受到，在教学"万以内数的认识"时，要提供情境与学具引导学生经历抽象出数字的过程，发展学生的符号意识。

　　教材要求：在学习了"10 以内数的认识"和"100 以内数的认识"之后，在对计数单位"个""十""百""千"有了初步认识的基础上，继续认识万以内的数。这一阶段的认数，包含整数认识的所有要素，如数的表示、数位、各个数位上数字所表示的值等，学生也将认识从"一"到"万"的计数单位，包含一个完整的数级，它在日常生活中有着广泛的应用。这部分内容也是培养学生数感非常重要的素材。本单元数的认识也为之后学习更大的数做好了铺垫。因此，万以内数的认识是数的认识的关键阶段，起到承上启下的作用。

二、 单元中的核心知识及其知识结构

（一）教学内容分析及课时分配

本单元是小学阶段第三次扩充对整数的认识。它包括认识更大的计数单位"千"和"万"，进一步体会每相邻两个计数单位间的关系；能够读写万以内的数，能够比较数的大小；发展学生的估计意识和数感。学生在 100 以内数的认识的基础上，借助计数器拨数、数方块等多种数数活动，经历数数的过程，理解数在不同数位时意义不同，进一步发展位值概念和数感，为后续认识更大的数奠定基础。

认识新的计数单位"千"和"万"，并能够理解各个计数单位之间的关系是本单元的重点，后面有关万以内数的读写、大小比较、估计的教学均是在学生理解万以内数的意义的基础上展开的。万以内数的认识是数的认识的关键阶段。后续的课时内容，都是在学生理解万以内数的意义基础上的应用。教师可以将这些结构一致的内容进行融合和拓展，提高课堂的针对性。具体的课时分配及要求见表 3-1-1。

表 3-1-1　单元课时分配及要求

单元主题	课标要求	教学要求	课时数	课时内容	学习活动
认识计算单位"千"和"万"	在实际情境中感悟并理解万以内数的意义，理解数位的含义。	1. 通过让学生借助计数器拨数、数方块等多种数数活动，理解大数的实际意义。 2. 让学生借助操作活动，认识新的计数单位"千"和"万"，了解计数单位之间的关系，初步发展位值概念。 3. 借助生活中的例子感受"千""万"的大小。	1	认识并感受新计数单位"千"和"万"，了解"个""十""百""千""万"计数单位之间的关系。	1. 结合用计数器拨数、数方块等多种数数活动，理解大数的实际意义。 2. 借助操作活动，认识新的计数单位"千"和"万"，了解计数单位之间的关系，初步发展位值概念。 3. 结合对比、想象感受"千""万"的大小，初步发展数感。

续表

单元主题	课标要求	教学要求	课时数	课时内容	学习活动
万以内数的读、写和大小比较	会比较万以内数的大小；通过数的大小比较，感悟相等和不等关系；能认、读、写万以内的数；能说出不同数位上的数表示的数值。	1. 让学生通过在计数器上拨数等操作活动，学习读、写万以内的数以及了解数的构成；认识万以内的数位顺序。 2. 借助数位顺序表，掌握万以内数的大小比较方法，进一步感受大数的意义。	1	认识万以内的数位顺序；会读、写万以内的数；了解万以内数的构成；掌握万以内数的大小比较方法。	1. 借助计数器了解万以内数的构成。 2. 借助计数器和万以内的数位读、写万以内的数。 3. 借助万以内的数位顺序表进行数的大小比较。
联系生活实际，拓展延伸	在解决生活情境问题的过程中，体会数和运算的意义，形成初步的符号意识、数感、运算能力和推理意识。	1. 让学生经历估计活动的过程，初步体会估计的策略，积累估计的经验，发展数感。 2. 体会估计在生活中的作用。	1	通过数学故事渗透数学文化，让学生在估计的过程中掌握估计的策略；让学生能结合生活实际，体会数的学习在生活中的应用。	1. 通过估计的活动，体会估计的策略，积累估计的经验。 2. 解决生活中的估计问题，体会估计在生活中的作用。

《新课标》对于这部分有内容要求和学业要求。内容要求：在实际情境中感悟并理解万以内数的意义，理解数位的含义，知道用算盘可以表示多位数；了解符号＜，＝，＞的含义，会比较万以内数的大小；通过数的大小比较，感悟相等和不等关系；在解决生活情境问题的过程中，体会数和运算的意义，形成初步的符号意识、数感、运算能力和推理意识。

结合主题内容：本单元把认识数的范围从100以内扩展到万以内。学生在100以内数的学习过程中积累了较为丰富的数数的活动经验，对计数单位"个""十""百"也具备了初步的认识，为本单元的学习奠定了基础。但是在大数的认识中，由于学生的生活经验比较少，对大数的实际意义缺乏感性认识。因此，教师需要挖掘生活中的大数资源，引导学生体会和理解大数，发展数感；同时需要充分利用计数器、方块等直观模型，帮助学生认识大数的意义并体会位值概念；此外要发展学生的估计意识和策略。

学业要求：能用数表示物体的个数或事物的顺序，能认、读、写万以内的数；能说出不同数位上的数表示的数值；能用符号表示数的大小关系，形成初步的数感和符号意识；能在熟悉的生活情境中运用数和数的运算，合理表达简单的数量关系，解决简单的问题。

结合主题内容：数的认识教学应提供学生熟悉的情境，使学生感受具体情境中的数量，可以用对应的方法，借助小方块、圆片和小棒等表示相等的数量，然后过渡到用数字表达，使学生体会可以用一个数学符号表示同样的数量；知道不同数位上的数字表示不同的值。"万以内数的认识"的教学重点是使学生体验"千""万"从数量到数的抽象过程，培养学生的数感。

（二）学生情况分析

课前，为了了解学生对"万以内数的认识"的真实起点，我们对二年级学生通过测试、调研或访谈等形式展开了学情调查。

1. 调查目的

本单元的重点是计数单位以及位值等，那么学生对已经学过的计数单位"个""十""百"掌握得如何，是否能推断出下一个计数单位是"千"，对计数单位"千"和"万"有怎样的认识，基于这些问题，设计了调查题目，并对 80 名学生进行了调查。

2. 调查分析

40％的学生能够推断出计数单位"千"和"万"。另外，还有个别学生没有形成十个百是一千的意识，会说成十百；同时对 10 个一千是一万还很模糊，会说成十千。

对于整数的认识，学生已经学习了 100 以内数的认识，能够熟练地用计数单位"个""十"来计数，但缺乏对计数单位"千""万"的整体认识。对比百或千更大的数，60％的学生仍旧一个一个地数，十个十个地数。

3. 调查结果

第一，90％的学生认识个、十、百，会用不同的方法数数，但遇到比百更大的数时，还是不能把 100，1000 看成一个整体去数数，没有形成计数单位的概念，需要教师在教的过程中，借助计数器、方块等直观模型，通过拨一拨、数一数等活动，帮助学生直观理解计数单位"千"和"万"的意义。

第二，有小部分学生对计数单位"千"和"万"有一定的认识，但是对计数单位的特征和单位之间的关系缺乏认识，需要继续深入学习。

三、 单元基本问题

【问题】如何更好地帮助学生建立数的位值概念？

问题阐释：从教学目标来看，数的意义、读、写、大小比较等知识都是建立在数的位值概念的基础上去理解的，因此如何更好地帮助学生建立数的位值概念，自然也就成了本单元的大问题。

建议：针对具体问题创设合适的教学情境，并组织个性化的教学活动。

四、 单元学习目标

第一，经历借助直观模型，从日常生活中抽象出数的过程，理解大数的实际意义；学会运用大数进行表达和交流，描述一些生活现象，感受大数与现实生活的密切联系。

第二，借助直观模型，学习数、读、写万以内的数，认识万以内数的数位，理解各数位上的数字表示的意义，会比较数的大小，逐步发展位值概念。

第三，结合具体情境进行估计，初步体会估计在生活中的作用并发展数感。

第四，借助"猜数游戏"等活动，激发学习数学的兴趣，初步养成乐于思考的良好品质。

五、 单元活动整体规划

"万以内数的认识"单元教学结构见图 3-1-1。

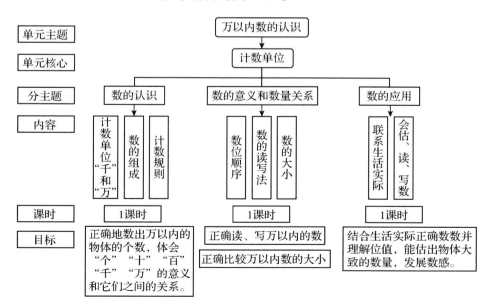

图 3-1-1 "万以内数的认识"单元教学结构

单元课时活动安排见表 3-1-2。

表 3-1-2　单元课时活动安排

	课时 1　数数，认识计数单位"千"和"万"
活动 1	活动名称：回顾数数活动，激活数数经验 活动内容： 1. 用小方块一个一个地数一数，10 个一就是 1 个十。 2. 十个十个地数，10 个十就是 1 个百。 3. 在不同的计数器中拨出"1""10""100"。 思考：为什么 1 颗珠子能表示不同的数？
活动 2	活动名称：合作探究，体会计数规则 活动内容： 1. 下放大任务：整理小方块，使我们能又快又方便地数出小方块的数量。 2. 生成计数单位"千"。
活动 3	活动名称：应用规则，理解意义 活动内容： 1. 认识万位，建立"万"的表象。 2. 再次感知数位关系。
活动 4	活动名称：迁移规则，拓展提升 活动内容： 1. 万位的左边还可以有数位吗？进率会是什么？ 2. 个位的右边还可以有数位吗？进率会是什么？
	课时 2　万以内数的读、写以及大小比较
活动 1	活动名称：应用规则，理解意义——拨数，写数 活动内容： 1. 在计数器上用 3 颗珠子拨出四位数，你能拨出几个数？ 2.(1)为什么 3 颗珠子可以表示这么多不同的数？ (2)不用计数器，这 3 颗珠子能表示几个数？为什么？
活动 2	活动名称：应用规则，理解意义——读数 活动内容： 1. 尝试读数，明确读法。 2. 探索思考，提出怀疑：这些数都有"0"，但有的数读，有的数不读。 3. 有"0"的数的读法：学生按照读"0"和不读"0"将这些数分成两类。
活动 3	活动名称：应用规则，理解意义——比较大小 活动内容： 1. 从上面的数中选一个你喜欢的数，用计数器拨出来，看谁拨得又快又好。 2. 和同桌猜一猜，比一比，谁的数大，谁的数小，说说为什么。

续表

活动 4	活动名称：回顾反思，拓展关联 活动内容： 回顾本节课的活动，你学到了什么？
活动 5	活动名称：联系生活，解决问题 活动内容： 正确读写生活中的大数，并能比较它们之间的大小。

课时 3　走进生活中的数

活动 1	活动名称：分享交流，体会数在生活中的应用 活动内容： 1. 小组内先分享交流自己在生活中找到的数。 2. 小组代表汇报小组成员找到的数，并读一读。 3. 教师利用 PPT 投影生活中万以内的数，包括中间有"0"或末尾有"0"的数。 4. 学生尝试读，并交流汇报。 5. 师生一起总结如何正确读数。
活动 2	活动名称：渗透数学文化，估算故事中有多少个字 活动内容： 1. 用文字介绍数学家祖冲之的故事。 2. 估一估故事中共有多少个字。 3. 交流汇报，如何估更合理。
活动 3	活动名称：走进生活中的估算 活动内容： 1. 估一估，填一填。 2. 说一说，你是如何估的。
活动 4	活动名称：拓展延伸——生活中的数字游戏 活动内容： 请你利用数字 4，2，0，3 组成一个满足以下条件的四位数。 最大的四位数是（　　　　）。 最小的四位数是（　　　　）。 能读出一个"0"的四位数有（　　　）种情况。
活动 5	活动名称：全课小结，知识升华 活动内容： 1. 通过本节课，你学到了什么？ 2. 还有什么疑惑吗？

六、 单元评价方案

（一）单元学习效果的评价

学生课堂表现评价表见表 3-1-3。

表 3-1-3　学生课堂表现评价表

项目	等级			评价方式		
	A 级	B 级	C 级	个人评价	同学评价	教师评价
认真	上课认真听讲，作业认真，参与讨论，态度认真	上课能认真听讲，作业按时完成，有参与讨论	上课无心听讲，经常不交作业，极少参与讨论			
积极	积极举手发言，积极参与讨论和交流	能举手发言，有参与讨论和交流	很少举手，极少参与讨论和交流			
自信	能大胆提出和别人不同的问题，大胆尝试并表达自己的想法	有提出自己的不同看法，并做出尝试	很少举手，极少参与讨论和交流			
善于与人合作	善于与人合作，虚心听取别人的意见，能有条理地表达自己的意见	能与人合作，能接受别人的意见	缺乏与人合作的精神，难以听进别人的意见			
思维的条理性	能有条理地表达自己的意见，解决问题的过程清楚，做事有计划	能表达自己的意见，有解决问题的能力，但条理性差些	不能准确表达自己的意见，做事缺乏计划性、条理性，不能独立解决问题			
思维的创造性	具有创造性思维，能用不同的方法解决问题，独立思考	能用老师提供的方法解决问题，有一定的思考能力和创造性	思考能力差，缺乏创造性，不能独立解决问题			
我这样评价自己：						
同学眼里的我：						
老师的话：						

注：

1. 本评价表针对学生课堂表现情况做评价。

2. 本评价表分为定性评价部分和定量评价部分。

3. 定量评价部分总分为 100 分，最后个人评价、同学评价和教师评价分数按比例取均值。

4. 定性评价部分分为"我这样评价自己"、"同学眼里的我"和"老师的话"，都是针对被评者做概括性描述和提出建议的，以促进被评者的改进与提高。

学生活动表现评价表和单元评价表见表 3-1-4、表 3-1-5。

表 3-1-4　学生活动表现评价表

维度		等级				姓名
		A	B	C	D	
一般素养	收集整理	能积极搜索资料，整理的信息全面、精当、有条理	能快速搜索资料并进行一定的整理，但信息不够全面和精当	能搜索到一定的资料，但整理资料的能力较弱，信息杂乱，没有逻辑性	不会根据活动要求搜索资料，信息量很小	
	交流合作	能积极主动地与小组同学配合，并能耐心地倾听、吸纳他人的观点	与小组同学能较好地配合，也能较好地倾听他人的观点	与小组同学能基本配合，能基本倾听他人的观点	不肯主动承担小组内的任务，对他人的观点不认真倾听	
	表达展示	表达准确流利、有条理；展示成果与活动任务具有一致性，且有一定的创意	表达基本流利，有一定的例证；展示的成果与活动任务基本一致	能表达观点，没有很好的逻辑性；展示的成果与活动任务不太一致	说话不太流利，例证不能支持观点，展示的成果不符合活动任务	
学科素养	学习理解	能理解性掌握，并能构建知识之间的内在逻辑联系	对每一个知识点能理解到位，但不能很好地构建知识之间的内在逻辑关系	对每一个知识点的理解基本到位，但不懂得知识之间深层次的关系，没有形成知识网络	对知识的掌握一知半解，或者只会死记硬背	
	实践应用	能运用所学的知识对新情境问题进行准确、合理、多角度的分析和论证	能运用学科知识对新情境问题进行合理、多角度的分析和论证	能运用学科知识对新情境问题进行简要的分析和论证	不太会运用学科知识分析和解决新情境问题	

续表

维度		等级				姓名
		A	B	C	D	
学科素养	创新迁移	能综合并创新地运用学科知识和思维方法对复杂的生活现象进行有理有据的辨析与评价；对不同的利益诉求能进行辩护和批判，并做出正确的价值判断与选择	能综合运用学科知识和思维方法对复杂的生活现象进行分析和评价，能做出正确的价值判断与选择	对复杂的生活现象能多角度进行分析和评价，但不太完整；能做出正确的价值判断与选择	对复杂的生活现象进行的辨析与评价有观点，但没有论据支撑，价值判断与选择随大流	

表 3-1-5　单元评价表

课时	评价任务	评价标准	评价途径
课时 1	在实际情境中感悟并理解万以内数的意义，理解数位的含义及计数单位之间的关系	1. 借助计数器拨数、数方块等多种数数活动，理解大数的实际意义 2. 借助操作活动，认识新的计数单位"千""万"，了解计数单位之间的关系，初步发展位值概念 3. 借助生活中的例子感受千、万的大小 4. 认识并感受计数单位"千"和"万"，了解"个""十""百""千""万"计数单位之间的关系	1. 学习单 2. 课堂观察 3. 实践操作 4. 小组汇报
课时 2	会比较万以内数的大小；通过数的大小比较，感悟相等和不等的关系；能认、读、写万以内的数；能说出不同数位上的数表示的数值	1. 认识万以内的数位顺序；会读、写万以内的数 2. 了解万以内数的构成。掌握万以内数的大小的比较方法	1. 学习单 2. 课堂观察 3. 小组汇报
课时 3	能在解决实际问题中运用恰当的方法进行估算，并能描述估算的过程	1. 经历估计活动的过程，初步体会估计的策略，积累估计的经验，发展数感 2. 体会估计在生活中的作用	1. 学习单 2. 课堂观察

（二）作业设计

《新课标》指出，坚持素养立意，凸显育人导向的命题原则。作业的设计要关注数学的本质，综合考查"四基""四能"与核心素养，指向单元目标的落实，使不同层次的学生都有所得、有所成，满足不同层次学生的需求。具体课时作业见表3-1-6。

表 3-1-6 课时作业

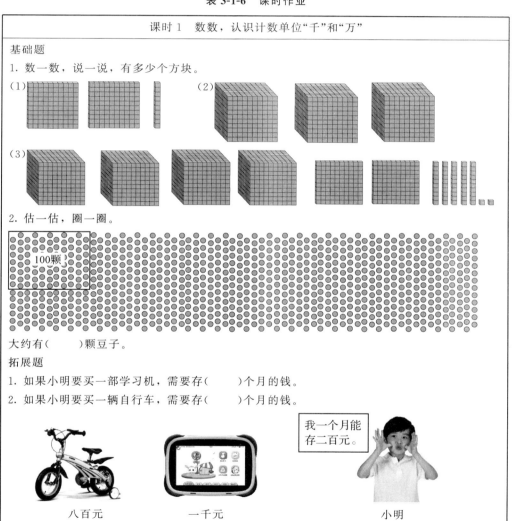

课时 1   数数，认识计数单位"千"和"万"

基础题

1. 数一数，说一说，有多少个方块。

(1)   (2)

(3)

2. 估一估，圈一圈。

100颗

大约有(   )颗豆子。

拓展题

1. 如果小明要买一部学习机，需要存(   )个月的钱。
2. 如果小明要买一辆自行车，需要存(   )个月的钱。

我一个月能存二百元。

八百元   一千元   小明

续表

课时 2　万以内数的读、写以及大小比较

基础题

1. 写一写，读一读。

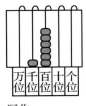 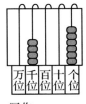 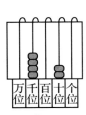

写作：　　　　　　写作：　　　　　　写作：

读作：　　　　　　读作：　　　　　　读作：

2. 填一填。

(1)一个四位数由 3 个一、7 个十和 5 个千组成，这个四位数是(　　　　)。

(2)一个数千位上是 8，十位上是 3，其余数位上都是 0，这个四位数是(　　　　)。

能力题

1. 用 8，5，0，0 四张数字卡片，摆只读一个"0"的四位数，可以摆出的数是(　　　　)和(　　　　)。

2. 将下面的数按从小到大的顺序排列。

8869　　　　890　　　　8940　　　　7999

_____

拓展题

一个四位数，各数位上的数的和是 12，这个四位数可能是多少？（请写出 3 个不同的四位数）

课时 3　走进生活中的数

基础题

1. 由 8 个千和 8 个一组成的数是(　　　　)，8901 里面有 8 个(　　　　)、9 个(　　　　)和 1 个(　　　　)。

2. 一个四位数，千位上是 8，百位上是 3，其余数位上都是 0，这个数是(　　　　)，读作(　　　　)。

3. 估一估，填一填，并说一说你是如何估的。

大约有 100 粒。　　大约有(　　)粒。　　大约有(　　)粒。

拓展题

一个四位数，它的各数位上的数字之和是 10。从千位起，每个数位上的数字比前一位数字少 1，这个四位数是(　　　　)。

七、 具体课时设计

数数，认识计数单位"千"和"万"(课时 1)

(一)教学内容分析

1. 教学内容

小学阶段整数的认识分为以下四个阶段，见图 3-1-2。

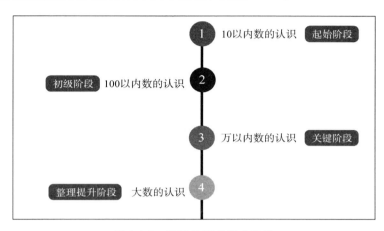

图 3-1-2 整数认识的四个阶段

2. 内容解析

在前面的学习中，学生已经认识了计数单位"个""十""百"，对十进制和位值制有了初步的感受，通过本单元的学习，将认识一个完整的数级。他们对数的结构、十进制的计数规则和位值原则，有了更加系统化、结构化的认识，而这种认识还将被迁移到大数的学习中去。因此，万以内数的认识是学生整数学习的关键阶段，更是一次质的飞跃。

(二)学生情况分析

课前调研：请画一画或写一写，分别表示出 100，1000，10000 在你心目中的样子。学情调研情况如下。

①大约 60% 的学生尽管认识"个""十""百"，也听说过"千"和"万"，但还是不能把 100，1000，10000 看成一个整体，还没有形成单位的概念。

②18.6% 的学生有单位的意识，但对计数单位的特征和计数单位之间的关系缺乏认识，需要具体、形象的直观模型的支撑。

(三)教学目标

(1)通过动手操作，建立计数单位"个""十""百""千""万"的直观模型，认识计数单位及相邻计数单位之间的关系，会用计数单位数数。

（2）在自主探究的过程中，经历不断构建大的计数单位的过程，学习计数大数的方法。

（3）体会十进制的计数规则，感受计数单位的价值。

（四）教学重难点

教学重点：体会计数单位"千""万"产生的必要性。

教学难点：正确数出拐弯数，理解计数单位、位值等概念。

（五）教学过程

1. 回顾数数活动，激活数数经验

以前认数的时候，经常用到小棒和小方块（出示 1 个小方块），这个小方块表示几？

预设：这个小方块表示 1。

①用小方块一个一个地数一数，10 个一就是 1 个十。

②十个十个地数，10 个十就是 1 个百。

③在不同的计数器中拨出"1""10""100"。

思考：为什么 1 颗珠子能表示不同的数？

【设计意图】有效的学习应该是对学生已有知识经验的唤醒、激活、利用、整理与提升。由此，教师在本环节首先引导学生通过熟悉的数数活动，整理出"一个"、"一条"和"一板"的小方块，直观形象地揭示已经认识的 100 以内数的计数单位及其关系。

2. 合作探究，体会计数规则

提问：如果物品的数量超过 100，你们还能快速地数出来吗？

（1）下放大任务：整理小方块，使我们能又快又方便地数出小方块的数量。

小组讨论：把几个夹子装在一个小盒里，再把几个小盒装在一个大盒里，怎样能又快又方便地数出夹子的个数。

小组合作：按照你们讨论的方法装好夹子，再数一数有多少个。（不用考虑颜色）学生按要求整理并汇报整理的方法和结果。

（2）生成计数单位"千"。

①教师在学生数数活动的基础上，组织学生再次数数。

一百一百地数，由 100 数到 900；十个十个地数，由 910 数到 990；一个一个地数，由 991 数到 999。

思考：999 再添上 1 个小方块后变成多少？

师生同步整理，并结合课件动态演示。

1 个小方块→10 个→100 个→1000 个的增加过程，体会数位之间的进率关系

②拨数，生成一千。

一百一百地拨，从 200 拨到 1000。

十个十个地拨，从 880 拨到 1000。

③深化理解计数单位之间的关系。

追问 1：10 个一和 1 个十有什么不一样？10 个十和 1 个百有什么不同？

追问 2："个""十""百""千"这四个计数单位谁最重要？

【设计意图】通过大任务驱动，借助小盒子的直观模型，让学生亲身经历装盒打包的过程，体会计数单位之间的关系，同时直观感受到了一个计数单位就是一个整体。在操作的基础上，通过追问，让学生对计数单位形成鲜明的表象，感受到计数单位的整体性，并对计数单位之间的关系有了结构化的认识。同时，学生还能感受到计数单位"一"的重要性。将小盒子与小方块建立联系，通过小盒子与小方块的相互结合，学生对计数单位及计数单位之间的关系的认识更加形象化、具体化。

3. 应用规则，理解意义

①认识万位，建立"万"的表象。

提问：在计数器"千"的左边再加一档是哪一位？上面的 1 颗珠子表示多少？

追问：一万有多大？

动态演示：从 1 个一千到 10 个一千。

②再次感知数位关系。

提问 1：拿掉 1 个小方块(课件动态演示)，剩下的是多少？

提问 2：怎么在计数器上拨出 9999？这 4 个 9 的意思一样吗？

提问 3：现在这 1 个小方块又飞回来了(课件动态演示)，又变成多少了？飞回来后这颗珠子拨在哪一位上？

动态演示：连续进位过程。

【设计意图】在规则的再一次迁移、应用过程中，进一步理解计数规则，深刻理解万以内数的意义。

4. 迁移规则，拓展提升

提问：万位的左边还可以有数位吗？进率会是什么？个位的右边还可以有数位吗？进率会是什么？

提问：回顾本节课开展的活动，你学会了什么？有什么收获？

课后实践：找一找生活中的"千"和"万"，并用自己喜欢的方式说一说、画一画。

【设计意图】通过追问，让学生体会知识间的迁移。

八、 核心活动的实施实录

此处将核心活动课堂实录转化为文字后形成核心活动的实施实录，能为教师提供全景式的课堂回溯。具体内容可扫描右侧二维码阅读。

课堂实录（文字版）

九、 教师的反思与成长

学生正处于学习懵懵懂懂的阶段，看似知道，又好像什么都不知道。根据教学经验，我们在教学中可能会遇到这样的尴尬场面：现在的学生知道的东西太多了，我们在上课过程中讲的大部分内容他们已经知道了。这个时候我们应该怎么做呢？在还没有单元整合之前我们会怎么做呢？是按照之前的方法，山还是山，水还是水，还是把学生当作什么都不知道，当成一张白纸，从头开始教呢？当学生的学习经验足够丰富的时候，我们到底应该怎么教呢？

我们要基于学生的立场，以单元的视角，有机整合，改变以往那种小步子、碎片化的教学方式，尝试将教材进行重组，在不增加单元知识量、课时量的前提下，让学生有更多的时间去从事一些更高的智力活动。因此，我们要考虑适当地增强挑战性，给予学生一定的课程压力，也有利于学生深度思维的介入。对学习内容进行结构化整合正是增强这种挑战性的变量之一。

以本单元为例，大部分学生尽管认识"个""十""百"，也听说过"千"和"万"，但还是不能把 100，1000，10000 看成一个整体，没有形成单位的概念。学生对计数单位的认识处于水平 0 到水平 1 之间。由此，我们就找到了学生学习的起点。活动 1 主要借助直观的教具帮助学生理解数位、计数单位、位值等关键概念，为活动 2 体会计数规则奠定了基础。为了将学生百以内计数规则的知识进行迁移应用，教师设计了一个一个地数到十个十个地数的活动，唤醒学生的经验。然后通过大任务驱动让学生亲身经历装盒打包的过程，在操作中感受计数单位"百"产生的必要性，体会计数单位之间的关系，同时直观感受到了一个计数单位就是一个整体。最后把千以内数的认识的计数规则迁移应用到万以内数的认识中，通过提问在计数器"千"的左边再加一位是哪一位，上面的 1 颗珠子表示多少，让学生在理解计数规则的基础上深化对位值和数位的认识。然后进一步追问 10000 有多大，让学生经历从一百一百地数到一千一千地数的过程，建构直观形象，形成数数的完整概念。

课时 2 以计数规则的理解和运用为主线将读、写数以及大小比较进行串联。根据学情分析，学生对千以内数的读、写的认知已处于水平 3 的程度，因此在这一节课，教师直接以万以内数的读、写为教学起点，首先让学生用 3 颗珠子拨数，并尝试读出所写的数，然后按是否读"0"对这些数进行分类。通过小组讨论，教师用纠正、引导等教学手段帮助学生理解读数的规则。

课时 3 以实际的生活情境为基础，让学生分享交流，体会数在生活中的应用，对生活中的数进行估算，并进行拓展延伸，帮助学生体会数的意义和计数规则。

单元整体建构不仅可以实现横向层面的关联、聚合，实践结构化的内容、联合性的设计，而且可以从纵向层面系统关照数学核心素养在课程标准、课程内容及单元学习目标之间的落点和衔接、转换与应用、分解与实施。要力求做到三个梯度，即知识由浅入深、问题由易到难、操作熟能生巧，让学生真正领会数学知识点之间的关联性，让素养得到真正的提升。

【点评】

本单元以"万以内数的认识"为整体设计，循序渐进地展开，逻辑思路清晰，体现了知识的结构化设计；在设计中，单元基于学情，设计层次深入的问题，让学生充分思考和交流，设计符合学生的认知发展规律，帮助学生完成从"直观地认识数""抽象地理解、表达数"到"联系实际应用"的转变，实现学生思维上的进阶。

单元设计以数学核心素养为宗旨，贯穿始终。单元目标的设计体现了数学中"三会"的整体素养。在教学过程中，重视学生数感、几何直观和运算能力的培养，在综合的知识应用中，促进学生的创新意识和应用意识；教学评价体现不同学生的发展需求，尤其是在作业设计中，既关注数学本质，又密切联系实际，同时根据学生的不同发展水平，设计分层作业。结合定性评价与定量评价，既重视学生的知识掌握情况，又对学生的自信、合作、创造性等素养进行考量，促进学生全面发展。

点评人：綦春霞

课例二　图形变换

基本信息

学科	数学	设计者	王国友、丁丽兵、曹娟娟	指导者	綦春霞、金丽芳
实施年级	四年级	版次	2024 年 4 月第 1 版	学校	北京市丰台区和义学校
课程标准模块		图形的位置与运动			
使用教材		北京版下册			
单元名称		图形变换			
课时安排		共 9 课时			

一、　单元设计的背景

《新课标》指出："'图形的位置与运动'包括确定点的位置，认识图形的平移、旋转、轴对称。学生结合实际情境判断物体的位置，探索用数对表示平面上点的位置，增强空间观念和应用意识。学生经历对现实生活中图形运动的抽象过程，认识平移、旋转、轴对称的特征，体会运动前后图形的变与不变，感受数学美，逐步形成空间观念和几何直观。"学生在学习的过程中，需要观察、想象或者操作，再现图形运动和变化过程。从视觉的简单感受到理解领悟，是把外在活动转化为内在把握的一个过程，在此过程中学生的空间观念得以提升。

从数学知识体系来说，图形在变换过程中形状、大小不变，位置发生改变，是一种全等变换。平移、旋转、轴对称是学生在小学阶段第一次接触的图形变换方式。平移、旋转、轴对称是三种常见的图形变换方式，其本质是图形上点的位置发生了变化。学生需要知道从不同方向观察是观察物体的基本方法。在动态变化的过程中寻找变换前后图形之间、要素之间的位置关系，可以画出简单图形运动后的图形。理解变化中的不变性和不变量，就能得到运动变化的规律。通过本单元的学习，学生逐步有了物体在运动，但物体本身不变的认识。这也为后面学生的深入学习做了铺垫。只有在图形变换过程中关注变与不变，才能抓住每种运动方式的本质。

二、　单元中的核心知识及其知识结构

（一）教学内容分析及课时分配

"图形变换"是北京版四年级数学教学内容，使学生认识图形的平移、旋转、轴对称并且学会如何应用，是学生在二年级初步认识生活中物体的平移、旋转和轴对

称现象之后的"再"认识，是学生初步感知图形变换后的再深入研究。几何直观、空间意识的培养与发展是小学阶段"图形与几何"领域的重要内容，也是学生应具备的基本数学素养。在小学"图形与几何"领域教学中，学生通过观察、思考、操作、想象、交流等一系列活动，发展其空间意识。这是我们梳理的图形的平移、旋转、轴对称内容在整个义务教育阶段编排的情况，见图 3-2-1。

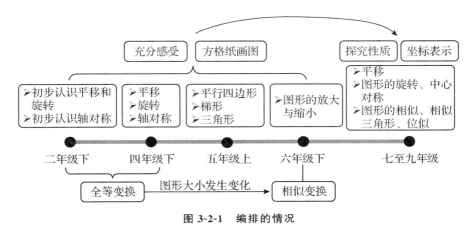

图 3-2-1　编排的情况

在第一学段，学生初步认识了平移，在此基础上四年级进一步学习平移的相关知识，了解平移的两个要素——平移的方向和平移的距离，用比较完整的语言描述平移的过程，并学会在方格纸中画出简单图形平移后的图形，在画的过程中体会平移的特性。让学生经历想一想、画一画、看一看、议一议等活动，通过尝试、探索、辨析、归纳、总结画平移后图形的方法，进一步体会平移这种变换的特性，在一系列的活动中培养学生的空间观念和语言表达能力，为第三学段学生学习图形变换的性质做好铺垫。

（二）课标中内容要求、学业要求、学业质量等的联系

课标要求学生在三四年级时能够结合实例感受平移、旋转和轴对称现象；并且在感受图形的位置与运动的过程中，形成空间观念和初步的几何直观。到了四五年级学生就得由初步感知上升到能在方格纸上进行简单图形的平移和旋转；认识轴对称图形和对称轴，能在方格纸上补全简单的轴对称图形；并且能从平移、旋转和轴对称的角度欣赏生活中的图案，能借助方格纸设计简单图案，感受数学的美，形成空间观念。

学生的学业水平是在逐渐提升的。能在实际情境中，辨认出生活中的平移、旋转和轴对称现象，直观感知平移、旋转和轴对称的特征，能利用平移或旋转解释现实生活中的现象，形成空间观念，上升到能在方格纸上描述图形的位置，能辨别和想象简单图形平移、旋转后的图形，能画出简单图形沿水平或垂直方向平移后的图形，以及旋转90°后的图形，能借助方格纸，了解图形平移、旋转的变化特征。知道轴对称图形的对称轴，能在方格纸上补全轴对称图形，形成推理意识。对给定的简单图形，能用平移、旋转和轴对称的方法，在方格纸上设计图案，并能说出设计图案与简单图形的关系。

（三）评价指标及量表设计

依据课标要求和本单元学习内容，我们设计了本单元的评价指标量表(见表3-2-1)。我们从5个层次对本单元学习内容进行量化，切实把"三会"的要求落实到本单元的教学评价中，全面提升学生的数学学科素养。以水平1～3共计三个维度进行分层量化，后续我们会根据学生的具体表现，进行有针对性的辅导，从而提升学生的学业水平。

表 3-2-1　评价指标量表

水平	能识别	会描述	会画图	能应用	懂欣赏
水平1	能依据感觉判断图形的变换	能用具体案例定性描述图形的变换	能基本画出图形变换后的图形	能基本完成简单图形的变换	能发现生活中图形的变换
水平2	能依据要素判断图形的变换	能用要素定量描述图形的变换	能找到对应边的关系	能准确画出图形变换后的图形	能自主探究任意图形的变换，能感受到图形的运动美
水平3	能依据要素判断图形的变换，并能说明与其他运动的区别	能用要素定量描述图形的变换，并能想象运动过程	能找到对应边的关系，准确画出变换后的图形，并能用其特征进行验证	能自主探究任意图形的变换	能感受到图形变换的美，并能运用图形的变换进行美的设计

（四）学生情况分析

图形变换是小学阶段"图形的位置与运动"部分的重要内容。生活中有很多图形变换现象，这为学生提供了丰富的生活经验，以此作为认识图形变换的基础。这是学生在二年级初步认识平移、旋转和轴对称之后的再认识，是学生初步感知图形变换后的再深入研究。通过学习经验的有效迁移，通过经验的显性迁移、合理延展、隐形支撑、助推想象，促进学生思维的发展。

为了了解学生的认知水平，从而更好地把握学情，我们对四年级一个自然班的

38 名学生进行了课前调研，涉及图形的平移、旋转、轴对称等。测试题如下。

1. 关于平移

前测题如下。

观察图 a，"小猫"向（　　　）平移（　　　）格，就可以移到"小鱼"的位置了。

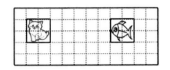

图 a　平移前测题

对于平移，部分学生具有一定的经验，能够在方格纸上进行图形的平移。确定物体如何平移的主要方法是找到平移的两个要素——平移的方向和平移的距离（平移的格数）。学生首先要确定平移的方向，然后确定平移的格数，从而得到正确的结果。具体掌握情况见表 a。

表 a　平移前测题具体掌握情况

平移	全对	64.3%
	移动格数出错	35.7%

错误情况分析如下。

观察图 a，"小猫"向（右）平移（5）格，就可以移到"小鱼"的位置了。

学生对于平移的两个要素分辨不清，能够确定平移的方向，但是在移动的格数上出错比较多。通过访谈得知，出错的同学普遍认为两个图之间的格数就是平移的格数，没有找准对应关系，因此在课堂教学的过程中关注学生识别方格纸的用法很关键。

2. 关于旋转

前测题如下。

如图 b 所示，对△ABC 运动方式的描述是_____

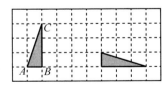

图 b　旋转前测题

对于旋转这个知识点，学生虽之前在生活中有过接触，如摩天轮、钟表等，但理解起来仍有困难，利用图形旋转的三要素（旋转中心、旋转角度、旋转方向）来描述旋转过程存在障碍。具体掌握情况见表 b。

表 b   旋转前测题具体掌握情况

旋转	逻辑清晰	28.6%
	逻辑不清晰	71.4%

此题较为开放，作为平移和旋转的综合题，有两种解法，见图 c。

解法1   解法2

图 c   两种解法

错误情况分析如下。

情况 1：在描述旋转过程中，图形旋转的三要素缺少旋转中心，见图 d。

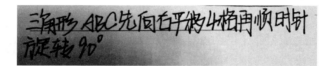

图 d   错误情况 1

情况 2：不能正确阐述旋转方向和旋转中心，见图 e。

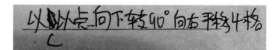

图 e   错误情况 2

此题是平移和旋转的综合应用，需要学生具备一定的数学表达能力。《新课标》明确指出要培养学生学会用数学语言表达现实世界。通过分析学生的错例，我们深刻体会到了培养这一素养的紧迫感和重要性。目前来看，学生在这一能力上还有很大的不足，这也是我们课堂教学的任务，要让学生能理解并且描述一个图形是怎样运动的，一定要让学生利用数学要素清楚地表达出图形运动过程中蕴含的数学逻辑，这样才能提升学生的数学素养。

3. 关于轴对称

前测题如下。

画出图 f 中轴对称图形的另一半。

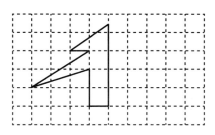

图 f　轴对称前测题

对于画出轴对称图形的另一半问题，部分学生有生活中画轴对称图形的基础，解决此题对于他们来说比较轻松。具体掌握情况见表 c。

表 c　轴对称前测题具体掌握情况

轴对称	画对	67.9%
	部分对应关系找错	32.1%

解决此题的方法有两种：一种是根据已有的左边图形模仿画出右边图形；另一种是找到左边图形的关键点，通过对称轴找到右边相对应的点，最后进行连线。

错误情况分析如下。

情况 1：单纯地模仿图形，部分对应出现错误，见图 g。

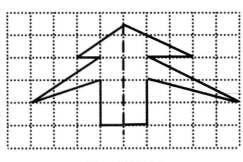

图 g　错误图 1

情况 2：会用找关键点的方法来画轴对称图形，部分关键点出现错误，导致图形出现错误，见图 h。

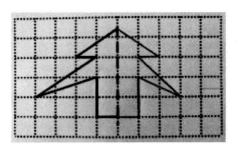

图 h　错误图 2

对于画轴对称图形，学生具备一定的模仿能力，也能找到对应关系，但是缺乏一定的整体性，很多同学部分画对部分画错。因此在教学过程中，教师应教会学生画轴对称图形的方法，并且找对关键点的位置再连线。

通过课前调研，我们了解到学生已经初步知道在方格纸上描述图形的运动，能辨别和想象简单图形平移、旋转后的图形，能在方格纸上补全轴对称图形。学生在图形变换的过程中能够知道图形的大小是没有发生任何变化的，只是位置发生了变化，但并不知道如何利用要素来进行图形的变换及叙述图形变换的过程。他们迫切地想知道图形进行平移、旋转及补全轴对称图形的方法。

三、单元基本问题

【问题 1】如何让学生能够准确地表达图形的平移？

问题阐释：图形的平移是图形变换的基本形式之一。在这个问题上，我们要培养学生学会用数学的语言表达图形的平移，学会从生活中的语言表达中提炼数学要素，通过播放学生感兴趣的视频，激发学生探究问题的兴趣，并且在交流的过程中让学生学会如何使用数学语言表达图形的平移。这是学生初次尝试利用数学要素表达图形的变换，是学生在之前初步认识图形的平移后的再认识，通过数学要素的刻画能够清晰地表达出图形是如何平移的。

建议：教师要创设学生感兴趣的问题情境，让学生在交流分享中感悟图形变换的要素。

【问题 2】如何让学生能够描述旋转过程，理解图形旋转的三要素？

问题阐释：图形的旋转是图形变换的另一种形式，是学生在掌握了利用数学要素表达图形的平移之后的再次尝试，让学生在观察图形旋转的过程中感悟图形旋转的三要素。要让学生在交流的过程中感悟、提升自己的认识，从不严谨的数学表达到用三要素严谨地表达图形的旋转，使得学生发现图形变换的本质，找准数学要素在图形变换过程中的作用，发展学生的数学素养。

建议：针对生活中的具体问题创设问题情境，让学生感悟图形变换的要素。

四、 单元学习目标

(1)进一步在方格纸上认识图形的平移、旋转及轴对称图形的特点；借助实物操作，感悟变换前后图形之间与要素之间的位置关系。

(2)能运用平移和旋转要素描述平移和旋转运动的过程。能通过想象，并借助图形之间与要素之间的位置关系，在方格纸上画出简单图形平移或旋转90°后的图形，能在方格纸上补全一个简单的轴对称图形。

(3)掌握观察图形的方法，能根据三视图(正面、侧面、上面)摆出相应的简单的立体图形。

(4)能从平移、旋转、轴对称等不同角度欣赏生活中的图案，并运用它们在方格纸上设计简单的图案。

(5)在观察、概括图形变换特点的过程中，培养与发展空间观念和几何直观；在探究图形变换的画图、拼摆等操作活动中，培养推理意识和动手操作的能力。

(6)在欣赏美丽的变换图形的过程中，享受几何图形的美，感受数学的美，从而进一步培养对数学的兴趣。

教学重点：

认识图形的平移、旋转及轴对称图形的特点，掌握观察物体的方法，能描述图形的平移和旋转过程，会在方格纸上画出变换后的图形，根据三视图摆出相应的立体图形。

教学难点：

掌握在方格纸上画出旋转后的图形的方法，根据三视图摆出相应的立体图形。

五、 单元活动整体规划

我们团队梳理了"图形变换"单元的大概念。

具体概念1：平移、旋转和轴对称是三种常见的图形变换(运动)方式，其本质是平面图形上的点按照一定的规则对应到新图形的相应点上。

具体概念2：从不同方向观察是观察物体的基本方法。

具体概念3：在动态变化的过程中通过寻找变换前后图形之间、要素之间的位置关系，可以画出简单图形运动后的图形。理解变化中的不变性和不变量，就能得到运动变化的规律。

具体概念4：通过经历用动态的视角研究图形的过程，发展学生的空间观念、几何直观和推理意识。

本单元主要包含以下三个方面的内容：变换方式、观察图形、图形欣赏(见图3-2-2)。其中变换方式和图形欣赏两部分内容关联密切，学生在学习了变换的特点后能从三种变换的角度设计和欣赏美丽的图案。观察图形，即学生在具备了一定的空间观念和几何直观后，对不规则立体图形进行二维平面图形和三维立体图形的转化，并在此过程中，建立起立体图形的认识方法，进一步发展空间观念和几何直观。

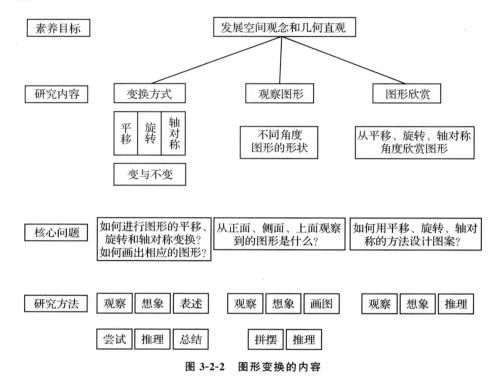

图 3-2-2　图形变换的内容

基于本单元体现的具体观念，我们提出了引起学生思考的关键问题(见图 3-2-3)，以关键问题引领本单元的教学。

为了回答关键问题，在《新课标》提倡综合实践活动的大背景下，我们以本单元的内容为载体，以我校开展艺术节活动为契机，开展"设计我校艺术节宣传栏花边"主题式实践活动，具体的任务和课时设计见图 3-2-3。

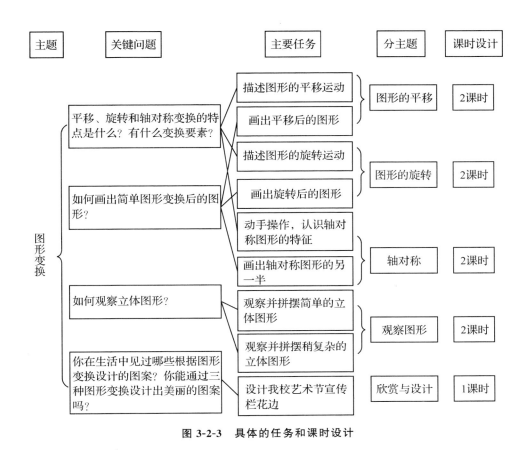

图 3-2-3　具体的任务和课时设计

结合学生的实际情况，我们将本单元设计为 9 课时，单元课时活动安排见表 3-2-2。

表 3-2-2　单元课时活动安排

课时 1　图形的平移（一）	
活动 1	活动名称：发布任务，明确学习内容 活动内容： 教师介绍实践活动要完成的任务：设计我校艺术节宣传栏花边。学生思考常见的花边图案有哪些。教师出示一些基本图形，并提出问题：能否利用这些基本图形设计花边？如何设计？学生讨论，并引出本单元要学习的主题：图形变换。

活动 2	活动名称：观察平移运动，了解两个要素 活动内容： 视频播放鸽子、喜鹊和鹦鹉三只小动物的平移运动（见图 a）。提问：你发现了什么？质疑：如果我们只说鸽子向右平移，能不能确定鸽子平移后的位置呢？追问：如果不能，那怎么办呢？ 学生需要明白平移运动中含有的要素有平移的方向和平移的距离，然后从两个层次交流。 第一层次，出示方格纸上的图片，学生交流描述鸽子平移过程的方法，讨论确定平移距离的方法。总结平移的两个要素：平移的方向和平移的距离。 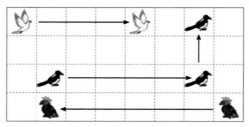 **图 a　三只小动物的移动** 第二层次，有了描述鸽子平移过程的经验，学生自主描述喜鹊和鹦鹉的平移过程。交流反思，再次总结平移的两个要素。
活动 3	活动名称：平移单格图形，探究画图方法 活动内容： 三角形向左平移 3 格，画出平移后的图形（见图 b）。学生独立探究，并集体交流。 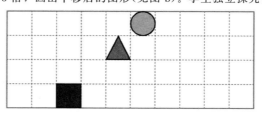 **图 b　平移图形** 这里分两步处理。第一步，借助错例，明确平移的方向和平移的距离。学生可能会出现以下错误：方向错误、平移后图形的大小和形状变了、距离错误。学生分析并总结画平移后的图形要注意平移的方向、平移的距离及图形的大小和形状。 第二步，交流画法，将图形的平移转化成点的平移。教师适时追问旋转哪个点更好，明确关键点在平移图形中的作用。 学生继续完成以下操作：圆先向下平移 2 格，再向右平移 4 格。正方形先向右平移 6 格，再向上平移 2 格。巩固学到的知识。

续表

	课时 2　图形的平移(二)
活动 1	活动名称：平移多格图形，探究画图方法(一) 活动内容： 将小房子向右平移5格，学生试着标一标、画一画(见图c)。学生自主解决问题，并交流画法。学生可能会出现以下几种方案：(1)在小房子外画一个正方形，将正方形向右平移5个格，然后在新的正方形上画出小房子；(2)找到关键点，将关键点向右平移5个格，画出对应点，然后画出小房子。 教师追问：应该找哪个点？至少找到几个点？讨论确定选点—移点—连点成线的方法。 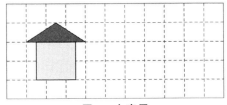 <div align="center">图 c　小房子</div>
活动 2	活动名称：平移多格图形，探究画图方法(二) 教师提问：观察平移前后的图形，你发现了什么？学生体会平移前后只改变图形的位置，图形的大小和形状都不变。对应点平移了几格，这个图形就平移了几格。深刻理解选点—移点—连点成线的画图方法。
	课时 3　图形的旋转(一)
活动 1	活动名称：描述旋转过程，理解三要素 活动内容： 用课件演示三角形的旋转(见图d)，学生想一想，三角形是怎样旋转的，用三角板试着转一转，写一写三角形的旋转过程，小组交流分享。 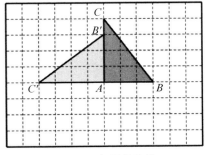 图 d　三角形的旋转 第一步，通过对错例的分析，学生理解了描述一个图形是怎样旋转的，一定要说清楚它绕着哪个点，向什么方向运动，旋转多少度。 第二步，出示几张物体旋转的动态图片，理解旋转点。出示钟表，理解顺时针方向和逆时针方向。 第三步，让学生在理解了三要素的基础上说一说三角形的旋转过程。

活动2	活动名称：运用三要素，描述旋转过程 活动内容： 出示线段和三角形的旋转动画（见图 e），学生描述旋转过程。出示三角形旋转前后的静态图，学生想象并描述三角形的旋转过程。教师追问：是如何看出来的？总结找出对应点或者对应边的方法。 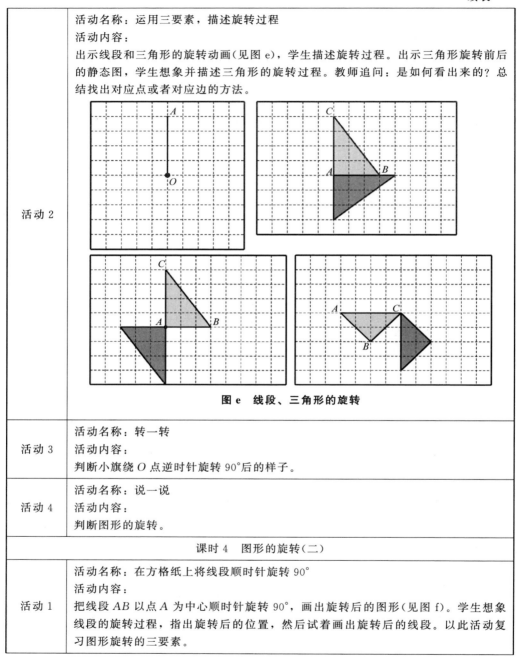 图 e　线段、三角形的旋转
活动3	活动名称：转一转 活动内容： 判断小旗绕 O 点逆时针旋转 90°后的样子。
活动4	活动名称：说一说 活动内容： 判断图形的旋转。
	课时 4　图形的旋转（二）
活动1	活动名称：在方格纸上将线段顺时针旋转 90° 活动内容： 把线段 AB 以点 A 为中心顺时针旋转 90°，画出旋转后的图形（见图 f）。学生想象线段的旋转过程，指出旋转后的位置，然后试着画出旋转后的线段。以此活动复习图形旋转的三要素。

续表

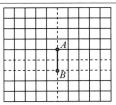

图 f　线段的旋转

活动名称：在方格纸上将简单图形旋转 90°

活动内容：

此活动分三步进行。

第一步，把图 g 中的长方形以点 A 为中心逆时针旋转 90°，画出旋转后的图形。学生想象图形的旋转过程，并指出旋转后的大致位置，试着将旋转后的图形画在方格纸上。学生交流旋转图形的方法。教师追问：为什么先旋转 AD 和 AB 两条边？并找出 AD 和 AB 旋转后的对应边。引导学生画图时注意旋转角度、旋转中心和旋转方向。

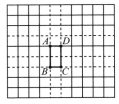

图 g　长方形的旋转

第二步，把图 h 中的三角形绕点 O 顺时针旋转 90°，画出旋转后的图形。教师提问：如何确定旋转后三角形的位置。教师追问：先旋转哪两条边？为什么选择这两条边？一步步引导学生以方格上的边为关键边进行旋转，这样更容易确定位置。

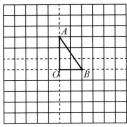

图 h　三角形的旋转

第三步，出示只有一条边在方格上的三角形（见图 i），判断哪个是三角形绕点 O 顺时针旋转 90° 后的图形。其他说明错误原因。总结旋转前后的图形只有位置发生了变化，形状和大小是不变的。

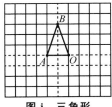

图 i　三角形

活动2

续表

	课时5 轴对称(一)
活动1	活动名称：动手操作，认识对称轴 活动内容： 学生准备一张长方形的纸、一把剪刀，折一折、剪一剪。思考：这些图形都是轴对称图形吗？通过错例分析、对折验证与感悟轴对称图形的特征：轴对称图形对折后两边能完全重合。并揭示概念：这些轴对称图形都是我们将纸对折后剪出来的，图形的中间都有一条折痕，这条折痕所在的直线，就是这个图形的对称轴。 出示学生的作品，学生来指一指，这几个图形的对称轴在哪儿。引导学生理解一个轴对称图形可能有多条对称轴。同时规范对称轴的画法：画对称轴时应该尽量画到对称图形以外。为了区分对称轴与其他线段，一般在画图的时候用"点划线"来表示。
活动2	活动名称：画轴找点，感悟特点 活动内容： 1.出示方格图(见图j)，找到并画出下面图形的对称轴。 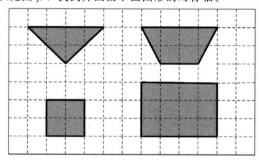 **图j 方格图** 交流如何找到对称轴。学生能通过想象、数格子找边的中点连线的方式找到对称轴，总结对称点到对称轴的距离相等的特点。 2.让学生在长方形中找到以下两个点的对称点(见图k)，并讨论如何找对称点，再次体会对称点到对称轴的距离相等，两点之间的连线与对称轴垂直的特点。 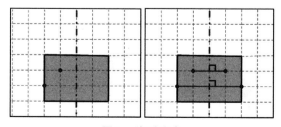 **图k 找对称点**

续表

	课时 6　轴对称(二)
活动 1	活动名称：试画图，感悟特点，学习方法 活动内容： 根据轴对称图形的特点，画出另一半(见图 l)。学生想象，并自主尝试画图，讨论分析错例。再次加深对称点到对称轴的距离相等，两点之间的连线与对称轴垂直的特点。通过对正确资源的分析，初步总结画图的方法，确定几组对称点的位置，连点成线。在画图中再次感悟轴对称图形的特点，学习方法。 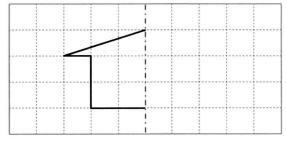 图 l　画轴对称图形
活动 2	活动名称：再画图，深刻理解 活动内容： 根据轴对称图形的特点，画出另一半(见图 m)。学生想象，并根据学到的方法自主尝试画图。学生交流讨论。 1. 对于点不在方格纸交点上的对称点的位置，需要测量点到对称轴的距离。 2. 图稍复杂，交点较多时，可以只确定一部分交点的对称点的位置，根据点到点的位置关系确定其余对称点的位置。 3. 可以按照顺序用字母标记关键点，这样在连点的过程中不容易出错。 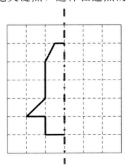 图 m　画轴对称图形

	课时 7 观察图形（一）
活动 1	活动名称：从不同方向观察简单立体图形 活动内容： 1. 学会从不同方向观察由 3 个正方体搭成的立体图形（见图 n）。 出示例题。 活动要求： ①想一想：从前面、左面和上面看到的形状是什么样的？ ②画一画：将从前面、左面和上面看到的形状画在方格纸上。 ③画完后，借助正方体摆一摆，进行验证。 学生汇报画法，总结在观察物体时，要正对着图形进行观察，并注意每个正方体的位置。  图 n 立体图形 2. 学会从不同方向观察由 4 个正方体搭成的立体图形。 想一想在现在的基础上，再添加一个正方体，可以放在哪些地方。小组合作，先摆一摆，再看一看。在方格纸上画出从前面、左面和上面看到的形状。小组合作，并全班汇报。引导学生发现从同一方向看不同的立体图形，看到的形状可能不同，也有可能相同。
活动 2	活动名称：观察一个方向，拼摆立体图形 活动内容： 此环节分两个层次处理，先让学生拼摆正方体，然后总结规律。 1. 用 3 个同样大小的正方体按要求摆一摆。 （1）从前面看到 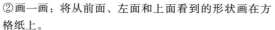 的是_____。 ①先想象：第三个正方体都可以放在什么位置？说一说自己的想法。 ②摆一摆：进行验证。 学生发现从前面只看到横着排列的两个正方体，层数为一层。这说明第三个正方体只能放在前后的位置，所以可以有 4 种摆法。 （2）从前面看到 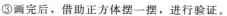 的是_____。 ①先想象：第三个正方体都可以放在什么位置？说一说自己的想法。 ②摆一摆：进行验证。 学生可以先确定有两层，每层只有一列，第三个正方体只能放在前后的位置，而且只能是第一层的前后，所以有两种摆法。 2. 教师提问：为什么每道题都有几种不同的情况呢？学生通过讨论能够得出只从前面一个方向看，我们能确定这个立体图形有几层，有几列，但是不知道前后有几行，也不知道每一行是怎样摆放的，所以会有很多可能。从而引发思考：想要确定一个立体图形的摆法，至少需要从几个方向观察图形？总结：至少需要 3 个方向。

	课时 8 观察图形（二）
活动 1	活动名称：从不同方向观察稍复杂的立体图形 活动内容： 此活动分两个层次处理。 1. 出示例题。 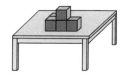 问题：下面的图形分别是从哪个方向看到的？  （　　　）　　　　（　　　）　　　（　　　）　　（　　　） 活动要求： ①独立思考，观察立体图形并写下猜想。 ②动手拼摆，验证猜想。 全班分享交流。学生总结：根据前面看到的形状可以确定列和层，根据上面 看到的形状可以确定行和列。在这里重点让学生说一说 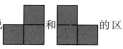 的区 别，从而确定是从左面还是从右面看到的。 2. 移动一个正方体。 如果不改变数量，只移动 5 个中的一个正方体，从不同方向看到的图形就不变 吗？想一想，动手试一试。学生摆出下面的立体图形。 从前面、上面、左面和右面观察，画出不同方向观察到的图形。  前面　　　　　　　　上面　　　　　　　左面　　　　　　　右面 继续移动上面正方体的位置，学生想象并说一说从哪个方向观察发生了变化。 通过这个活动，分辨不同方向观察到的图形的平面图，并动手拼摆进行验证。 在这一过程中，学生发现行、列和层数与观察到的平面图之间的对应关系， 从而发展空间观念和动手操作能力。

活动2	活动名称：观察三个方向，拼摆立体图形 活动内容： 此活动分两个层次处理。 1. 体会给出从三个不同方向看到的形状，可以确定唯一的立体图形。 出示问题：用5个相同的正方体搭成的立体图形，从不同方向看到的形状如下图所示，你能摆出这个立体图形吗？ 　　 　　前面　　　　　　　　上面　　　　　　左面 学生动手操作，分享交流。总结：在摆立体图形时，可以先选定一个方向看到的形状进行分析，然后根据其他方向看到的形状进行调整。摆好之后，还要从不同的方向看一看，进行验证。 2. 体会给两个方向摆立体图形的不确定性。 提出问题：用5个相同的正方体搭成的立体图形，从两个不同方向看到的形状如下图所示，你知道这个立体图形是什么样的吗？摆一摆。 　　 　上面　　　　　　左面 学生动手操作。分享交流。有以下几种拼摆方式。 　　　　 提问：怎样才能知道是哪个立体图形呢？引导学生体会依据两个方向摆放立体图形具有不确定性。如果要确定立体图形的形状，需要有从第三个方向看到的图形的信息。教师继续出示从前面看到的形状，由学生判断。 前面 通过这个活动，学生可以理解从不同方向看到的形状给出得越多，就越容易确定立体图形的样子。根据从不同方向看到的形状来还原立体图形时，可以先按一个方向看到的形状进行拼摆，再按其他方向看到的形状进行调整，最后通过验证加以确认。

	课时 9　欣赏与设计
活动 1	活动名称：展示数学小报花边 活动内容： 分小组展示作品，并说明自己是怎样设计的，学生可能会出现旋转一种图形、旋转两种图形和旋转三种及以上图形的情况。 在这个活动中，学生面对的是把一个个静态的图形通过平移、旋转和轴对称变换成更多美丽的图案，体会图形变换的过程，感知图形变换的特征；既发展了空间观念，又促进了用运动的视角看问题。
活动 2	活动名称：师生点评，改进作品 活动内容： 此活动分两个层次处理。 1. 学生点评作品，可从基本图形的种类、图形变换方式、画图的正确与否、是否美观等方面点评。 2. 每个小组根据其他小组的评价和其他小组的作品改进自己的作品，再次进行展示。 学生运用基本图形三角形、平行四边形或长方形设计数学小报花边，对基本图形进行旋转、平移或者轴对称变换，设计创意图案，感受图形的装饰作用。
活动 3	活动名称：推选优秀作品 活动内容： 此活动分两个层次处理。 1. 改进展示的作品。 2. 推选有特色的作品。 这个过程旨在让学生能通过图形变化欣赏图形，了解生活与数学的密切联系。

六、　单元评价方案

（一）单元学习效果的评价

1. 评价内容

我们梳理了"图形变换"单元的学习内容。

(1)进一步理解平移、旋转和轴对称三种基本的图形变换方式，理解并掌握图形变换的本质是图形上点的位置发生了变化，大小并没有发生变化。

(2)掌握从不同方向观察物体的基本方法并得出正确的结论，了解并掌握如何用给定数量的正方体摆出相应的几何组合体，体会可能有不同的摆法。通过有深度的观察、想象、推理，进行想象、猜测和推理的探究活动，从多方面发展空间想象力和推理能力。

(3)在动态变化的过程中寻找变换前后图形之间、要素之间的位置关系，可以画出简单图形运动后的图形。理解变化中的不变性和不变量，探索运动变化的规律，从而理解并掌握图形变换的本质。

(4)经历动手操作、想象推理的思维过程，通过以动态的视角研究图形，发展空间观念、几何直观和推理意识。

2. 评价任务的设计

结合本单元内容，我们设计了学生在完成本单元学习目标的过程中应该思考的重要问题，能引领学生的深度思考。这些问题是完成单元学习目标的重要支架，是由单元具体概念引发的。我们基于"图形变换"单元的具体概念，紧紧围绕"发展空间观念和几何直观"的素养目标，提出了本单元学生思考的关键问题。

(1)平移、旋转和轴对称变换的特点是什么？有什么变换要素？

(2)如何画出简单图形变换后的图形？

(3)如何观察立体图形？

(4)你在生活中见过哪些根据图形变换设计的图案？你能通过三种图形变换设计出美丽的图案吗？

在进行作业设计时，我们要重点回答以上几个关键问题。依据单元目标，我们划分了以下四个方面的内容标准，并将每一个内容标准细化，即学生的学习结果表现。依据学生的学习结果表现，我们设计了一些评价任务，每一个评价任务都有对应回答的关键问题，同时我们也把这些评价任务按照学业水平划分了层次，其中层次1为最低层次，见表3-2-3。

表 3-2-3　单元作业案例设计框架

内容标准	内容标准细目 （学生的学习结果表现）	单元作业 范例	指向的 关键问题	学业水平层次		
				1	2	3
通过观察、操作等，在方格纸上认识图形的平移与旋转	1. 通过实例，识别在方格纸上图形的平移；通过操作，认识图形的平移与旋转。	1，2	(1)	√		
	2. 能在方格纸上按水平或垂直方向将简单图形平移，会在方格纸上将简单图形旋转90°。	8	(2)		√	

续表

内容标准	内容标准细目 （学生的学习结果表现）	单元作业 范例	指向的 关键问题	学业水平层次		
				1	2	3
进一步认识轴对称图形及其对称性	3. 通过观察、操作等活动，进一步认识轴对称图形及其对称轴；能在方格纸上画出轴对称图形的对称轴。	3，7	（1）	√		
	4. 借助想象，能在方格纸上补全一个简单的轴对称图形。	9	（2）		√	
能辨认从不同方向（前面、侧面、上面）看到的物体的形状图	5. 借助实物操作，能辨认从不同方向（前面、侧面、上面）看到的物体的形状图。	5	（3）	√		
	6. 借助实物操作，会在方格纸上画出从不同方向（前面、侧面、上面）看到的物体的形状图。	10	（3）		√	
	7. 根据从不同方向看到的物体的形状图，通过想象摆出物体。	6	（3）			√
能从平移、旋转和轴对称的角度欣赏生活中的图案	8. 能借助平移、旋转和轴对称欣赏生活中的图案。	4	（4）	√		
	9. 能运用平移、旋转和轴对称的相关知识在方格纸上设计简单的图案。	11	（4）		√	
	10. 能运用平移、旋转和轴对称的相关知识设计装饰图案（如黑板报、数学小报的花边装饰）。	12	（4）			√

注：本次设计的评价任务不是课时作业，可以作为对大单元的整理与复习。

（二）单元作业设计

单元作业范例

1. 观察图 a，熊猫要想吃到竹子，可以先向（　　　　）平移（　　　　）格，再向（　　　　）平移（　　　　）格。

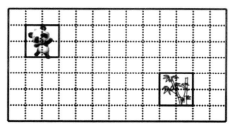

图 a　熊猫吃竹子

2. 观察图 b，图形①先绕点（　　　）（　　　）时针旋转（　　　）°，再向（　　　）平移（　　　）格得到图形②。

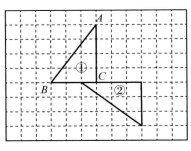

图 b　三角形

3. 如图 c 所示，已经画出图形的一条对称轴，该图形一共有（　　　）条对称轴。

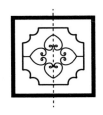

图 c　对称轴

4. 下面这些图案分别是经过怎样的变换得来的？

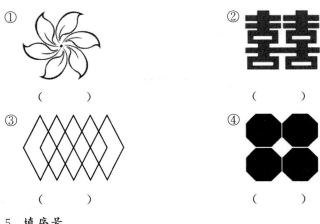

① （　　　）　　②（　　　）

③ （　　　）　　④（　　　）

5. 填序号。

①　　　　②　　　　③

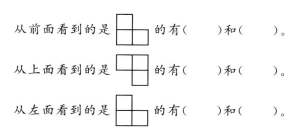

从前面看到的是 ▢ 的有（　　　）和（　　　）。

从上面看到的是 ▢ 的有（　　　）和（　　　）。

从左面看到的是 ▢ 的有（　　　）和（　　　）。

6. 用同样大小的正方体搭出立体图形，从上面和前面看到的形状如图 d 所示，搭出这样的立体图形最少需要（　　　）个正方体。

图 d　立体图形

7. 判断图 e 中的图形是不是轴对称图形，用"√"或"×"表示。如果是，请把它所有的对称轴画出来。

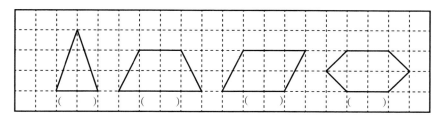

图 e　判断轴对称

8. 把图 f 中的图形①围绕点 A 顺时针旋转 90°，图形②围绕点 B 逆时针旋转 90°，再向左平移 2 格。画完后看看像什么？

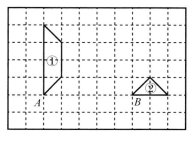

图 f　图形旋转

9. 根据轴对称图形的特点, 画出图 g 中图形的另一半。

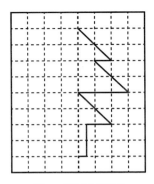

图 g 轴对称图形

10. 图 h 是由五个同样大小的正方体拼成的立体图形, 请你把从不同方向看到的形状画在下面的方格中。

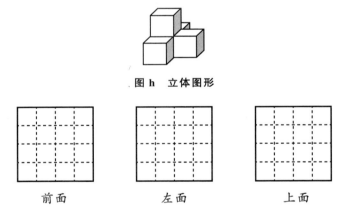

图 h 立体图形

前面　　　　　　　左面　　　　　　　上面

11. 从长方形、三角形和梯形中任选一个作为基本图形, 再利用图形的平移、旋转或轴对称在方格中为自己班级的数学小报设计一个漂亮的图案。

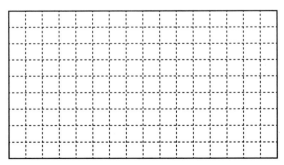

12. 寻找校园里的平移、旋转和轴对称现象, 说说你是怎么判断的。

七、 具体课时设计

图形的旋转(一)(课时 3)

（一）教学内容分析

图形的旋转是"图形与几何"领域的重要内容。各版本教材对于图形旋转的内容都是先通过观察物体运动认识旋转中心、旋转方向和旋转角度三个要素，然后通过观察、描述图形的运动或者画旋转后的图形，感悟旋转运动的特征。本节课是图形的旋转两个课时中的第一课时，是在具体的情境中，引导学生通过观察明确旋转的含义，引导学生能够从旋转中心、旋转方向和旋转角度三个要素描述图形的旋转过程，通过观察及动手操作感悟线段及图形的旋转的特征和性质。

（二）学生情况分析

学生在低年级时已经初步感知了生活中的旋转现象。在本节课，学生在认识图形旋转的三要素的基础上能够根据旋转前后图形的位置，围绕三要素进行描述。在调研问卷中，对于三角形的运动，仅仅有 39％的学生能尝试用一个或两个要素去描述，这也说明小学四年级学生学习起来有一定的困难。所以如何让学生意识到需要从旋转中心、旋转方向和旋转角度三个方面描述旋转运动是教学重点。

（三）教学目标

(1)进一步认识几何图形的旋转，理解图形旋转的基本要素，能运用旋转要素描述简单的图形旋转的运动过程。

(2)通过操作、想象、语言描述等活动，发展空间观念。

(3)欣赏图形经过旋转后所创造出的精美图案，感受数学的美，体会数学的价值。

（四）教学重难点

教学重点：理解图形旋转的基本要素。

教学难点：基本能运用旋转要素描述旋转的运动过程。

（五）教学过程

1. 依托实例，引出研究问题

出示实例：同学们，老师给大家带来了一个好玩的东西，看，陀螺在做什么运动？

预设：旋转。

提出问题：谁能说一说生活中有哪些旋转现象？这些旋转现象有什么共同点？

预设：风车、风扇、开关门、汽车进出的横杆。它们都绕着一个点或轴转动。

小结：像这样绕着一个点或轴转动的运动叫作旋转。旋转现象在我们的生活中随处可见，今天我们继续认识旋转。

【设计意图】以生活中的实例引入，让学生经历用数学的眼光观察现实世界的过程。

2. 操作实践，描述旋转过程，探索旋转要素

活动1：描述旋转过程，理解三要素。

活动要求：

(1)想一想三角形是怎么旋转的，用三角板在学习单上试着转一转。

(2)写一写三角形的旋转过程。

(3)说一说，和小组同学分享你的思考。

学习单如下。

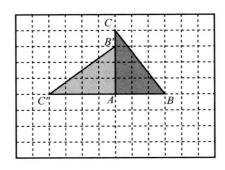

三角形的旋转过程：

_____

_____

(1)学生独立完成，并记录在学习单上。

(2)集中反馈：展示学生作品，组织学生小组交流讨论。

这是五名同学的作品。同学们，请观察一下，你觉得描述图形的旋转可以从哪几个方面来说。

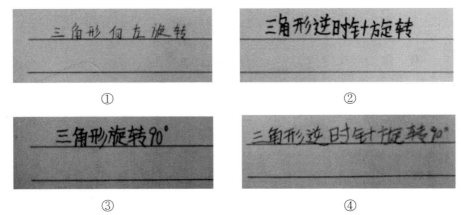

① 三角形向左旋转

② 三角形逆时针旋转

③ 三角形旋转90°

④ 三角形逆时针旋转90°

三角形绕A点，逆时针旋转90°

⑤

①和②只描述了三角形的旋转方向，并没有说明旋转了90°。而其他回答都说明了旋转角度。

③只说明了三角形的旋转角度，并没有说明旋转方向，也没有说明绕哪个点旋转，所以描述不完整。

④既描述了三角形的旋转方向，也描述了旋转角度，但是⑤还描述了绕 A 点旋转。对比来说，⑤描述得更具体、完整。

（3）总结归纳：通过刚才的讨论，我们知道了描述一个图形是怎样旋转的，一定要说清楚它绕着哪个点，向什么方向，旋转了多少度。

（4）理解旋转要素。

出示几张物体旋转的动态图片。问题：绕着哪个点旋转？

用手比画一下三角形的旋转方向。出示钟面演示图，我们把与钟表指针旋转方向相同的叫顺时针方向，把与钟表指针旋转方向相反的叫逆时针方向。

出示风扇扇叶、陀螺。生活中的这些物体是顺时针旋转还是逆时针旋转？

准确表达旋转过程：说一说三角形的旋转过程。

【设计意图】通过对三角形运动过程的描述，学生体会到描述清楚运动过程需要说明绕着哪个点，向什么方向，旋转了多少度，从而自主发现旋转三要素。

3. 依据特点，描述图形的旋转过程

活动 2：运用三要素，描述旋转过程。

（1）线段的旋转：出示线段的旋转动画（见图 3-2-4）。

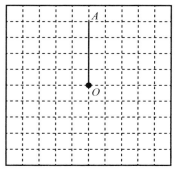

图 3-2-4　线段的旋转

追问：谁有其他旋转方式也能让它旋转到那个位置？

学生讨论，教师演示。

(2)图形的旋转。

①出示图形的旋转动画(见图 3-2-5)。

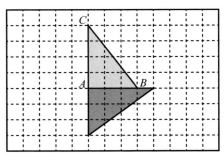

图 3-2-5　图形的旋转

②出示静态图(见图 3-2-6)。

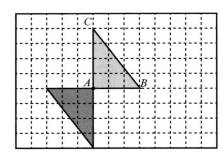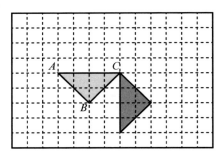

图 3-2-6　静态图

追问：你是怎么看出来的？

预设 1：想象。

预设 2：找对应边。

预设 3：实物演示。

教师用动画演示。

【设计意图】通过观察和想象，学生用旋转三要素描述图形的旋转过程，既深化了对旋转特征的理解，又发展了空间观念。

4. 学以致用，拓展延伸

活动 3：转一转。

问题：下面哪幅图(见图 3-2-7)是小旗绕点 O 逆时针旋转 $90°$后的样子？

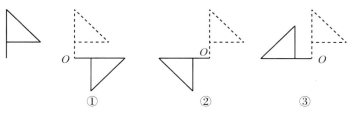

图 3-2-7　活 动 3

活动 4：说一说。

一些基本图形经过多次旋转可以形成很多复杂的美丽的图案(动画播放)(见图 3-2-8)。生活中的很多图案也都是通过旋转得到的。

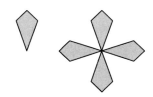

图 3-2-8　活 动 4(a)

(出示其他图案，见图 3-2-9)请同学们想一想，后面三幅图分别是由三角形 ABC 怎样旋转得到的。

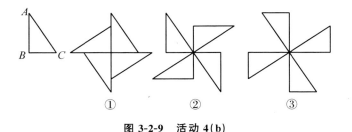

图 3-2-9　活 动 4(b)

【设计意图】让学生体会简单的图形经过旋转变换可以形成美丽的图案，增长了见识，同时为学生自主设计花边做了铺垫。

5. 总结收获，深化内涵

通过今天的学习，你对旋转又有了哪些不一样的认识？

八、 核心活动的实施实录

此处将核心活动课堂实录转化为文字后形成核心活动的实施实录，能为教师提供全景式的课堂回溯。具体内容可扫描右侧二维码阅读。

课堂实录（文字版）

九、 教师的反思与成长

《新课标》的推出更加体现了单元教学的重要性。在"三会"核心素养的指导下，《新课标》更加注重数学核心素养的培养，让学生学会学习研究。它强调对数学概念、思想和方法进行深入的理解和探索，而不仅仅是背诵和运用记住的知识，让学生主动探索数学的新领域，通过实际操作体验数学的奥妙，培养学习兴趣，增强学习信心。因此就要求教师在设计的过程中不能只进行单一知识模块的教学，而忽视了这一知识模块在单元整体视角下的地位与价值，这样不利于学生对知识的理解与掌握。有效地组织开展单元视角下的教学更加有利于学生对知识的整体性认识。针对具有一致性的学习内容，教师可以设计连续的问题开展研究，从知识的形成、发展、延续等多角度去分析、理解、解决问题，从而使学生真正学会用数学思维解决问题。

教师要提升分析教材的能力、更新教学观念、创新教学手段，以更加适当的方式开展组织教学行为。

（一）在备课的过程中

教师要学会更好地整合学科知识，避免重复学习和重复教学，从而提高学生的学习效率。我们在课堂设计之前不仅要分析本知识在单元中的地位，而且要了解本单元知识在小学学习过程中甚至将来的初高中学习过程中的地位，让学生真正明白为什么学习这些内容，学习这些内容有什么用，能够帮助我们解决生活中的哪些数学问题。

（二）在试讲的过程中

我们要落实知识的分析在教学实施的过程中起到的效果，学生在学习过程中能感悟到本节课学习的内容与之前学过的知识之间的联系，并且学会用学过的数学知识解决数学问题。单元教学不仅注重知识的传授，而且注重培养学生的综合能力，因此在试讲环节要充分验证自己的教学环节设计是否合理，提出的数学问题能否引发学生进行深度思考，能否使学生感悟到学习的知识能够解决生活中的问题。教师有了试讲的经验，再结合学生的反馈进行再思考、再调整。

（三）在正式讲的过程中

在这一阶段，我们修正试讲过程中出现的问题，保留好的做法，改掉不恰当的做法，从而在课堂实施的过程中，切实培养学生的数学思维能力、创新能力、合作能力等，让学生在学会知识的同时，更全面地成长和发展。教师在开展单元教学的过程中是不断提升和成长的，可以整合一个学校的教研组开展集体备课，集体上一节课，共同思考如何更好地总结单元教学的经验。大家共同反思在单元教学过程中的得与失，并且在交流反思的过程中，不断促进学校教研组全体成员能力的发展，从而提升学校的教研组整体实力，使得全体学生共同受益。

（四）单元视角下的教学反思

开展单元整体教学，不仅能够促进学科教学的发展，而且能够促进跨学科的融合和创新。单元整体教学可以将不同学科的知识融合在一起，促进跨学科的交流和合作，在学科交叉的领域中培养学生的创新能力。

本单元在教学实践过程中也存在一些问题。

第一，学生的数学表达能力有待提高。我们在教学实践的过程中发现学生的数学表达能力还处于较低的层次。学生能够做明白、写明白，却缺乏说明白的能力。所以在今后的每一节课中，要尽可能地让学生多表达，在一次次表达中规范数学语言。

第二，学生建立联系的能力有待提高。学生建立图形变换各要素间的联系以及图形变换前后要素间的联系的能力有待提高。尽管我们提供了丰富的学具，但这一问题仍然存在。我们在今后的教学过程中，会为学生提供更丰富的学具和动态演示，争取在这一方面取得更大的突破。

第三，学生的创新意识有待提高。以后我们在课堂教学中可以丰富这部分内容，让学生的思维更灵活，从而激发学生的创新意识，为学生数学核心素养的发展提供持续不断的动力。

我们相信随着单元整体教学研究的不断推进，单元整体教学的理念会深入每位教师的心中，通过单元整体教学的开展，让学生真正学会用数学的思维思考现实世界。

【点评】

本单元教学设计聚焦于数学核心素养，指向概念性理解，建构了有完整结构的单元活动。

首先，本单元的设计结构严谨。一是遵循数学学科的基本知识逻辑，包含图形的平移、旋转、轴对称，逐渐从全等变换过渡到相似变换，为五、六年级和初中阶段图形变换的学习做铺垫。二是遵循学生的心理发展规律，先让小学低年级学生充分感受图形的基本要素，再让小学高年级学生进行要素的描绘和探究，从而在基本能力的基础上逐渐过渡到高级能力。

其次，本单元中的案例体现了数学核心素养。在课程目标上，案例聚焦于培养学生的几何直观；在课程内容上，主要引导学生认识、操作和感悟图形的位置变换；在课程实施上，通过观察图形、物体变换培养和发展学生的空间观念，在探究图形变换的操作活动中培养学生的推理能力和操作能力；在课程评价上，对发展学生的空间观念和几何直观进行了不同层次的划分。

最后，本单元的设计体现了单元教学设计系统的、全面的思想。整体要素齐全，在课程的视野下，符合泰勒的课程目标模式，涵盖学习目标、内容结构、具体实施和评价四个方面。在设计理念上，体现以学生为中心，充分考虑了学生的已有经验、认知发展规律和学习的成效；在教学内容的设计上，符合目标的要求；在实施上，采用灵活的方式，将信息技术加以整合，体现时代的要求。单元教学效果显著。

点评人：綦春霞

课例三　制作绘圆尺

基本信息

学科	数学	设计者	邱喆	指导者	綦春霞
实施年级	六年级	版次	2019 年 7 月第 1 版	学校	上海市市八初级中学
课程标准模块	图形与几何				
使用教材	沪教版上册				
单元名称	制作绘圆尺				
课时安排	共 7 课时				

一、 单元设计的背景

在日常生活中，圆是一种常见的基本图形，它的结构圆满，曲线漂亮，是各种物体造型设计的基本图形。绘制圆的传统工具是圆规，但是在教学过程中发现，学生使用圆规不易画出想要的完美的圆，并且在绘制半径较小的圆时，使用圆规也不方便。市面上有一类可以辅助画圆的工具尺（绘圆尺），相较于圆规，它结构简单，操作方便，还有许多拓展功能，非常适合学生使用。

通过本单元的学习，学生可以学习圆与扇形的相关知识，同时可以掌握新的工具，提高画圆的技巧。学习使用绘圆尺来进行各种画图操作，不仅有助于提高学生的图形认知能力和手工技能，而且能促进学生的空间想象力和创造力的发展。

研究工具的设计也是一个整合相关知识的过程，学生在学习圆与扇形的相关知识时有具象化的物体与之相应，对学生理解并记忆相关知识有很大的帮助。

此外，从实际问题出发，学生切身感受作品设计从理念到实现的全过程，更能培养耐心和细心的品质，学会钻研探究，发现问题、提出问题并解决问题，提高自身的学习兴趣和学习动力，促进全面发展。

二、 单元中的核心知识及其知识结构

（一）教学内容分析及课时分配

1. 本单元内容在小学、初中、高中各学段的联系和区别

这一单元主要研究圆周率、圆的周长、圆的面积、弧长、扇形面积，学习圆、扇形、弧、圆心角的概念，会计算圆的弧长、扇形的面积。

2. 本单元内容在课标及教材中的要求分析

《新课标》对于本单元的内容要求如下。

①认识圆和扇形。

②认识圆周率。

③探索圆的周长和面积计算公式，能解决简单的实际问题。

④理解圆、弧、圆心角的概念。

⑤会计算圆的弧长、扇形的面积。

其中前三条在小学部分第三学段(5～6年级)中提及，第四、第五条在初中部分第四学段(7～9年级)中提及。

《新课标》对于本单元的学业要求如下。

会用圆规画圆，能描述圆和扇形的特征；知道圆的周长、半径和直径，了解圆的周长与其直径之比是一个定值，认识圆周率；会计算圆的周长和面积，能用相应公式解决简单的实际问题。

3. 课时分配

本单元共7课时。

课时1，导入。

课时2，圆的周长、圆的面积(一)。

课时3，圆的周长、圆的面积(二)。

课时4，弧长、扇形的面积(一)。

课时5，弧长、扇形的面积(二)。

课时6，绘圆尺的功能拓展。

课时7，单元内容整理。

（二）学生情况分析

1. 学生知识储备情况及思维障碍点

考虑到六年级学生对于几何图形的认知程度和数学基础，他们可能会遇到几个思维障碍点。

(1)对圆周率 π 的认知：学生需要理解 π 是一个常数，代表任何圆的周长与直径之比，并且知道 π 是一个无理数，无法用分数或无限循环小数表示。这可能需要抽象思维能力和数学知识背景的支持。

(2)圆的半径、直径与周长及面积的计算：学生需要理解半径和直径是圆的基本元素，周长是围绕圆一周的长度。他们需要学习如何通过半径、直径计算周长与面积，并能够转换不同的单位。

(3)弧与扇形的区别：学生需要理解弧是圆的一部分，扇形是由圆心、圆周上的两个点和这两个点所对应的弧组成的图形；需要辨别弧与扇形的概念和特征，并学习如何计算弧长和扇形面积。

对于这些思维障碍点，学生需要通过多种途径进行学习和理解。例如，可以通过实物模型、动画视频等形式呈现圆和扇形的特征及计算方法，通过实践活动、游戏等形式激发兴趣和互动，通过课堂讨论、思维导图等形式深化理解和总结归纳。

2.思维发展点

(1)培养几何思维：圆和扇形是常见的几何图形，学生通过学习这一章节的内容，可以发展几何思维，理解几何概念和推理证明的方法。这将有助于他们未来学习更深层的几何内容。

(2)提高计算能力：学生需要掌握圆和扇形周长、面积与弧长的计算方法，并能够熟练运用分数、小数和单位换算等知识，提高计算和解决问题的能力。

(3)促进团队合作、分享和交流：在学习过程中，学生可以通过小组合作、互相分享和交流，提高学习效果和学科素养。同时，学生还应学会尊重他人、包容不同的观点和分析方法，促进团队合作和交流。

三、 单元基本问题

【问题1】在计算圆的周长与面积时，哪个量起到了决定性作用？在绘圆尺的设计上需要如何布局？

问题阐释：圆的周长与面积的大小是由圆的半径(直径)大小决定的，而其在公式中的体现与以往的学习认知相似，半径作为一个计算公式中的变量如何进行体现，如何把变量大小的转变过程更为直观地体现出来，这需要学生通过观察常规画圆工具，并与绘圆尺进行对比而得出，通过对功能性上的理解加深对计算公式的记忆。

建议：在具体实施的过程中，以问题为驱动，让学生从特殊到一般，感受半径与圆周长和面积的数量关系，初步认识变量，加深对计算公式的记忆。同时逐步引导其对比圆规与绘圆尺，寻找用不同工具选取半径的方法，提炼出关键要素，从而有针对性地思考如何设计绘圆尺内盘的半径取值刻度。

【问题2】在计算弧长与扇形面积时，哪个量起到了决定性作用？在绘圆尺的设计上需要如何进行布局？

问题阐释：弧长与扇形面积的大小是由圆心角和圆的半径大小共同决定的，在理解了弧长和圆周长、扇形面积与圆面积是部分与整体的关系后，圆心角作为一个计算公式中的第二个变量如何来进行体现。结合之前所学的比和比例的知识，引导学生归纳出 $l=\dfrac{n}{360}C_{圆}$，$S_{扇}=\dfrac{n}{360}S_{圆}$ 的计算公式，再通过对绘圆尺功能性上的理解加深对计算公式的记忆。

建议：在具体实施的过程中，以问题为驱动，让学生从特殊到一般，感受在同圆中，弧长与扇形面积和圆周长与圆面积之间的关系，从而形成部分与整体的关联，理解圆心角作为变量的作用，加深对计算公式的记忆。同时逐步引导学生观察不同绘圆尺选取圆心角的方法，提炼出关键要素，从而有针对性地思考如何设计绘圆尺外盘圆心角的刻度。

四、 单元学习目标

单元学习目标，聚焦于数学核心素养，包含知识技能、思路方法、数学思维品质、数学思想方法以及价值观等维度的目标。

(1)认识圆，会按照要求画圆，掌握圆的基本特征。

(2)通过实践操作，理解圆周率的意义，理解和掌握圆的周长的计算公式，体会"化曲为直"的数学思想，并解决一些相应的实际问题。

(3)探索圆的面积计算公式，并解决一些简单的实际问题。

(4)认识弧、扇形，掌握弧与扇形的基本特征。

(5)通过尝试、探究、分析、归纳，推导出弧长与扇形面积的计算方法，体会从特殊到一般转化的数学思想。

(6)通过生活实例、数学史料，感受数学的美，了解数学文化，提高学习兴趣。

五、 单元活动整体规划

单元活动整体规划以流程图的方式呈现，包含活动的问题、核心知识、能力素养发展及课时安排等。

本单元以"制作绘圆尺"为明线，以圆与扇形的知识为暗线，双线并行推进。通过对绘圆尺进行解构，逐步拆分各个结构，对其作用原理进行分析。同时对圆心、半径、圆心角的概念进行理解，达成双线并行的目的。学生逐步掌握如何运用绘圆尺画出符合各种条件的圆、弧、扇形，同时思考如何进行设计，合理布局，体现绘圆尺的功能性和拓展性，同时对圆、弧、扇形这些图形的周长与面积计算有进一步的认识。具体见表3-3-1。

表 3-3-1 单元课程结构设计

项目	活动主题	学习任务	核心知识	核心素养	计划课时	其他
单元引入	导入	初识绘圆尺，了解其与圆规在功能性上的异同，同时明确本单元的主要目标	圆的基本概念	数学抽象	1	
单元探究	圆的周长、圆的面积	了解 π 的由来，学习圆的周长与圆的面积的计算方法，理解绘圆尺上半径的体现	圆的周长公式、圆的面积公式	数学抽象、数学运算	2	
	弧长、扇形的面积	学习弧的定义，学会弧长与扇形的面积的计算方法，理解绘圆尺上刻度的作用	弧长公式、扇形的面积公式	数学抽象、数学运算	2	
单元拓展	绘圆尺的功能拓展	绘圆尺的功能拓展：万花尺		数学建模	1	
单元小结	单元内容整理	阶段小测		数学抽象、数学运算、数学建模	1	

结合学生的实际情况，本单元设计为 7 课时，见表 3-3-2。

表 3-3-2 单元课时活动安排

课时 1 导入	
活动 1	活动名称：认识圆 活动内容： 问题 1：你能说出哪些带有"圆"的成语？ 问题 2：生活中还有哪些物体是圆的？ 问题 3：同学们还记得在小学四年级时我们对"圆"有哪些认识吗？
活动 2	活动名称：绘圆 活动内容： 问题 4：我们有哪些工具可以画圆？

续表

活动 3	活动名称：制订不同绘圆尺的评价标准 活动内容： 问题 5：我们应该从哪些角度去评价不同的画圆工具？
活动 4	活动名称：改进绘圆尺 活动内容： 问题 6：有没有办法将各种画圆工具的优点融合起来？还有什么可以改进的地方？
活动 5	活动名称：设计与制作绘圆尺 活动内容： 问题 7：你想拥有自己设计与制作的绘圆尺吗？
课时 2 圆的周长、圆的面积(一)	
活动	活动名称：操作和归纳，探究圆的周长公式 活动内容：通过测量一个圆的周长与直径，探寻两者之间的关系，发现规律，初步认识圆周率。通过总结圆的周长公式，明确圆的周长是由圆的直径(半径)来决定的，进而解决已知直径求周长的问题与已知周长求直径的问题。 1. 动手操作，发现规律。 测量上节课绘制的各种圆形的直径与周长，并计算周长与直径的比值，发现圆周率 π。 通过操作测量，探究圆周长与直径的关系，培养学生收集数据、分析数据的能力。同时将研究 π 的发展历史作为课后作业补充。 2. 归纳圆的周长公式。 帮助学生归纳出圆的周长公式，并对周长公式的两种表达形式进行说明，提醒学生在计算时看清条件。 3. 利用圆的周长公式，计算出之前圆形纸片的周长，并和测量的结果进行比对。 4. 利用公式对之前测量的结果进行验证，同时对比偏差情况，让学生思考测量的误差是如何产生的。 5. 圆周长的双向应用。 给出直径求周长；给出周长求直径。 通过圆周长公式的双向应用，进一步熟悉公式，辨析所给条件与所求结果之间的关系。

	课时 3　圆的周长、圆的面积(二)
活动	活动名称：合作和探究，学习如何计算圆的面积 活动内容： 1. 用绘圆尺作图，说明"比萨问题"。 利用绘圆尺作图，用图例说明"两个六寸的比萨加起来还是比一个十寸的比萨小"。 2. 将上节课画的圆形纸片分别四等分、八等分、十六等分，然后拼成近似长方形。 通过动手操作，体会等面积变化与无限逼近的极限思想，从直观感受上理解圆面积的知识形成过程。 3. 归纳圆的面积公式。 帮助学生归纳出圆的面积公式，并对公式的双向应用进行说明，提醒学生在计算时看清条件。 4. 圆面积的双向应用。 给出直径求面积；给出面积求直径。 进一步厘清直径、周长、面积之间的关系，逐步强化代数思想。 5. 进一步应用。 厘清直径和周长、面积之间的关联，并解决一些实际应用问题。 讨论并确认自制的绘圆尺的内盘结构分布，培养合作意识与交流分享的能力。
	课时 4　弧长、扇形的面积(一)
活动	活动名称：多种方式探究，获得弧长公式 活动内容： 1. 观察绘圆尺外盘上刻度的设计，引出圆弧、圆心角的概念。 落实概念，对数学与生活中的定义加以区分，体现数学学科的严谨性。 2. 用上节课剪下的扇形纸片探究弧与圆的周长之间的关系。 从特殊到一般，从具体到抽象，培养学生化归的数学思想。 3. 通过操作，理解弧长公式及其与圆周长的关系。 归纳出公式，并对公式中几个量之间的关联加深印象。 4. 运用弧长公式进行计算。 例题 1：如图 a 所示，△ABC 的三条边长都是 27 mm，分别以 A，B，C 为圆心，27 mm 为半径画弧，求三条弧长。  图 a　△**ABC** 例题 2：圆的半径为 5 cm，一个圆心角所对的弧长为 6.28 cm，求这个圆心角的度数。(π 取 3.14)

续表

课时 5　弧长、扇形的面积(二)	
活动	活动名称：归纳迁移，探索扇形的面积公式 活动内容： 1. 理解扇形的概念：由组成圆心角的两条半径和圆心角所对的弧围成的图形。 落实概念，对数学与生活中的定义加以区分，体现数学学科的严谨性。 2. 类比弧长与周长的关系(部分与整体)推导出扇形的面积公式，同时对第二个公式进行拆分解释。 归纳出公式，并对公式中的几个量之间的关联加深印象。 3. 运用扇形的面积公式进行计算。 例题1：如图b所示，一把展开的扇子的圆心角是135°，扇子的骨架长是30 cm，求这把扇子展开后所占的面积。 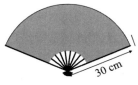 **图b　扇子** 例题2：汽车上有电动雨刷装置，雨刷刮过的区域是如图c所示的阴影部分，雨刷呈扇形摆动的圆心角是90°，求雨刷摆动画出区域的面积。  **图c　雨刷摆动**
课时 6　绘圆尺的功能拓展	
活动	活动名称：拓展提升，探究万花尺的奥秘 活动内容： 1. 观看教师在虚拟万花尺软件上演示绘制图案，思考万花尺的内外圈齿轮数与绘制出的图案有什么关联。 万花尺的原理：大小齿轮的齿数之比，约为最简分数时，其分母就是图案的花瓣数。 2. 根据活动的结论，确定小组想要制作的内圈的齿轮数。 3. 跟随教师的演示，完成软件上的内圈建模。 4. 完成3D打印，得到成品。

续表

	课时 7　单元内容整理
活动	活动名称：反思总结，展示学习成果 活动内容： 单元内容整理，进行阶段小测。

六、 单元评价方案

本项目的评价分为过程性评价和成果性评价两个部分，评价主体有学生和教师，学生评价分为自评和互评。具体的评价表见表 3-3-3、表 3-3-4。

表 3-3-3　单元学习效果评价表

序号	评价内容	评价任务 （核心活动）	评价标准 （学生活动表现水平）	评价与 反馈方式
1	自制绘圆尺的图纸设计	绘制图纸的操作	绘制设计图纸时积极参与	形成性评价，自评、互评
2	功能设计时的讨论、贡献	讨论设计时的意见实用度、可行性	功能设计时参与讨论，能给出实用、有价值的建议	

表 3-3-4　作品及展示评价表

序号	评价内容	评价任务 （核心活动）	评价标准 （学生的活动表现水平）	评价与 反馈方式
1	单元知识梳理、数学小报	单元知识梳理	知识条理清晰；小报美观	总结性评价、组内自评、组内互评、师生共评
2	单元知识检测	对数学知识的掌握情况；对自制绘圆尺的应用能力	单元检测答题准确；能够正确运用绘圆尺的各项功能	

七、 具体课时设计

导入（课时 1）

（一）教学内容分析

"圆与扇形"是沪教版数学六年级的内容，旨在基于小学已学习的内容，对圆有进一步的认识。六年级是小学与初中的衔接过渡年级，对于圆的学习也更符合小学学习几何图形的成长路径：有特殊的常数（圆周率 π）、周长与面积的计算，再结合本学期之前"分数"的知识，厘清整体与部分的关系，继而得出弧长与扇形的面积。

（二）学生情况分析

学生在小学阶段已经对圆有了初步的认识，知道圆心、直径、半径的概念，并且会用圆规画圆。我们发现还有一类可以辅助画圆的工具尺(绘圆尺)，相较于圆规，它结构简单，操作方便，还有许多功能的拓展，更适合低年级学生使用。同时，学生通过对绘圆尺结构的分析，可以从另一个视角认识圆的图形特点。

（三）教学目标

(1)知道绘圆尺的基本功能。

(2)掌握各种画圆工具的使用方法。

(3)通过观察、分析与讨论，学会设计量表的评价角度并进行评价。

（四）教学重难点

教学重点：正确使用各种画圆工具。

教学难点：制订量表的评价角度。

（五）教学过程

引入：

唐诗《古朗月行》卡片上的月亮被贴纸遮住了，"被遮住的月亮是圆圆的，还是弯弯的呢?"由我国古人对圆月的情感寄托引申到中华文化中"圆"元素的含义。

活动1：认识圆。

文化中的"圆"

问题1：你能说出哪些带有"圆"的成语?

(在问题1中，学生可以回答，如花好月圆、阖家团圆、珠圆玉润、字正腔圆、功德圆满，在思考的过程中体验中华文化中"圆"元素蕴含的意义。)

生活中的"圆"

问题2：生活中还有哪些物体是圆的?

(在问题2中，学生可以找到许多圆形的物体，如轮子、月亮、时钟等。在思考为什么要选择做成圆形的问题时可能会有困难，教师可以用通俗的方式进行简单解释，有些问题则可以留给学生在课后去探寻。)

课本中的"圆"

问题3：同学们还记得在小学四年级时我们对"圆"有哪些认识吗?

(在问题3中，引导学生回顾在小学四年级对圆的初步认识，对圆心、半径、直径这些基本概念进行复习，注重建立图示与名称之间的联系。利用圆心确定圆的位置，利用半径确定圆的大小，这些从直观到理性的认识，是今后进一步学习圆的相关知识的基础。)

在活动1中，对"圆"从传统文化、日常生活、数学学科三个方面，逐步从感性到理性进行了一次再认识。

活动2：绘圆。

我们在四年级除了学习了上述圆的基本元素之外，还学习了如何使用圆规来画圆。说到圆规这个工具，有一句非常有名的话：

不以规矩，不能成方圆。——《孟子》

问题4：我们有哪些工具可以画圆？

［在问题4中，学生会说出用圆规画、徒手画、描着圆形物体画等方法。通过引导归纳，帮助学生将其分为两大类：①描着画（圆形物体）；②转着画（圆规）。同时寻找所画的圆的圆心与半径，进一步感受这两种方法的区别。］

任务1：观察并试用绘圆尺。

观察并试用两把绘圆尺，然后通过投影进行具体的说明和演示。

任务2：一起来画圆。

利用各种工具，在学案纸上进行画圆的闯关练习，并标记作图所使用工具的效果（"好用"标记为○，"一般"标记为△，"不能画"标记为×）。

```
┌─────────────────────────────┐   ┌─────────────────────────────┐
│ （1）半径为1.5 cm的圆，并标明  │   │ （2）半径为0.4 cm的圆。        │
│ 圆心O。                      │   │                              │
│                             │   │                              │
│                             │   │                              │
│                             │   │                              │
│                             │   │                              │
│                             │   │                              │
│  圆规□  尺1□  尺2□          │   │  圆规□  尺1□  尺2□          │
└─────────────────────────────┘   └─────────────────────────────┘

┌─────────────────────────────┐   ┌─────────────────────────────┐
│ （3）6个半径为1.5 cm的圆。     │   │ （4）以点O为圆心，过点A的圆。  │
│                             │   │                              │
│                             │   │                              │
│                             │   │          ·O      ·A          │
│                             │   │                              │
│                             │   │                              │
│  圆规□  尺1□  尺2□          │   │  圆规□  尺1□  尺2□          │
└─────────────────────────────┘   └─────────────────────────────┘
```

各组长检查本组同学的完成情况。完成后分别展示使用不同工具完成的学生作品。

活动 3：制订不同绘圆尺的评价标准。

在体验了绘圆尺的使用后，请学生思考各种画圆工具之间的区别。

问题 5：我们应该从哪些角度去评价不同的画圆工具？

任务 3：开展小组讨论并制作量表，从四个方面对不同的画圆工具进行评分比较。

教师逐一参与各组的讨论，引导学生归纳出"圆心位置""半径范围""圆心角大小""操作是否便捷"四个方向，并对画圆工具进行简要概括。

完成任务后让学生按小组进行汇报，分享自己小组制订的评分标准，并展示小组的具体评分结果。

活动 4：改进绘圆尺。

问题 6：有没有办法将各种画圆工具的优点融合起来？还有什么可以改进的地方？

引导学生对绘圆尺 1 与绘圆尺 2 的画圆方式进行整合，达成"圆心位置明确""操作便捷"的优势整合。同时对提高"半径范围与精度"提出改进倡议，鼓励学生在课后思考设计方案，解决问题。

展示五瓣花图形与一日作息时间安排图，说明通过本章节的学习，我们利用自己设计的绘圆尺，也可以方便快捷地画出这些图形。

活动 5：设计与制作绘圆尺。

完成导入课的主要任务，明确项目式学习的总目标：设计并制作一款绘圆尺，进一步学习圆与扇形的相关知识。

问题 7：你想拥有自己设计与制作的绘圆尺吗？

(气氛烘托至此，全程参与思考和讨论的学生应该无法拒绝这份邀请。)

布置作业：

结合本课对绘圆尺的介绍，在卡纸(16 cm×12 cm)上对你的绘圆尺进行初步设计。

设计要求：

(1)请用铅笔设计图纸，便于后期修改。

(2)圆盘部分的半径为 5 cm，请放在合适的位置上。

(3)对圆盘内部的结构进行初步设计。

八、 核心活动的实施实录

此处将核心活动课堂实录转化为文字后形成核心活动的实施实录，能为教师提供全景式的课堂回溯。具体内容可扫描右侧二维码阅读。

课堂实录（文字版）

九、 教师的反思与成长

在原来的教学过程中，教师总是关注整个单元中最为突出的几个知识点，对这些知识点衍生出的各种有难度的题型进行研究，这些知识点就如同耀眼的明星被聚光灯聚焦，而这些知识点的根基知识被认为没有太多研究价值。这样缺失整体视野的教学过于功利主义，不利于准确把握"基于课程标准"的精髓。因此对教学内容的结构化研究亟需加强。

教育教学主张以学生为核心展开。数学学习不应仅限于死记硬背或反复机械性练习，而应通过引导学生逐步有序地层层递进。每个环节之间的衔接是否连贯，背景基础知识的铺垫是否完整，这对整体教学的设计提出了非常高的要求。这样的学习方式能够更有效地培养学生的数学思维能力，使他们发现问题、提出问题、分析问题并解决问题。通过这种学习方式，学生能够深刻理解知识的本质以及知识之间的内在联系，领悟数学思想并掌握解决问题的方法。同时，学生还能积累解决问题的经验，以便在新的情境中能够灵活运用所学的知识和方法去解决新的问题。

通过本次单元教学的设计，我对单元教学模式的认识更加深入。整体来说，单元教学的着眼点要提高，要从课到单元再到整个教学学段，甚至还需要跨学段看一看。以本单元为例，基于教学知识体系的螺旋上升，这个知识点对于学生知识架构的建立处于一个承上启下的位置，往前看在小学四年级对圆有了初步认识，而往后看在九年级会学习垂径定理等与圆相关的知识，所以认清学生"已经掌握的知识内容"和"将来学习需要的基础内容"，对本单元教学的设计非常重要。

因为整个单元教学的设计预设了明线与暗线两条线索来展开，所以我设计了一节完整的引入课来把明线"制作绘圆尺"交代清楚，这样设计是为了更好地吸引学生的注意，提升学生的学习兴趣，让学生能够积极参与进来。这节课在设计时有一个改动让我印象很深。最初让学生利用不同的工具随意画不同大小的圆，构成一幅图画，这样做显然目的性不明确，对学生在之后讨论画圆工具各自的利弊这个问题没有明确的引导。于是我把这个活动改为了让学生画水果，以期学生能够在画"葡萄"的时候想到"简单重复画同一个小圆"，在画"西瓜"的时候想到"需要一个大半径的圆"，但这样的猜谜式设计只能说是我的一厢情愿，学生把更多的注意力放在了涂色上，而完全偏离了我的设计初衷。最后，我仔细思索应该如何把学生的注意力引到各种工具的利弊差异上来，从整个单元的知识结构高度去思考，设计了具有针对性的练习，也为之后的教学铺设了思考导向的台阶。

在单元探究的环节，我对本单元知识内容的顺序进行了调整，即将"圆的周长"与"圆的面积"两部分组成一节，与绘圆尺的内盘半径刻度相关联，将"弧长"与"扇形的面积"两部分组成一节，与绘圆尺的外盘角度刻度相关联。这样的改动一方面是为了将知识与设计相吻合，另一方面是基于之前的内容让学生思考圆的周长与弧长的关系，圆的面积与扇形的面积的关系是怎样的一种整体与部分的关系。俗话说"站得高看得远"，在备课设计的阶段主动改变观察视角，用更大的格局去定位单元知识的总体分布，能够找到其应该在的位置。

在单元小结的设计上，我做了一个有别于常规的设计，即对学生(利用自行设计的绘圆尺)进行一次特殊的单元测试，具体试题如下。

单元检测

一、请使用绘圆尺绘制图形 a，并计算阴影部分的周长与面积。（大圆半径为 4 cm）

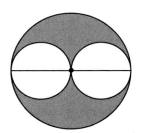

图 a　绘制图形

二、请使用绘圆尺绘制扇子图形 b，并计算扇面的面积。（圆心角为 120°，半径为 20 cm，扇面宽为 12 cm）

图 b　扇子

三、请使用绘圆尺模仿画出下列图案。

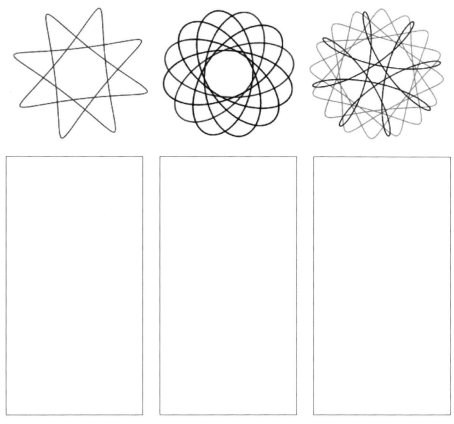

四、请使用绘圆尺绘制一份 2024 年的年度小结，记录这一年的收获。（参考形式如下）

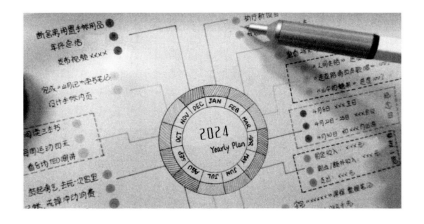

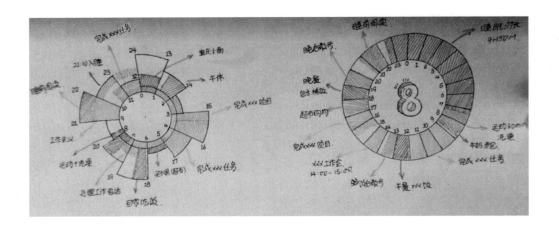

可以看到，测试的题量并不大，但需要学生使用绘圆尺的各项功能，包括画指定圆心位置与确定半径的圆，画指定圆心角和半径的扇形，万花尺的内外齿比例分析以及绘圆尺的综合应用。这个的难度是比较大的，而且在实施的过程中，由于学生的能力不同，并不是所有学生都能做出完整的成品，因此最后的测试允许学生使用现有的绘圆尺。而制作的成果评定也决定了以设计图纸的完成度进行评价。

本次单元教学设计让我对平时已经固化的教学模式有了一次更新，让我能够时刻提醒自己用更高的视角去审视单元知识的位置，更全面地解读与定位知识，从而更合理、流畅地对教学内容进行设计，提高教学效果。

【点评】

本单元以"制作绘圆尺"为主题，通过知识线贯穿整章的学习。整体设计体现了以下两个特点。

一是结构化的特点。主要表现为以"制作绘圆尺"为明线，通过结构化的任务驱动和分解，促进对圆这部分内容的整体理解。同时将圆与扇形的知识融入活动中，在知识的设计上体现出逻辑性，环环紧扣。

二是将数学素养贯穿在单元目标、内容、实施和评价中。单元学习目标体现了素养导向，在教学过程中以绘圆尺为载体，通过对绘圆尺的分析与思考，学生能够更深刻地体会与理解圆的周长和圆的面积、弧长与扇形的面积等相关知识，提升学生的数学抽象、数学运算等学科素养；借助现代科学信息技术对学生设计的个性化绘圆尺进行建模，在提升学生数学建模素养的同时，让学生接触不同领域的技术，拓展其解决问题的思路与方法。单元评价体现了以评促学，教、学、评一体化的思想。评价与反馈方式多元化，但对学生数学学科核心素养的提升，未能贯穿彻底。对单元小结进行创新，设计了一次特殊的单元测试，除了能够检验绘圆尺的实用性之外，还能够巩固学生关于圆的知识，并且提高学生对知识的应用意识。

点评人：綦春霞

课例四　有理数的运算

基本信息

学科	数学	设计者	李岩	指导者	丁明怡、谢慧
实施年级	七年级	版次	2012 年 6 月第一版	学校	北京市日坛中学
课程标准模块	数与代数				
使用教材	人教版上册				
单元名称	有理数的运算				
课时安排	共 9 课时				

一、 单元设计的背景

数学课程标准及单元教学相关研究成果显示，运算贯穿学生数学学习的始终。相关知识总结归纳的知识结构图见图 3-4-1。

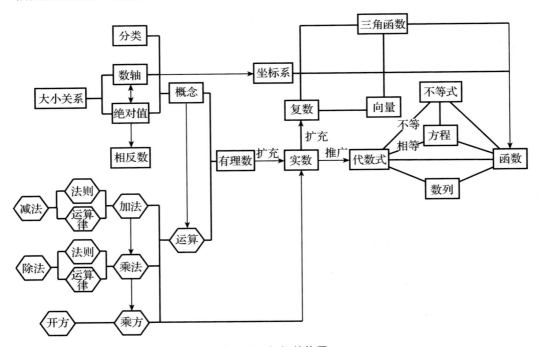

图 3-4-1　知识结构图

结构图能够帮助学生厘清各要素之间的联系，对运算的研究要先关注数，然后关注运算法则，特别关注运算律在其中的作用，还要关注数形结合、分类讨论等数学思想。每次运算对象改变，学生都会产生认知难点。

　　学生在高中阶段才会学习函数、数列、向量的运算。初中阶段主要学习数与式的运算。式的运算是数的运算的推广，是借助数的运算解决式的运算，初中阶段数的运算始于有理数的运算。

　　《新课标》指出："运算能力主要是指根据法则和运算律进行正确运算的能力。能够明晰运算的对象和意义，理解算法与算理之间的关系；能够理解运算的问题，选择合理简洁的运算策略解决问题；能够通过运算促进数学推理能力的发展。运算能力有助于形成规范化思考问题的品质，养成一丝不苟、严谨求实的科学态度。"《普通高中数学课程标准(2017年版2020年修订)》提出："数学运算是指在明晰运算对象的基础上，依据运算法则解决数学问题的素养。"数学运算是需要学生通过学科学习逐步形成的学科核心素养之一。高中课程标准对运算素养给出了明确的水平划分，通过一系列课题研究，尝试对义务教育阶段课程标准所设计的运算能力给出明确的水平划分，以便于教学与考查的实施。

　　有理数的运算，是学生在初中阶段学习了有理数的相关概念之后第一次接触的运算。本单元的教学以学生原有的对于数的运算能力为基础，从运算封闭的角度认识了引入负数的必要性之后，对有理数的运算进行探究。学生在之前的学习中已经从认识运算对象的角度学习了有理数。对于运算而言，加、减法可以统一为加法；乘、除法可以统一为乘法，而乘法又是加法的特殊形式，可见，有理数加法是有理数运算中最基本、最重要的内容，需要在有理数加法运算的教学过程中就开始渗透分类、归纳等数学基本思想方法，在后续运算的研究中继续巩固和加深学生对这些数学本质内容的体验。可见，有理数的运算对学生继续学习式的运算有着重要的意义。

　　在教学过程中，学生在教学情境中概括出有理数运算的法则，可以发展勇于探究的精神。学生自主绘制运算流程图并优化设计的过程，可以发展理性思维的意识，在发展运算能力的同时落实国家核心素养提出的科学精神的要求。

二、　单元中的核心知识及其知识结构

（一）教学内容分析及课时分配

　　关于有理数的运算课程，《新课标》的要求是十分清晰的，内容要求为："理解乘方的意义。掌握有理数的加、减、乘、除、乘方及简单的混合运算(以三步以内为主)；理解有理数的运算律，能运用运算律简化运算。能运用有理数的运算解决简单问题。"学业要求为："会运用乘方的意义准确进行有理数的乘方运算；能熟练地对有理数进行加、减、乘、除、乘方及简单的混合运算(以三步以内为主)，理解有理数的运算律，能合理运用运算律简化运算，能运用有理数的运算解决简单问

题。"学业质量要求为："能从生活情境、数学情境中抽象概括出数与式、方程与不等式、函数的概念和规则，掌握相关的运算求解方法，合理解释运算结果，形成一定的运算能力、推理能力和抽象能力。"可见，有理数的运算既是发展学生数学能力的载体，又是需要掌握的必备技能。

培养学生的运算能力不是一蹴而就的，对于运算界定了三种水平。水平一：明确法则，清楚算理；水平二：利用运算程序，得出正确结果；水平三：依据算式特征，优化运算程序，简化运算。这三种水平显然无法通过一课时达成，需要通过多课时的学习逐渐达到。明确法则之后才能探讨运算程序，构建了运算程序之后才能涉及优化运算程序的问题。因此，有理数的加法运算可以通过两课时以上的教学展开，运算对象逐渐深入、复杂，从仅讨论两个有理数的运算，到讨论多个有理数的运算，再到讨论具有一定特征的多个有理数的运算，运算对象也在由简单向复杂发展。学生在研究过程中自然可以从低水平认知逐渐向高水平认知发展。在这个过程中，能力得到了发展，对于有理数的乘法也可以依此方式螺旋上升地发展运算能力。知识结构图见图 3-4-2。

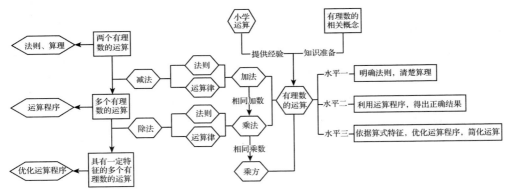

图 3-4-2　知识结构图

（二）学生情况分析

调查已学过有理数运算的学生，分析学生在测试卷中出现的常见错误类型，并由此为有理数的运算能力发展教学提出有针对性的教学建议。

从以下三个运算能力的考查水平对测试卷进行设计。

水平一，考查学生对运算意义、运算算理的理解能力。

水平二，考查学生对公式、法则、定理的灵活运用能力。

水平三，考查学生简化运算、方法最优化的能力。

学生的有理数运算能力在对运算意义、运算算理的理解能力，对公式、法则、定理的灵活运用能力，简化运算、方法最优化的能力这三种水平上的平均占比分别为 26％，34％，30％。由此可见，学生对公式、法则、定理的灵活运用能力水平较高，对运算意义、运算算理的理解能力及简化运算、方法最优化的能力水平较低，尤其是对运算意义、运算算理的理解能力水平最低。

仅有 24.2％的学生能够用自己的方法说明运算意义和运算算理。出现此种情况的原因，一方面是在实际教学过程中，教师更重视学生对公式、法则、定理的灵活运用能力，另一方面是教师在平时测验中对公式、法则、定理的灵活运用能力考查较多。

例如，当让学生对"（－3）＋（＋4）＝?"这个问题除了解答还要解释答案的正确性时，他们出现了不同的表现。

从学生的答题情况可以看出，学生对于运算法则理解的水平存在差异。从运算能力培养的角度看，学生仅仅能达到会利用运算法则得出正确答案的水平。想要更好地提高学生的运算能力，在教学过程中需要尽可能帮助学生从多个不同角度认同有理数加法的法则。

在对学生使用乘法分配律简化运算的调查中发现，学生有运用运算律优化运算顺序的意识，但是对于具体的优化运算顺序的方法的选择，还缺乏一定的经验，因此在教学中，需要让学生通过讨论和对比不同的优化方式，总结出优化运算顺序的一般方法。

综上所述，教学中应把重点放在对算法的理解和运算流程的自我构建上。多数学生能够按照归纳总结的一般规律进行有理数的简便运算，但是如何发现算式中的数字特征，教师还需要在教学中特别关注，加强对比教学，让学生体会不同算法的优劣，不能只将结论教给学生。

三、　单元基本问题

【问题 1】如何引导学生学会在关联的情境中识别运算问题、选择运算方法、解决问题？

问题阐释：从单元目标来看，发展运算能力需要理解运算对象，探索并掌握运算法则，理解并优化运算，准确快捷地求得运算结果，这是本单元多种运算共同达成的重要目标，是本单元学习的重要线索。学生能够形成探究运算的一般思路，为后续学习打好基础，这也是本单元要重点落实的问题。从单元教学重点来看，"探索运算法则，理解运算的依据，优化运算程序"是本单元的重中之重。因此，"如何引导学生学会在关联的情境中识别运算问题、选择运算方法、解决问题"自然也就成了本单元的重要问题。

建议：针对不同运算创设合适的教学情境，并组织个性化的教学活动。例如，有理数的加法应以分类、举例、归纳为主要活动开展教学；有理数的乘法应以规律探究、归纳总结为主要活动开展教学。学生在模仿、理解、训练、反思、归纳、提炼、感悟、创新中逐渐发展运算能力。

【问题 2】怎样促进学生学会在综合的情境中转化问题、明晰算理、优化算法、解决复杂问题？

问题阐释：从数学运算本身看，数学运算不是简单的运算，而是基于有效方法去解决问题的过程。这个过程包括分析运算对象，猜想运算方向，选择运算法则，计算并判断运算结果的合理性，最后得到运算结果。在这个过程中，分析运算对象往往用到数学建模，选择运算法则用到逻辑推理，数学运算过程本身就是一个数据分析过程，猜想运算方向和计算并判断运算结果的合理性往往借助直观想象。运算能力是记忆能力、计算能力、观察能力、理解能力、联想能力、表述能力、逻辑思维能力的综合表现。

正是由于数学运算具有综合性、层次性，因此运算思路是数学运算得以正确实施的关键。不同的运算思路反映着不同层次的运算思维。在综合的情境中，发现蕴含的数学问题，将之转化为运算问题，选择恰当的运算法则，对运算方法进行优化，选择有运算步骤少、变形简单、运算量小等特点的最佳解题方案，有利于求得正确的运算结果。

建议：对同一运算问题采取多角度分析、多角度观察等策略，促进学生交流，互相分析，互相评价，经历利用多种不同的运算思路求得同一运算结果的过程，逐渐形成学生自己的运算思路，优化运算的策略，从而提高逻辑思维水平。

四、 单元学习目标

(1)借助对具体情境的分析，探究并掌握有理数的运算法则，会进行有理数的运算并理解运算律。

(2)通过对运算法则的探究体会分类思想，提高概括和表达能力。在探究中逐步形成有理数运算的流程图。通过对算式特征的观察，简化运算，发展运算能力。

(3)在情境中概括有理数的运算法则，培养勇于探究的精神，设计并优化流程图，培养理性思维。

五、 单元活动整体规划

单元活动整体规划以结构图的方式呈现，见图 3-4-3。单元活动课时安排见表 3-4-1。

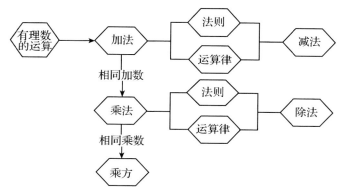

图 3-4-3　知识结构图

表 3-4-1　单元活动课时安排

课时 1　有理数的加法法则	
活动 1	活动名称：分类，明确研究对象 活动内容： 问题 1：有理数可以怎样分类？ 问题 2：引入负数后，你认为加法有哪几种情况需要我们讨论呢？ 追问：回顾小学学习的两个有理数相加，你学会了哪些呢？
活动 2	活动名称：探索，总结归纳法则 活动内容： ①举出实例体会正数加正数的合理性。 ②总结归纳出两个正数相加的法则，关注符号和绝对值。 ③独立思考与小组合作相结合，完成学生活动单，探究有理数的加法法则，体会法则的合理性。
活动 3	活动名称：应用，加深法则理解 活动内容： 计算。 ①$(-4)+(-7)$； ②$(-11)+8$； ③$0+(-5)$； ④$(-100)+100$。
活动 4	活动名称：借助流程图解决问题 活动内容： 借助流程图解决假分数和真分数乘法的问题。
活动 5	活动名称：绘制流程图 活动内容： 引导学生结合练习题目绘制有理数的加法流程图。

活动 6	活动名称：总结，形成研究方法 活动内容： 回顾本节课的内容，回答问题。
活动 7	活动名称：**作业设计** 活动内容： 设计计算题等。
	课时 2　有理数的加法运算律
活动 1	活动名称：计算并观察 活动内容： 计算并观察下列算式，说出你的猜想。 ①30+(−20)，(−20)+30； ②(−5)+(−13)，(−13)+(−5)； ③(−37)+16，16+(−37)。 自主验证有理数加法的交换律。
活动 2	活动名称：设计探究思路 活动内容： 学生自主探究有理数的加法结合律。
活动 3	活动名称：自主探究有理数的加法结合律 活动内容： 学生自主探究有理数的加法结合律。
	课时 3　有理数的减法法则
活动 1	活动名称：探究有理数的减法法则 活动内容： 计算。 ①9−8，9+(−8)； ②15−7，15+(−7)； ③0−6，0+(−6)。 换几个数字再试一试，说说你有什么发现。
活动 2	活动名称：体会引入负数运算的必要性 活动内容： 计算。 ①(−3)−(−5)； ②0−7； ③7.2−(−4.8)。 思考：较小的数减去较大的数，所得的差的符号是什么？

续表

	课时 4　有理数的加减混合运算
活动 1	活动名称：探究有理数的加减法混合运算的顺序 活动内容： 计算。 （－20）＋（＋13）－（－5）－（＋7）。 思考：运算过程如何转化为几个有理数的加法？运算中使用了哪些运算律？ 探索具有一定特殊形式的数字之间的关系，利用结构特征优化运算顺序，从而优化运算程序，达到简化运算的效果。
活动 2	活动名称：探究数轴上两点之间的距离与所表示的两个数之间的关系 活动内容： 利用多组不同的表示数轴上两点及这两点表示的数，分别计算两点之间的距离。学生自主举例、自主探究，发现两点之间的距离与所表示的两个数之间的关系。
	课时 5　有理数的乘法法则
活动 1	活动名称：归纳有理数的乘法法则（1） 活动内容： 观察下面乘法的算式，发现规律。 ①3×3＝9； ②3×2＝6； ③3×1＝3； ④3×0＝0。 思考：引入负数后，要使规律仍然成立，应该有： ①3×（－1）＝_____； ②3×（－2）＝_____； ③3×（－3）＝_____。
活动 2	活动名称：归纳有理数的乘法法则（2） 活动内容： 观察下面乘法的算式，发现规律。 ①3×3＝9； ②2×3＝6； ③1×3＝3； ④0×3＝0。 思考：引入负数后，要使规律仍然成立，应该有： ①（－1）×3＝_____； ②（－2）×3＝_____； ③（－3）×3＝_____。

活动 3	活动名称：归纳有理数的乘法法则（3） 活动内容： 利用上面的规律，完成下面的算式。 ①（−3）×3＝_____； ②（−3）×2＝_____； ③（−3）×1＝_____； ④（−3）×0 _____。 思考：引入负数后，要使规律仍然成立，应该有： ①（−3）×（−1）＝_____； ②（−3）×（−2）＝_____； ③（−3）×（−3）＝_____； 从而归纳有理数的乘法法则。
课时 6 有理数的乘法运算律	
活动 1	活动名称：归纳多个有理数的乘法法则 活动内容：观察下面的格式，思考它们的积是正的还是负的。 ①2×3×4×（−5）＝_____； ②2×3×（−4）×（−5）＝_____； ③2×（−3）×（−4）×（−5）＝_____； ④（−2）×（−3）×（−4）×（−5）＝_____。 思考：几个不是 0 的数相乘的法则。
活动 2	活动名称：探究有理数的乘法运算律 活动内容： 学生类比有理数的加法运算律的探究过程，设计探究方案，开展有理数的乘法交换律、结合律、分配律的探究。
课时 7 有理数的除法法则	
活动 1	活动名称：探究有理数的除法法则 活动内容： 思考如何计算 8÷（−4）。 思考：与小学学习的除法是否一样？ 类比有理数的乘法法则的表述得出有理数的除法法则的另一种说法。
活动 2	活动名称：化简分数 活动内容： 通过例题讲解体会分数可以理解为分子除以分母，体会可以利用乘法的运算性质简化运算。 思考：乘除混合运算的运算顺序。

课时 8　有理数的乘方	
活动	活动名称：发现负数的幂的正负规律 活动内容： 通过计算负数的整数指数幂，发现规律。 ①当指数是偶数时，负数的幂是正数； ②当指数是奇数时，负数的幂是负数。

课时 9　有理数的混合运算	
活动	活动名称：有理数的混合运算的运算顺序 活动内容： 计算有理数的混合运算，注意运算顺序，观察运算对象的数字特征，探究优化运算顺序的一般规律，形成基本的数学活动经验。

六、　单元评价方案

（一）单元学习效果的评价（以有理数的加法为例）

1. 学生数学思考评价

探究异号两数的相加法则时，对不同学生表现水平的评价见表 3-4-2。

表 3-4-2　探索法则学生表现评价表

水平	学生表现	评价
1	举出一个例子说明加法适用，但无法总结运算法则	能够解释具体运算的合理性，但不能形成一般规律
2	发现异号两数相加时结果的符号正负均有可能	能够发现不同，但是不能形成规律
3	多举例并分类，逐一说明，发现异号相加的法则，但是没有讨论相反数的和	能够举例说明，会进行分类讨论，但是分类有缺陷
4	通过大量例子发现并归纳出有理数的加法法则	能够概括规律，正确分类，有较强的发现问题、解决问题的能力

对学生绘制流程图的不同水平的评价见表 3-4-3。

表 3-4-3　绘制流程图学生表现评价表

水平	学生表现	评价
1	画出数轴解释有理数加法的合理性	没有理解流程图的含义
2	将有理数加法法则的全部文字表述抄写到流程图中	对法则的记忆比较清楚，但是没有做到归纳总结和流程化

水平	学生表现	评价
3	绘制出流程图，关注到符号判断和绝对值运算两个部分	对法则进行了适当分析和总结，形成了一定的方法，有流程化意识
4	完整且准确地绘制出有理数的加法流程图	对法则的理解比较深刻，能够明确各步骤的操作及彼此关系，有流程化意识

2. 学习目标达成评价

a. **计算并说出运算法则：**

①$(-8)+(-11)$；

②$\dfrac{2}{5}+\left(-\dfrac{3}{7}\right)$；

③$\left(-\dfrac{3}{7}\right)+\dfrac{2}{5}$；

④$(-20)+28+22$。

巩固有理数的加法法则，通过这些题目为加法运算律的引出做准备。

b. **计算：**

①$(-8)+(-1.2)+(-0.6)+(-2.4)$；

②$1\dfrac{4}{7}+\left(-2\dfrac{1}{3}\right)+\dfrac{3}{7}+\dfrac{1}{3}$；

③$(-0.5)+\dfrac{9}{2}+\left(-\dfrac{19}{2}\right)+9.75$；

④$(-3.5)+\left(-\dfrac{4}{3}\right)+\left(-\dfrac{3}{4}\right)+\left(+\dfrac{7}{2}\right)+0.75+\left(-\dfrac{7}{3}\right)$；

⑤$\left(-\dfrac{1}{2}\right)+\left(-\dfrac{2}{5}\right)+\left(+\dfrac{3}{2}\right)+\left(\dfrac{18}{5}\right)+\left(\dfrac{39}{5}\right)$。

通过计算检查学生对运算律及法则的掌握情况，为进一步探究依据算式特征优化运算顺序打好基础。

（二）作业设计（以有理数的加法为例）

1. 分层作业

a. **完善笔记，完成有理数的加法流程图；试借助数轴说明负数＋负数、正数＋负数、负数＋正数、0＋负数的情况。**

b. **请举出生活中的实例，说明有理数的加法法则，并说明"加"在这个例子中的具体含义。**

【设计意图】作业 a 针对课上的笔记进行模仿学习，为基础相对较弱的学生进一步理解课上的学习内容提供机会。

作业 b 建立数学模型，通过描述实际问题，进一步体会"加"的含义，能从实际问题中体会抽象的数学思想。

2. 分类作业

a. 回顾有理数的加法法则的学习过程，谈谈如何研究一类数的运算，请小组讨论后录制视频。

b. 请结合对有理数和有理数的加法法则的学习，谈谈什么是分类思想。结合具体的例子谈谈分类时应注意哪些内容。

【设计意图】作业 a 以录制讲解视频的活动，强调小组协作分工及语言表达的规范性，并激发学生学习的主动性。

作业 b 阶段小结，对分类探究进行进一步的理解，明确为何分类以及如何分类才能做到不重不漏，体会分类原则的重要性。

3. 拓展作业

成语"朝三暮四"的典故

给猴子分桃子，告诉猴子早上三个，晚上四个，猴子们都不乐意。

然后换了一下，告诉猴子早上四个，晚上三个，猴子们都很开心。

虽然总数没有变，但给猴子的感觉是早上多，猴子就满足了。原指玩弄手法欺骗人。后用来比喻常常变卦，反复无常。

请用数学原理说明这个典故中什么是没有变化的。结合有理数的加法法则学习过程，尝试分析引入负数后，你所使用的数学原理是否依然适用。结合有理数的加法法则的学习谈谈你将如何开展研究，做好汇报和交流准备。

【设计意图】加强数学阅读的培养，渗透德育与跨学科整合，引发学生对加法运算律的思考，结合有理数的加法研究过程写清研究思路。这既是对本节课的复习，也是方法形成的过程，进一步体会从具体到抽象，分类探究，归纳小结。

七、 具体课时设计
有理数的加法法则(课时 1)

(一)教学内容分析

内容：有理数的加法法则。

内容解析：本节课是本单元教学的起始，要形成探究运算法则的研究思路，明确运算法则和运算律在引入负数后是否仍然适用。学生需要通过对引入负数后有理数的加法有哪几种情况的讨论来明确研究对象。通过对正数与正数的加法的解释，学生充分创设情境，总结并归纳出"正数加正数"的法则，形成研究的思路（见图 3-4-4）。学生通过活动自主研究，小组内交流讨论，充分体会法则的合理性，从而达到运算能力培养的第一水平——明确法则，清楚算理。

图 3-4-4　有理数的加法流程图

（二）学生情况分析

学生经过前一阶段的学习能够认识有理数及其相关概念，但是掌握得还不够牢固，尤其对于负号的理解存在一定的困难。七年级学生能够很顺利地接受正有理数的运算，而且正有理数的运算在现实生活中可以找到依托，而负有理数的运算，太过抽象，学生不易理解，需要多举例进行说明。小学阶段算术运算的学习，是学生学习有理数加法的一个前提；负数、数轴、相反数、绝对值的学习，既加深了学生对有理数的认识，也为学生学习有理数的加法做好了准备。此外，通过数轴的学习，学生已经具有初步的数形结合意识。但是在有理数的加法中，对于绝对值不相等的异号两数相加，学生对结果的符号容易疏漏或出错。为此，对运算结果要特别强调先考虑符号。学生通过之前对有理数的概念以及有理数比大小的学习充分体会到了分类的思想，为本节课讨论有理数的加法打下了基础。

（三）教学目标

目标：探究有理数的加法法则，并正确运用有理数的加法法则进行有理数的加法运算。

目标解析：达成目标的标志是，学生能通过分类明确有理数加法的研究对象，探究归纳出有理数的加法法则，并能正确得出两个有理数相加的结果。

（四）教学重难点

教学重点：探究有理数的加法法则，运用有理数的加法法则进行正确运算。

教学难点：分类讨论并明确研究的目标，探究异号两数的相加法则。

（五）教学过程

1. 分类，明确研究对象

教师活动 1

问题 1：有理数可以怎样分类？

问题 2：引入负数以后，你认为加法有哪几种情况需要我们讨论呢？

追问：回顾小学学习的两个有理数相加，你学会了哪些呢？

学生活动 1

学生回答：正有理数、零、负有理数。有理数还可以分为整数和分数。

若学生对有理数的分类不清楚，教师可先让学生复习、回忆，引导学生用具体算式来举例说明有理数相加的各种情况，并把学生举出的算式进行板书。随着负数的加入，依据两个有理数相加的符号特征，总结还会出现负数加负数、负数加正数、正数加负数、负数加零、零加负数这几种情况。

【设计意图】让学生感受引入负数以后，原有的运算是否还能顺利进行是需要讨论的，从运算的角度再次认识有理数的加法，并根据已有的经验列举出有理数的加法的所有可能情况，注重依据符号进行思考的过程，在这个过程中培养分类的意识，培养逻辑性和条理性。

2. 探索，总结归纳法则

教师活动 2

教师通过对正数加正数的引导，设置学生活动，参与学生讨论，逐渐概括归纳出有理数的加法法则，帮助学生体会法则的合理性。

通过对异号两数的相加法则的探究，学生可能不会发现结果与两个加数的关联。教师引导：虽然不能直接判断关系，但能否看出何时得正，何时得负？多举一些例子观察一下结果。

学生活动 2

学生举出实例体会正数加正数的合理性，在教师的引导下总结归纳出两个正数的相加法则，关注符号和绝对值。

独立思考与小组合作相结合，完成学生活动单，探究有理数的加法法则，体会法则的合理性。

【设计意图】通过学生自己举例体会数学与生活密不可分的关系，让学生感受加法法则的合理性，同时解决自己想解决的问题，能够激发学生的探究欲。通过不断强化先考虑符号再进行绝对值运算的思想，帮助学生总结法则，同时不断让学生思考还有什么没有探究，应该进行怎样的探究的问题，提供自主思考的机会，从而培养学生有序思考的习惯。学生通过充分的活动和讨论都能有所收获。

3. 应用，加深法则理解

教师活动 3

计算：

①$(-4)+(-7)$；

②$(-11)+8$；

③0＋（－5）；

④（－100）＋100。

教师规范计算步骤，在教学中渗透运算的流程化思想。

学生活动 3

学生通过学习巩固有理数的加法法则，体会有理数的加法法则的步骤，逐渐形成程序化思维方式。

教师活动 4

通过"电子书包"系统下发问题，让学生进一步理解法则和运算步骤。

学生活动 4

完成练习并回传教师，明确运算步骤。

【设计意图】通过例题讲解加深学生对法则的掌握，例题选取了引入负数后出现的各种情况，四个题目都具有典型性，没有在数字上复杂化，目的在于让学生更好地体会运算步骤。运用信息技术提高互动性和数据的及时反馈性。

4．借助流程图解决问题

教师活动 5

借助流程图解决学生提出的学习假分数和带分数乘法的问题。

学生活动 5

在教师的引导下明确自身问题，带分数和假分数乘法的困难点不在于运算法则，而在于带分数化假分数。

【设计意图】通过此活动解决学习中的问题，同时体会流程图的作用，能够帮助学生进一步理解运算法则。

5．绘制流程图

教师活动 6

引导学生结合练习题目绘制有理数的加法流程图，进一步增进对法则的理解，明确运算步骤，见图 3-4-5。

①$15+（-22）$；　　　　　　　②$（-13）+（-8）$；

③$（-0.9）+1.5$；　　　　　　　④$\frac{1}{2}+\left(-\frac{2}{3}\right)$；

⑤$\left(-1\frac{1}{2}\right)+\frac{3}{4}$；　　　　　　　⑥$（-4.5）+（-2.1）$。

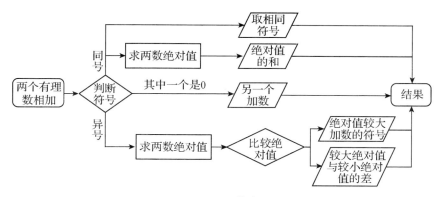

图 3-4-5　运算步骤

学生活动 6

学生先完成加法练习题，仿照假分数与带分数的乘法流程图，绘制流程图，小组讨论合作，逐渐完善流程图，明确运算过程中根据不同的符号选择不同的法则，关注符号和绝对值的处理。

小组汇报研究成果，相互质疑补充，完善流程图。

【设计意图】通过流程图进一步理解法则，使学生形成运算流程意识。通过对不同组流程图的对比以及总结本小组流程图的讨论过程，培养学生对比分析和评价的能力。

教师活动 7

教师引导学生进行计算、观察，多次更换加数后，回答问题，从而得出结论：加法的交换律对于有理数也是适用的。

学生活动 7

计算并观察：

①$30+(-20)$，$(-20)+30$；

②$(-5)+(-13)$，$(-13)+(-5)$；

③$(-37)+16$，$16+(-37)$。

学生自主验证有理数的加法交换律和结合律。

设计意图：让学生仿照有理数的加法法则的探究过程，举例分析验证加法交换律和结合律在引入负数后仍然适用。

6. 总结，形成研究方法

教师活动 8

教师提问：回顾本节课的内容，回答以下问题。

①有理数的加法法则是什么？

②本节课我们是如何开展有理数的加法法则的探究的？

学生活动 8

学生通过回顾学习过程，体会分类对明确研究对象的作用，体会从特殊到一般的数学思想方法。

【设计意图】让学生通过反思总结本节课的主要内容和思想方法，体会研究有理数的加法法则的过程。

7. 作业设计

(1)计算。

①$(-10)+(+6)$;　　②$(+12)+(-4)$;　　③$(-5)+(-7)$;

④$(+6)+(-9)$;　　⑤$(-0.9)+(-2.7)$;　　⑥$\dfrac{2}{5}+\left(-\dfrac{3}{5}\right)$;

⑦$\left(-\dfrac{1}{3}\right)+\dfrac{2}{5}$;　　⑧$\left(-3\dfrac{1}{4}\right)+\left(-1\dfrac{1}{12}\right)$。

(2)请你用生活实例解释$(-4)+3=-1$，$(-4)+(-3)=-7$ 的意义。

(3)思考(拓展练习)用">"或"<"填空。

①如果 $a>0$，$b>0$，那么 $a+b$ _____ 0;

②如果 $a<0$，$b<0$，那么 $a+b$ _____ 0;

③如果 $a>0$，$b<0$，$|a|>|b|$，那么 $a+b$ _____ 0;

④如果 $a<0$，$b>0$，$|a|>|b|$，那么 $a+b$ _____ 0。

【设计意图】第(1)题是运用有理数的加法法则进行运算的基础题，检验学生是否能掌握有理数的加法法则及其运算。

第(2)题是让学生体会有理数加法在生活中的广泛应用，也可以检验学生对有理数的加法法则的理解程度。

第(3)题是让学生巩固两数相加的和的符号的确定方法，体会数学中从特殊到一般的数学思想方法。

八、 核心活动的实施实录

此处将核心活动课堂实录转化为文字后形成核心活动的实施实录，能为教师提供全景式的课堂回溯。具体内容可扫描右侧二维码阅读。

课堂实录(文字版)

九、 教师的反思与成长

单元教学以"单元"为结构单位，从单元知识的整体出发，基于学生的认知基础和学习特点，依据课标对该单元的学习内容进行组织和加工，并采用适切的教学方法予以实施。单元教学设计是为了让单元教学更加系统化、科学化而开展的。教师能够根据《新课标》的要求、知识难易程度、学情等要素进行知识重组、再构的教学过程，打破传统的教学模式，凸显知识建构的重要性，帮助学生建立知识网络和知识体系，提高学生的归纳能力、数学逻辑推理能力。单元教学设计为教师提供了一种新的设计理念，需要教师创造性地使用教材，积极开发、利用教学资源，为学生提供丰富多彩的教学素材。在因材施教的个性化教学中，结合多媒体教学，发挥现代教育技术在教学中的重要作用，促进学生的全面发展。仅就自己的教学实践，结合有理数运算的单元教学设计反思谈一谈对单元教学的认识。

（一）单元教学设计有助于建构知识体系

单元教学是一种单元备课的体现，需要关注知识整体结构，关注数学教学的过程与方法目标，是对核心能力培养路径的再认识，也是对国家新课程改革明确提出的发展学生核心素养理念的一种呼应。

学科核心素养是育人价值的集中体现，是学生通过学科学习逐步形成的正确价值观、必备品格和关键能力。数学学科核心素养是数学课程目标的集中体现，是具有数学基本特征的思维品质、关键能力以及情感、态度与价值观的综合体现，是在数学学习和应用的过程中逐步形成和发展的。可见，发展学生核心素养不仅只是发展关键（核心）能力，还应包括对价值观、必备品格等方面的全面关注，这些都会具体体现在数学学习的过程中，并且是循序渐进、逐步发展和进步的。学习进程一般是指学生对于某一核心的知识与技能及其相关能力等在一段时间的学习中进步和发展的历程。在数学教学中开展学习进程的研究，意味着我们不仅要关注过程，而且要关注进阶，即能力和素养的发展与进步。

（二）单元教学目标的设计要着眼于素养的落地

与传统课时教学设计相比，单元教学设计的优势之一在于，能够通过几课时的组合达成单一课时教学不能达成的教学目标。因此，如何设置单元教学的目标显得尤为重要。设置的出发点不同，产生的单元效果也就不同。一个单元作为整体，需要从教学目标、教学方案、教学重难点、教学步骤、教学方法等方面进行全盘考虑。教学目标，是课堂教学的灵魂。单元的总目标是本单元的统领和主旨，而每节课的目标是总目标的一部分，为实现总目标作出贡献。

（三）认知活动的渐进性，即逐层落实学科核心素养

在单元教学中，每课时的内容之间都有着密切的联系，都围绕着核心知识。一方面，教学内容具有层次性，知识之间有承上启下的联系；另一方面，螺旋渐进式地引入学习，让学生阶梯式地加深对知识和技能的学习。教师根据学生的认知特

点，不断优化认知结构，结合恰当有效的教学方法，促进学生对于"四基"的达成，有效减弱学生在学习中的随意性。

单元教学设计的优势之一在于打破个别知识点之间的壁垒，让学生在学习过程中能够循序渐进，不但关注如何让学生掌握个别的知识点，也重视让学生厘清知识点之间的关系，形成更加完整的知识体系和更加坚固的知识结构。它会让学生对一个模块或一个单元的知识有一个系统的理解，能够知道本单元在初中数学中的地位以及与前面学过的章节和后续章节的联系，并使其在知识、智能、情感等方面都得到充分发展。

从总体上看，这一单元的教学设计既有整体性又有层次性。要有明确的单元教学目标，就是落实数学运算的核心素养，以有理数的加法为载体，每课时各有侧重，衔接在一起，彼此呼应。通过明确对象，理解法则，探究思路，优化思路，学生在其中既能体会从特殊到一般、分类讨论等思想，又能勇于探究，大胆质疑。

可见，单元教学是一个崭新的命题、一个富有生机的命题，是数学教学设计大家庭的主要成员。它体现了《新课标》的结构性，也体现了数学知识的系统性、数学教学的整体性和学生认知的建构性，落实数学学科素养的同时也有利于学生的终身教育。把握单元主题、整体设计教学，有利于师生形成本单元的知识链条和结构体系，避免"只见树木，不见森林"的教学误区，提高教学的有效性和学习的系统性，体现"反思、修改、提高，再反思、再修改、再提高"的教师成长模式。

【点评】

运算能力是数学教学要重点培养的核心素养之一。本单元以关联的情境为载体，从整体的视角引导学生深刻理解运算的含义、领会数与运算的关系、建构运算规律，通过运算促进学生数学推理能力的发展。本单元的主要特点如下。

第一，准确把握数学本质及学生情况。发展运算能力需要理解运算对象，探索并掌握运算法则，理解并优化运算程序，准确快捷地求得运算结果。运算能力的培养及提升不是一蹴而就的。因此，教师合理构建了单元框架结构，有利于学生对"有理数的运算"算理、算法的整体理解及迁移。教师既关注学生已有的知识及经验，又关注学生的认知水平，基于此精准确定教学难点。

第二，关注核心素养的落实。本单元的目标聚焦于培养学生的运算能力及推理能力。在课程实施上，始终围绕运算能力的提升，逐步有序推进。学生在整个单元的学习过程中，从低水平认知逐渐向高水平认知发展，运算能力也获得了提升。

点评人：丁明怡

课例五 一元一次方程的应用

基本信息

学科	数学	设计者	刘洁	指导者	丁明怡
实施年级	七年级	版次	2012年6月第1版	学校	北京市第一七一中学
课程标准模块	数与代数				
使用教材	人教版上册				
单元名称	一元一次方程的应用				
课时安排	共5课时				

一、 单元设计的背景

实际生活中的很多问题都与数学有关，我们需要将实际问题转化成数学问题，通过解决相应的数学问题去解决实际问题，这就是数学建模的意义。数学模型的建立是一个从实际问题出发，抽象出数学问题，用数学的方法解决，再回归实际的过程。数学建模重在"建"，在现实生活中面临的实际问题，往往难以被表述成数学的形式。我们需要通过数学建模的学习和实践，将实际问题抽象成数学问题。

方程是一种重要的数学模型，在实际问题中很多问题可以通过方程解决。因此，本单元以"一元一次方程的应用"为主题，设计了5课时，分别为：①一元一次方程的基础应用；②一元一次方程的应用——行程问题；③一元一次方程的应用——阶梯收费问题；④一元一次方程的应用——积分问题；⑤一元一次方程的应用——销售问题。本单元旨在让学生体会方程是现实世界中重要的数学模型，在实际问题中很多问题可以通过方程解决。生活中的数学问题大多是具有开放性的综合问题，对这类问题的探究是"数学来源于生活，又服务于生活"的需要。

二、 单元中的核心知识及其知识结构

（一）教学内容分析及课时分配

《新课标》在学段目标部分提出：要让学生会用方程描述现实问题中的数量关系和变化规律，形成抽象能力、模型观念，感受数学在实际生活中的应用，体会数学的价值。在内容要求部分提出：用数学的眼光发现问题并提出（或转化为）数学问题，用数学的思维探索、分析和解决具体情境中的现实生活问题，给出数学描述和解释，运用数学的语言与思想方法，综合运用多个领域的知识，提出设计思路，制订解决方案；能够在解决问题的过程中，学会独立思考、合作探究，形成批判质

疑、克服困难、勇于担当的科学精神，具备一定的创新意识。除此之外，在教学建议部分，核心素养对"四基""四能"教学目标提出了更高要求。例如，要引导学生在发现问题、提出问题的同时，会用数学的眼光观察现实世界；在分析问题的同时，会用数学的思维思考现实世界；在用数学方法解决问题的过程中，会用数学的语言表达现实世界。

本单元内容立足《新课标》，5课时的内容从获得解决一元一次方程的基础应用问题经验出发，经过应用经验解决行程问题、阶梯收费等问题，让学生学会发现问题、分析问题和解决问题，完整呈现了单元学习的全过程，进而将这种经验继续应用到积分问题和销售问题等综合性更强的探究性问题中，以用数学方法解决现实问题为主，目标为引导学生发现、解决生活中的实际问题，学会用数学的思维分析要素之间的关系并发现规律，经历发现问题、分析问题、解决问题的全过程。

（二）学生情况分析

本节课的学习者为七年级学生，他们活泼，好奇心、好胜心强，对身边的事物感兴趣，对新的问题跃跃欲试。学生在小学已经学过用列算式的方法解决简单的实际问题，但是对运用列方程解决实际问题的掌握情况如何还需要调研。因此在学习本单元之前设计了三个访谈问题。

(1)你喜欢解决实际问题吗？并说明原因。

(2)你觉得解决实际问题的困难是什么？

(3)哪些方法可以帮你分析解决实际问题？

针对这三个问题，共访谈了所教两个班中的30名学生。

第(1)题有11名学生表示很喜欢，觉得解决实际问题有意思，有挑战性；有12名学生表示没什么感觉，谈不上喜不喜欢，老师让做就做；有7名学生表示不喜欢，觉得太难了。

第(2)题有9名学生表示没有困难；有16名学生表示需要的阅读量大，有时能很快解决，但有时读完问题找不到解决的方法；有4名学生表示看见字多就不想做了，直接放弃；还有1名学生自己也不知道困难在哪儿，就是不会做。

第(3)题有近三分之二的学生能够说出可以通过画线段图、示意图及列表等方式解决问题，但也有近三分之一的学生说不出任何方法。

通过这些访谈问题，可以发现学生对于解决实际问题存在一定的困难，困难主要集中在阅读理解上。针对这种情况，本单元的课时1会带着学生通过粗读、细读、精读三种方式理解问题，降低销售问题这种比较灵活的应用的探究难度，增强学生的信心，激发学生的学习兴趣。

在进行课时 3 的授课之前，我对一个班 44 名学生进行了以下内容的前测。

一元一次方程的应用前测

（1）请你举出一个分段计费的例子。

（2）小红的电话套餐，100 分钟免费，超出部分按 0.2 元/分收费，小红上月打电话 130 分钟，她上月的话费是多少？

前测结果分别见图 a 和图 b。

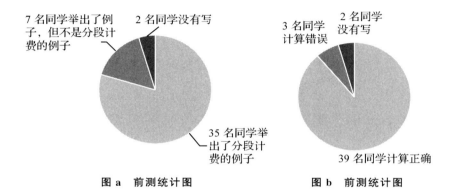

图 a　前测统计图　　　　图 b　前测统计图

通过测试发现第（1）题有 35 名同学举出了分段计费的例子，7 名同学举出了例子，但不是分段计费的例子，2 名同学没有写。

第（2）题有 39 名同学计算正确，3 名同学计算错误，2 名同学没有写。这说明绝大部分学生关于分段计费的方法有一定的基础，可以继续深入探究阶梯收费问题。

三、　单元基本问题

本单元的主题是"一元一次方程的应用"，整个单元中核心的部分集中在让学生会用方程描述现实问题中的数量关系和变化规律，形成抽象能力、模型观念，感受数学在实际生活中的应用，体会数学的价值上。阶梯收费问题这节课在单元中起着承上启下的作用。通过学习，学生基本掌握了解决实际问题的基本方法，进而研究生活中相对比较复杂的背景问题，阶梯收费问题就是一个切入点。通过对阶梯收费问题的研究，培养学生自主探究问题的能力，让学生主动寻找生活中类似的问题，发现问题并能提出问题，进而分析问题、解决问题。基于以上，确定了本单元的基本问题。

【问题 1】如何寻找实际问题中的数量关系？

问题阐释：从教学目标看，寻找实际问题中的数量关系，这是本单元的重要一步，也是难度较大的一步。学生需要自主进行信息的提取、分析、加工，从已有的学习经验出发，综合所学知识、生活常识进行判断，这也是进行后面步骤（列方程解决问题）的前提。

建议：教师以实例引导学生分析，学生根据已有经验自主分析。

【问题2】如何发现并提出生活中能用一元一次方程解决的实际问题？

问题阐释：《新课标》提出要让学生经历发现、提出、分析、解决问题的过程，培养应用意识和创新意识。这也是本单元依托的核心思想之一。其中关键的一步，就是让学生能发现生活中的数学问题。要让学生能从具体的生活情境中抽象出方程，用数学的眼光发现并提出数学问题，用数学的思维探索、分析解决具体情境中的现实生活问题，运用数学语言和思想方法，提出设计思路，制定解决方案，并对结果的实际意义做出解释。要让学生具备一定的应用意识和模型意识。

建议：鼓励学生大胆探索，并以学生发现的问题为教学载体，进行课堂教学。

四、 单元学习目标

(1)通过应用一元一次方程解决实际问题，初步学会用方程表示实际问题中的数量关系，进而初步体会：方程是刻画现实世界数量关系的一个有效的数学模型。

(2)经历应用一元一次方程解决实际问题的过程，培养从多角度运用数学知识发现问题、提出问题、分析问题并解决问题的意识与能力，增强应用数学的意识，体会方程思想、模型意识，体会数学的价值，提高学习的能力。

(3)在应用一元一次方程解决实际问题的过程中，养成独立思考、合作交流、反思质疑的学习习惯及严谨的探究精神。

五、 单元活动整体规划

单元活动课时安排见表 3-5-1。

表 3-5-1　单元活动课时安排

课时 1　一元一次方程的基础应用	
活动 1	活动名称：创设情境，引入新课 活动内容： 教师给出生活中的两个实际情境问题，让学生在实例中掌握并巩固相关的数学知识(用含有未知数的代数式表示其他的未知量，根据数量关系列方程)，培养学生利用数学知识解决实际问题的能力。
活动 2	活动名称：探究新知，解决问题 活动内容： 教师给出例题，学生分析，将实际问题中的文字语言准确地转化为数学符号语言。让学生在寻找未知量和数量关系的过程中发现设未知数的不同方法，从而引发学生思考如何选择合适的方法设未知数；同时引发学生思考如何将数量关系准确地转化为数学符号语言。

续表

活动3	活动名称：知识运用，巩固新知 活动内容： 教师给出两个练习，通过巩固练习，让学生感悟在解决实际问题的过程中，方程是刻画现实世界数量关系的有效模型。
活动4	活动名称：回顾小结，总结提升 活动内容： 注重数与量，以及对数量之间关系的感悟。 体会建立模型和求解模型的全过程。
课时2 一元一次方程的应用——行程问题	
活动1	活动名称：创设情境，引入新课 活动内容： 明确速度、时间、路程之间的关系： 路程＝速度×时间，速度＝$\dfrac{路程}{时间}$，时间＝$\dfrac{路程}{速度}$。
活动2	活动名称：探究新知，解决问题 活动内容： 教师给出例题，师生共同探究多种解法。 体会列方程解应用题的主要步骤，借助列表分析问题，能更清楚地明晰速度、时间、路程之间的关系。
活动3	活动名称：知识运用，巩固新知 活动内容： 教师给出两个练习，通过巩固练习，让学生感悟在解决实际问题的过程中，方程是刻画现实世界数量关系的有效模型。
活动4	活动名称：回顾小结，总结提升 活动内容： 1. 列方程解应用题时，可以直接设未知数，也可以间接设未知数。 2. 掌握行程问题中的基本量及其关系。 3. 借助列表的方法分析问题，寻找相等关系，进而列出一元一次方程。
课时3 一元一次方程的应用——阶梯收费问题	
活动1	活动名称：创设情境，引入新课 活动内容： 给出一张生活中的水费单，让同学们读取信息，提出问题，看看能够发现哪些信息，其中哪些属于数学信息。 教师归纳：个人信息、时间信息、水量信息、费用信息。

活动 2	活动名称：探究新知，解决问题 活动内容： 结合水费单和提取出的数学问题，从文到表，分解信息，将阶梯问题拆解。
活动 3	活动名称：知识运用，巩固新知 活动内容： 从数到式，解读"阶梯"。 当用水量 x 在第一阶段 $0 \sim 180 \text{ m}^3$ 内（含 180）时，综合水费该如何表示？ 总费用＝第一阶梯的单价×用水量 x。 当用水量 x 在第二阶段 $181 \sim 260 \text{ m}^3$ 内（含）时，总水费该如何表示？ 总费用＝（实际用量－第一阶梯最大用水量）×第二阶梯单价。 当用水量 x 在第三阶梯时，总水费该如何表示？ 总费用＝第一阶梯最大用水量×第一阶梯单价＋（第二阶梯最大用水量－第一阶梯最大用水量）×第二阶梯单价＋（实际用量－第二阶梯最大用水量）×第三阶梯单价。
	**课时 4　一元一次方程的应用——积分问题**
活动 1	活动名称：创设情境，引入新课 活动内容： 教师给出一张篮球积分表，引出本节课主题——积分问题。
活动 2	活动名称：探究新知，解决问题 活动内容： 结合表格，引导学生用式子表示总积分与胜负场数之间的数量关系： 胜场数＋负场数＝总场数； 某队总积分＝某队胜场总积分＋某队负场总积分； 某队胜场总得分＝每胜一场积分×胜场数； 某队负场总得分＝每负一场积分×负场数。
活动 3	活动名称：知识运用，巩固新知 活动内容： 观察表格中的特殊数据，结合数据，解决各种实际问题。
活动 4	活动名称：回顾小结，总结提升 活动内容： 这是一道探究篮球比赛积分的问题，由于它是以表格的形式呈现的，因此我们首先通过观察表格，尽可能多地获取其中的信息，如胜场数＋负场数＝总场数，某队总积分＝某队胜场总积分＋某队负场总积分等。 对于一些判断类问题，我们可以先假设结论成立，然后依据这个假设列出方程，最后检验求出的方程的解是否为方程的解，是否符合实际意义。

续表

	课时 5　一元一次方程的应用——销售问题
活动 1	活动名称：创设情境，引入新课 活动内容： 教师给出生活中的一个销售问题，引出本节课主题——销售问题。
活动 2	活动名称：探究新知，解决问题 活动内容： 结合实际问题，引导学生分析销售问题中的名词。 ①名词解释。 盈利、亏损以及相关公式。 ②直观感受—估算—准确计算。 ③寻找数量关系。 售价＝利润＋进价。 利润＝25％(盈利)×进价；利润＝－25％(亏损)×进价。
活动 3	活动名称：知识运用，巩固新知 活动内容： 教师给出两个练习，通过巩固练习，让学生感悟在解决实际问题的过程中，方程是刻画现实世界数量关系的有效模型。
活动 4	活动名称：回顾小结，总结提升 活动内容： 画出关键词再理解题意，并用数学的形式再描述。 正确运用数学知识分析问题，通过准确计算可判断问题结果。

六、　单元评价方案

（一）单元学习效果的评价

1. 评价内容

(1)通过设计后测题目评价学生是否能用方程表示实际问题中的数量关系，是否能利用一元一次方程解决实际问题。

(2)通过选做作业的完成情况评价学生是否具有发现问题、提出问题、分析问题并解决问题的意识与能力。

后测题目：

(1)某机械厂加工车间有 85 名工人，平均每人每天加工大齿轮 16 个或小齿轮 10 个，已知 2 个大齿轮与 3 个小齿轮配成一套。

①若要配套，则大齿轮总数＝_____小齿轮总数。

②分别安排多少名工人加工大小齿轮才能使每天加工的大小齿轮刚好配套？

（2）一项工程由一个人做需要 80 小时完成。先由一部分人做 2 小时，再增加 5 人做 8 小时后完成了这项工程的 78%，假设这些人的工作效率相同，具体先安排多少人工作？

（3）某商店以 120 元的价格售出一件衬衫，盈利 20%，这件衬衫的进价是多少元？

2．评价标准

后测题目评价表和选做作业评价表见表 3-5-2、表 3-5-3。

表 3-5-2　后测题目评价表

评价等级	要求
优秀	三个题目都能合理地设未知数，并找到适当的等量关系，通过一元一次方程解决实际问题。
良好	其中两个题目能合理地设未知数，并找到适当的等量关系，通过一元一次方程解决实际问题。
合格	其中一个题目能合理地设未知数，并找到适当的等量关系，通过一元一次方程解决实际问题。

表 3-5-3　选做作业评价表

评价等级	要求
优秀	能够在多种现实情境中发现问题、提出问题、分析问题并解决问题，完成利用一元一次方程解决实际问题的全过程。
良好	至少能够在一种现实情境中发现问题、提出问题、分析问题并解决问题，完成利用一元一次方程解决实际问题的全过程。
合格	至少在一种现实情境中发现能用一元一次方程解决的实际问题，并能提出一个相应的数学问题。

在评价设计中，教师除了通过课堂观察了解学生的学习过程、学习态度、学习策略，从作业中了解学生基础知识和基本技能的掌握情况之外，还可以设计学生自我评价环节，从探究活动中了解学生独立思考的习惯和合作交流的意识，从成长记录中了解学生的发展变化，关注学生的进步，关注学生已有的学业水平和提升空间，增强学生学习数学的信心，提高学生的数学学习兴趣，使学生养成良好的学习习惯，促进学生核心素养的发展。过程性评价表见表 3-5-4。

表 3-5-4 过程性评价表

维度	指标	A	B	C	等级说明
课堂参与度	能认真听讲，积极思考，积极回答问题				A：能 B：基本可以 C：不能
	能认真听取同组同学的意见，并积极思考				
关注个人	在小组合作中能积极参与讨论，敢于提出自己的观点				A：总是 B：经常 C：有时
	有信心和责任感，能完整地参与小组合作，在合作过程中提升个人能力				
关注他人	能认真听取他人意见并给予鼓励				
	能积极与他人沟通，分享自己的观点				
关注集体	能主动分担小组任务并认真完成				
	能认真听取其他小组的分享并相互学习				
收获与反思	能在实际问题中找到等量关系				A：较好 B：一般 C：有困难
	能在生活中发现问题并提出问题				
	能反思如何进一步改进小组的研究问题				
	能提高对数学的好奇和求知欲				

（二）作业设计

第一，通过学习本单元的前面 3 课时，学生已经基本掌握了一元一次方程的解法，知道列方程解应用题的步骤，能够用一元一次方程解决简单的应用题。但是，对于较为复杂的实际问题，比如涉及的数量或数量关系较多时，学生的解题会受到明显的干扰，不能有条理地分析和提取出准确、完整的信息。因此，作业设计了相应的题目。

作业设计：

（1）某工厂有 60 名工人，生产某种由一个螺栓套两个螺母构成的配套产品，每人每天可生产螺栓 14 个或螺母 20 个，应分配多少人生产螺栓，多少人生产螺母，才能使生产出的螺栓和螺母刚好成套？

（2）甲单独完成某项任务需 2 天，则甲的工作效率为_____；乙单独完成这项任务需 3 天，则乙的工作效率为_____；甲、乙合作的工作效率为_____。

（3）元旦期间，某商店将单价为 130 元的书包按八折出售可获利 30%，则该书包的进价是多少元？

第二，单元核心部分为阶梯收费问题，通过前几课时的学习，学生已经初步具备了解决实际问题的能力。通过阶梯收费问题，学生能够发现生活中的数学问题，提出问题并解决问题。

作业设计：

（1）大家自己设计一个关于阶梯收费的数学问题。

（2）（选做）请你找一找生活当中还有哪些也是阶梯收费问题。然后尝试将其设计成一个数学问题并解答。

（3）小组合作交流。

第三，通过阶梯收费问题，学生学会应用已有经验发现问题、分析问题、解决问题，进而将这种经验应用到综合性更强的探究性问题中。

作业设计：类比阶梯收费问题

（1）大家自己设计一个关于销售（或积分）的数学问题。

（2）（选做）请你找一找生活当中还有哪些也是销售（或积分）问题。然后尝试将其设计成一个数学问题并解答。

（3）小组合作交流。

七、 具体课时设计

一元一次方程的应用——阶梯收费问题（课时 3）

（一）教学内容分析

略。

（二）学生情况分析

略。

（三）教学目标

(1)通过读取水费单上的数学信息，学会将实际问题转化为数学问题，进一步巩固、加深一元一次方程的应用。

(2)在探究阶梯收费问题的解法过程中，通过从数到式再到方程的递进，以及问题的层级深入，体会分类讨论的数学思想及数学模型的作用。

(3)通过对阶梯收费这一问题的解决及所形成的结论，对真实情境提出开放性问题，感受数学来源于生活，又服务于生活，逐步学会用数学的眼光观察现实世界。

（四）教学重难点

教学重点：水费单上数学信息的整理、分类，建立模型；利用阶梯收费模型，解决实际问题。

教学难点：第二、第三阶梯的收费方式、表示；列方程解决实际问题。

（五）教学过程

活动1：创设情境，引入新课

提问：生活中的衣食住行处处都能看到数学的身影，课前老师请同学们收集家中的水费单，请同学们读取水费单，看看能够发现哪些信息，其中哪些属于数学信息？

预设1：有收取的总费用。

预设2：有阶梯收费标准。

预设3：有水资源费改税、污水处理费用。

预设4：年阶梯水量基数。

……

【设计意图】以学生身边看得见、摸得着的水费单为教学素材，让问题从学生中来，到学生中去。

教师归纳：个人信息、时间信息、水量信息、费用信息。

提问：信息中你对哪些有疑惑？

预设1：水费是怎么算出来的？

预设2：这个费用是怎么定出来的？

预设3：什么是阶梯？

……

【设计意图】通过读取水费单上的信息，引导学生提取有用信息，发现阶梯收费标准，从而引发费用如何得出的问题，提升学生阅读文段、发现问题的能力。

这节课我们就一起探究阶梯收费的问题(板书题目)

活动2：探究新知，解决问题

提问：请你再次阅读水费单，找找哪里体现了"阶梯"？

预设：

年阶梯水量基数：$0 \sim 180 \text{ m}^3$，$181 \sim 260 \text{ m}^3$，261 m^3以上。

提问：你怎么理解"年"阶梯？

预设：一年用水总量分成三档。

提问：还有哪里体现了"阶梯"？

预设：水费，综合水费是水费、水资源费改税、污水处理费的总和。

【设计意图】将"阶梯"问题分解，逐一分析，把阅读难度降低，提升学生阅读大段文字的信心和处理数据的能力。当面对大段文字时，我们最好将其整理成表的形式，便于阅读和思考。

提问：因此综合水费每一个阶梯单价到底是多少？请你算一算。

预设：

第一阶梯综合水费的单价 $2.07+1.57+1.36=5$(元/m^3)。

第二阶梯为 7 元/m^3。

第三阶梯为 9 元/m^3。

【设计意图】通过再解读，关注到阶梯划分的标准，计算每个阶梯的费用，为后面做准备。

活动 3：知识运用，巩固新知

提问：水量基准和综合水费单价在每张水费单上都是一样的，哪些是不一样的呢？

预设：

用水量、综合水费。

提问：请一名同学说说你所拿的水费单上显示的用水量是多少，大家一起算算综合水费。

预设：水费单显示用户使用了 120 m^3。

提问：我们应该把 120 写在哪个位置呢？为什么？

预设：看看属于哪个水量基准？因为属于第一个水量基准，所以按第一阶梯的 5 元/m^3 收费，共 $120×5=600$(元)。

小组核实：600 元。

提问：我们解决了已知水量求水费的问题，还可以解决什么问题呢？

预设：已知水费求水量的问题。

提问：为大家展示一张水费单，你读取了什么信息？已知什么？可求什么？

八、 核心活动的实施实录

此处将核心活动课堂实录转化为文字后形成核心活动的实施实录，能为教师提供全景式的课堂回溯。具体内容可扫描右侧二维码阅读。

课堂实录(文字版)

九、 教师的反思与成长

本单元"一元一次方程的应用"体现的核心素养是数学的模型思想，体会方程是刻画现实世界数量关系的一个有效的数学模型。正确列出方程的关键在于正确分析应用题中的已知数、未知数以及能找出可以表示应用题全部含义的相等关系。整个单元从一元一次方程的基础应用，到阶梯收费问题的探究应用，再到销售问题和积分问题的探究性问题的研究，让学生能完整体验列方程解应用题的步骤和解题思路，应用这种解决问题的方法去发现生活中新的问题，并将之解决，即将实际问题抽象成数学问题；分析问题，审题，找数、找量、找数量、找数量关系、找相等关系，通过列表、画线段图更清晰、直观地发现数量关系和相等关系，把相等关系用一个等式表示出来，使实际问题数学化、符号化，从而建立方程这一模型。接着解决问题，求解验证。

本单元以"数学来源于生活，又服务于生活"为辅助，用实际生活中的例子作为情境引入。并以该主题为背景，进行教学，使数学教材生活化、数学教学生活化、数学学习生活化，使学生能更加体会到数学与现实生活的紧密联系。学生通过小组合作学习、交流等，通过白板展示成果，使学生体验到成功的喜悦。

备课除了备教材，更重要的是要备学生。为了更好地了解学生的学情，在整个单元授课之前，教师先做了学生访谈和问卷调研，并对收集的数据进行整理和分析，得到了学生的学习情况，根据学生的学习情况进行了初步的单元教学设计。在整个单元的进行中，每节课前又进行了学生问题调研，随时了解学生对知识、方法的掌握情况，根据学生的实时状态，进行每一节课的设计，最终完成整个单元的教学。

这种大单元教学设计可以更好地让学生建立数学模型的意识。以往常规的教学都是每课时单独设计，这样导致的结果是每课时都是一个新的问题，前后之间没有过多联系，学生在每课时经历的过程都不一样，这样不利于学生模型思想的建立，知识之间都是分离的，没有整体的脉络。所以几课时学完后，遇到新的问题时学生还是不知道该如何解决。这种大单元教学设计将整个一元一次方程的应用作为一个整体，让学生体会从易到难的探究过程，每个过程都是相辅相成的，让学生能自主经历整个探究过程，逐步掌握应用问题的研究方法，用数学的眼光观察现实世界，用数学的思维思考现实世界，最终能够用数学的语言表达现实世界，让学生进一步体会"数学来源于生活，又服务于生活"。

【点评】

本单元以实际问题为背景，构建单元教学，课标的理念贯穿教学设计及课堂教学的始终。学生在教师的引导下，用数学的眼光观察，尝试、发现并提出问题，以生活中的水费单为载体，经历提取信息—解读数据—分析数据的数量关系等过程，将生活问题数学化、符号化，通过建立方程模型解决问题，发展了模型观念，培养了应用意识。

真实、贴近生活的情境，调动了学生研究问题的积极性和主动性。阶梯收费问题的提出与探究来源于生活，基于学生已有的知识和经验，符合学生的年龄特征和认知水平。在课堂中，教师围绕水费、用水量等设置了具有指向性和层次性的问题，引导学生逐步深入探究，获得知识，积累经验，深化思维。在解决问题中，学生更深刻地体会到了"数学来源于生活，又服务于生活"。

点评人：丁明怡

课例六　二次函数

基本信息

学科	数学	设计者	张苏	指导者	丁明怡
实施年级	九年级	版次	2014 年 4 月第 1 版	学校	清华大学附属中学
课程标准模块	数与代数				
使用教材	人教版上册				
单元名称	二次函数				
课时安排	共 12 课时				

一、 单元设计的背景

二次函数是描述现实世界中变量之间关系的重要数学模型，在描述物体运动、拱桥形状、喷泉水流等问题中有着广泛应用，是刻画最大利润、最大面积等实际问题最优化的数学模型。二次函数是初中数学"数与代数"领域函数的重要组成部分。从所属领域来看，二次函数是对二次式、一元二次方程的再次理解和认识。二次函数是最基本的初等函数之一，通过二次函数的学习为学生进一步体会函数的思想奠定基础和积累经验。

从学段衔接来看，二次函数知识的生长点在初中，发展点在高中，是初高中衔接的重要内容。初中阶段的二次函数建立在解决实际问题的基础上，以观察图象并感受、归纳函数性质为主要方法，联系一元二次方程构建代数知识网络。高中阶段的二次函数定义建立在映射、集合的基础上，是研究数列、复合函数的重要工具和载体，与方程、不等式形成知识网络。

从学科能力来看，二次函数的学习可以让学生加深对变量之间的对应关系、数与形的相互转化等重要数学思想的认识，以二次函数为载体把数与形结合起来，深刻理解函数与方程和不等式之间的内在关系。利用二次函数数学模型解决实际问题对于培养学生观察问题、分析问题和解决问题的能力都是十分必要的。

二、　单元中的核心知识及其知识结构

（一）教学内容分析及课时分配

1.《新课标》的要求

（1）通过对实际问题的分析，体会二次函数的意义。

（2）能画二次函数的图象，通过图象了解二次函数的性质，知道二次函数系数与图象形状和对称轴的关系。

（3）会求二次函数的最大值或最小值，并能确定相应自变量的值，能解决相应的实际问题。

（4）知道二次函数和一元二次方程之间的关系，会利用二次函数的图象求一元二次方程的近似解。

2. 二次函数部分的学业要求

会通过分析实际问题的情境确定二次函数的表达式，体会二次函数的意义；会用描点法画出二次函数的图象，会利用一些特殊点画出二次函数的草图；通过图象了解二次函数的性质，知道二次函数的系数与图象形状和对称轴的关系。会根据二次函数的表达式求其图象与坐标轴的交点坐标；会用配方法将数字系数的二次函数的表达式化为 $y=a(x-h)^2+k$ 的形式，能由此得出二次函数图象的顶点坐标，说出图象的开口方向，画出图象的对称轴，得出二次函数的最大值或最小值，并能确定相应自变量的值，解决简单的实际问题。知道二次函数和一元二次方程之间的关系，会利用二次函数的图象求一元二次方程的近似解。

3. 课程内容及与其他学科的联系

函数是现代数学中最基本的概念，是描述客观世界中变量关系和规律最为基本的数学语言和工具，在解决实际问题中发挥着重要作用。二次函数的内容与近现代数学的发展有密切的联系，是进一步学习高等数学的基础。二次函数是高中所学函数的基础函数。二次函数单元包含二次函数的概念、图象及性质和二次函数的应用，与二次式和一元二次方程有密切的联系。

利用二次函数可以解决涉及物体运动等物理学科相关问题，如借助二次函数描述匀加速直线运动、自由落体运动、竖直上抛运动模型，很多其他物理问题也可以转化为二次函数问题。二次函数在解决经济决策问题中也有广泛应用，学生通过对利润、销售量、单价、售价等变量的表达与描述，借助二次函数进行决策，取得最优方案，都能感受建立数学模型解决问题的一般方法。

4. 单元知识结构图(见图 3-6-1)

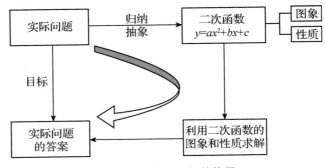

图 3-6-1　单元知识结构图

(二)学生情况分析

在初中阶段，学生的思维水平处于从形象思维向逻辑思维过渡阶段，需要一定的时间才能形成较为完善的抽象思维能力和习惯。很多时候，学生仍然依赖具体形象的实际模型。函数是初中阶段较为抽象的概念之一，关于二次函数虽然有较多的生活实际的例子帮助学生思考，但函数的性质及应用具有较强的抽象性。学生对二次函数的概念和性质仍然停留在记忆水平，在灵活应用的时候难以正向迁移，所以在教学中教师要有意识地设计教学活动，引导学生对问题进行归纳和总结，类比应用，不断提升学生的思维水平。

结合数学学科学生学业水平测试结果进行分析，学生在学习本单元时的思维障碍点和发展点如下。

(1)建立模型能力的进一步提升。面对实际问题，学生自主建立平面直角坐标系的能力不足，对于不同建系方式的优劣没有深刻的认识。可以通过学生易于接受的实际问题，引导学生对比分析，认识通过建立平面直角坐标系解决问题的方法和特点。

(2)读图能力的进一步提升。学生在建立图象与函数性质之间的联系上需要教师的进一步引导，教学中可以进行数形结合的专题训练，提高学生数形转化的能力，有意训练学生符号语言的表达能力。

(3)计算能力的进一步提升。尤其是含参数的一元二次方程两根之间的关系，可以适当地进行专题训练，二次函数与一元二次方程密不可分，学生需要有较强的解一元二次方程的能力。

(4)解决实际问题能力的进一步提升。在较为复杂的问题背景下，学生有时不能很好地理解其中所蕴含的变量之间的关系，有时建立数学模型后，不能很好地回归到实际问题，给出实际问题的解决方案，所以教学中要重视培养学生的开放性思维，特别是鼓励学生结合实际情境提出问题，并尝试利用二次函数的相关知识解决问题，感受数学模型的应用价值。

三、　单元基本问题

【问题1】认识变量之间的关系——从一次函数到二次函数

问题阐释：从教学目标来看，通过二次函数的学习，学生能够加深对函数的认识，逐步形成较为系统的函数认知方法。二次函数的学习基础是学生对一次函数相关知识的掌握，认识变量之间的关系，将是学生学习二次函数的认知起点，也是后续其他类型函数认识的发展点。借助二次函数的图象认识二次函数的性质是教学重点，其中分析梳理与一次函数的相同和不同，特别是二次函数的对称性和增减性是难点。因此，在本单元的学习中，从函数的角度认识一类新的函数关系是本单元的基本问题之一。

建议：建立知识之间的联系，将二次函数的学习纳入函数板块，从一次函数到二次函数逐步完善函数知识体系，形成函数学习方法。

【问题2】通过构建数学模型解决实际问题

问题阐释：从教学目标来看，借助实际问题的分析认识二次函数，利用二次函数解决实际问题，能够培养和提高学生用函数模型(函数思想)的能力，对逐步提升学生分析问题、解决问题的能力有着重要作用。从教学重点来看，学习有用的数学，用数学的眼光看待身边的事物和问题，二次函数与一次函数、方程、不等式一样，都能将生活中的问题转化为相应的数学模型，借助数学知识解决实际问题。所以，通过构建数学模型解决实际问题也是本单元的基本问题。

建议：创设符合学生思维的问题情境，提升学生分析问题、解决问题的能力，根据实际问题鼓励学生借助所学数学知识发现问题，培养学生用数学的眼光观察现实世界。

四、　单元学习目标

见前面"1.《新课标》的要求"。

五、　单元活动整体规划

在原有教材的章节安排中，教学过程以知识的发展为主线，逻辑性强。章节之间按线性分布，每节课的学习内容是不断递进的，任务量基本相同，教学中教师按既定的教学计划推进，能够比较好地保障教学进度的统一。

在教材章节安排的基础上，进一步关注初高中学段之间的知识衔接，关注学生的学习时间和感悟，突出学科方法的体验，让学生不仅能够经历知识的产生，而且能够在问题的引领下展开学习研究，将二次函数纳入函数板块，从整体的角度认识具体的知识，体会研究函数的方法，在通过建立函数模型解决问题的过程中夯实学科基础。

单元教学设计关注学生对函数核心概念的把握，突出变量思维，引导学生建立模型思想。教学活动密切联系实际，突出知识之间的关联。教学活动承载着对数形结合、类比、归纳等数学思想的理解和认识。

本单元的教学设计以概念性理解为目标追求，帮助学生通过可迁移的概念和概念性理解发现新旧知识之间的联系；将知识分类，按概念分类存储，跨文化、跨时间、跨情境迁移概念。在函数的大概念下，引导学生深入理解二次函数所描述的数量之间的对应关系，促进学生对于一元二次方程和二次式的认识，使学生掌握较为完善的函数研究方法和规律，见图 3-6-2。单元课时活动安排见表 3-6-1。

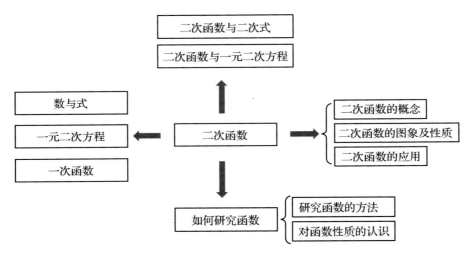

图 3-6-2　二次函数知识逻辑图

表 3-6-1(1)　单元课时活动安排

课时	教学设计
课时 1　函数及一次函数知识梳理	通过复习函数概念和梳理一次函数的相关知识，学生回顾函数概念，感受变化过程中变量之间的对应关系，用表达式、图象、列表等不同的形式描述变量之间的对应关系。 通过学生梳理一次函数的学习过程，感受从简单到复杂，从概念到图象，再从图象到性质，借助一次函数模型解决实际问题的研究过程。 借助问题情境，用等式表示数量之间的关系，促进对二次函数的认识和学习。

课时	教学设计
课时 2～6 再谈函数——二次函数及其图象和性质	类比一次函数的研究过程，结合对二次式和一元二次方程的认识，探索二次函数的图象和性质。 按照从简单到复杂的顺序，从二次函数 $y=ax^2$ 的图象和性质开始研究，借助图象的平移，认识二次函数 $y=a(x-h)^2+k$ 的图象和性质，借助二次式的配方，认识二次函数 $y=ax^2+bx+c$ 的图象和性质。 通过对二次函数图象和性质的探究，进一步促进学生有序认识函数的一般思路和过程，拓展和深化对变量之间关系的认识。
课时 7～10 构建模型——二次函数的应用	类比通过构建一次函数模型解决实际问题。在实际问题情境中构建二次函数模型，借助二次函数的图象和性质解决实际问题。 通过对面积问题、图形运动问题、销售问题、增长问题等的解决，让学生感受建立平面直角坐标系的一般方法，认识二次函数是解决实际问题重要的数学模型，认识到在不同的平面直角坐标系中建立二次函数解析式和函数图象可能有差异，但问题解决的结果是相同的。
课时 11～12 变量之间的关系——一次函数与二次函数	学生通过对比一次函数与二次函数的相同点和不同点，从函数的角度，认识不同函数解析式是对不同的变量之间关系的刻画。结合单元活动问题，认识一个动点到一个定点的距离与到一条定直线的距离相等，这样的点所组成的图象就是抛物线，从而拓宽对函数的认识。 通过单元活动问题的讨论，进一步加强学生建立平面直角坐标系，用代数方程刻画点的位置的能力，为今后的学习奠定基础。

表 3-6-1(2)　单元课时活动安排

课时 1　函数及一次函数的知识梳理	
活动 1	活动名称：复习回顾，引发问题 活动内容： 1. 复习函数的概念、函数的表达等内容。 2. 梳理一次函数的相关知识，引导学生明确一次函数的学习方法。 3. 复习回顾利用一次函数模型解决实际问题的过程。 4. 根据实际问题，列出数量之间的关系，类比得出二次函数的概念。
课时 2～6　再谈函数——二次函数的图象和性质	
活动 2	类比一次函数的研究过程，在实际问题背景中，认识二次函数的概念。 探究二次函数 $y=ax^2$ 的图象和性质。 借助图象的平移，认识二次函数 $y=a(x-h)^2+k$ 的图象和性质。 借助二次式的配方，探索二次函数 $y=ax^2+bx+c$ 的图象和性质。

续表

	课时 7~10 构建模型——二次函数的应用
活动 3	回顾建立一次函数模型解决实际问题的一般过程。 以面积问题、图形运动问题、销售问题和增长问题为背景，熟悉并掌握构建二次函数模型解决实际问题。 自主建立平面直角坐标系，用函数关系表达数量之间的关系。
	课时 11~12 变量之间的关系——一次函数与二次函数
活动 4	学生总结归纳一次函数与二次函数研究内容和研究过程的相同点和不同点。 探究并解决单元活动问题，认识到函数关系能够刻画数量之间的关系，函数图象可以反映数量之间的变化关系，函数能够刻画动点的运动特征。 活动内容： 思考垂直平分线和角平分线的性质及判定中所蕴含的图形之间的位置关系和数量关系。 分析问题，画出满足条件的点所组成的图形。 提出问题，画出图形，猜想并证明所提出的问题。

六、 单元评价方案

（一）单元学习效果的评价

1. 测试内容

测试内容为二次函数，题型为选择题、解答题，共 6 道题，共 28 分，测试时间为 40 分钟。

2. 测试控制表

按照知识点来分，题目分布见表 3-6-2。

表 3-6-2 试题知识点分布表

知识点	题目
自变量取值范围	5(1)
函数值	5(2)
解析式	1，2，4，6
图象	2，3，4，5(3)，6
对称轴	3，5(4)

按照难度来分，题目分布见表 3-6-3。

表 3-6-3　试题难度分布表

水平	题目
水平一	1，2，5(1)，5(2)
水平二	3，5(3)，5(4)
水平三	4，6

注：在试卷设计时将预估难度系数为 0.9 以上的题目定为水平一，难度系数为 0.7～0.9 的题目定为水平二，难度系数为 0.3～0.7 的题目定为水平三。

3. 二次函数学业水平测试结果

①学生学业水平测试结果，见表 3-6-4、表 3-6-5、表 3-6-6。

表 3-6-4　学生总体学业水平测试结果

参加人数	最高分	最低分	平均分	标准差	难度	区分度
168	28	8	22.29	4.46	0.8	0.39

表 3-6-5　各小题测试结果

题号	平均分	得分率	标准差	难度	区分度	知识点说明
1	2.75	0.92	0.83	0.92	0.22	解析式
2	2.7	0.90	0.91	0.9	0.27	解析式、图象
3	2.32	0.77	1.26	0.77	0.61	图象、对称轴
4	1.98	0.66	1.42	0.66	0.67	解析式、图象
5(1)	1.98	0.99	0.22	0.99	0.04	自变量取值范围
5(2)	1.95	0.98	0.31	0.98	0.06	函数值
5(3)	1.46	0.73	0.69	0.73	0.43	图象
5(4)	1.56	0.78	0.75	0.78	0.25	对称轴
6	5.6	0.70	1.78	0.7	0.42	解析式、图象

表 3-6-6　客观题测试情况

题号	分值	答对人数	答错人数	选错率
5(1)	2	166	[0，1)：2	1.19%
			[1，2)：0	0

续表

题号	分值	答对人数	答错人数	选错率
5(2)	2	164	[0, 1)：4	2.38%
			[1, 2)：0	0
5(3)	2	96	[0, 1)：19	11.31%
			[1, 2)：53	31.55%
5(4)	2	120	[0, 1)：26	15.48%
			[1, 2)：22	13.10%
6	8	28	[0, 2)：1	0.60%
			[2, 4)：24	14.29%
			[4, 6)：41	24.40%
			[6, 8)：74	44.05%

②学生在学科评价领域中的测试结果，见表3-6-7、表3-6-8。

表 3-6-7　各知识点总体测试情况

知识点	满分	平均分	得分率	标准差
自变量取值范围	2	1.98	0.99	0.22
函数值	2	1.95	0.98	0.31
解析式	11	9.38	0.85	1.94
图象	16	11.73	0.73	3.25
对称轴	5	3.88	0.78	1.52

表 3-6-8　学科评价领域总体情况

水平	满分	平均分	得分率	标准差
水平一	10	9.39	0.94	1.28
水平二	7	5.34	0.76	1.86
水平三	11	7.58	0.69	2.64

4. 二次函数学业水平测试结果分析

本次测试学生总分整体呈偏正态分布，难度为0.8，优秀率为48.21%，及格率为86.31%。这说明学生总体对于二次函数的重要知识点和方法掌握得较好，需要重点关注不及格的学生。

测试结果表明：

第一，在得分率上，第 4 题和第 6 题的得分率较低。第 4 题需要学生能够在建立合理的平面直角坐标系的基础上，求解多个含参数的二次函数解析式及一元二次方程。此题的得分率较低，说明学生对大运算量的题目的解答能力仍需提升。第 6 题需要学生从实际问题中抽象出数学问题，并借助二次函数的图象和解析式分析问题，最终给出实际问题的解决策略，此题对学生的开放性思维模式提出了挑战。

第二，学生各个知识点中标准差最大的是第 4 题和第 6 题，说明学生在解决实际问题的能力上还有较大差异，需要加强对学生的分层分类指导。

第三，第 1 题的得分率为 0.92，区分度为 0.22。学生对简单的应用类情境试题掌握得较好，能够运用所学的函数关系解决问题。

第四，第 2 题的得分率为 0.90，区分度为 0.27。此题为探究类情境试题，已给出图象，通过研究图形中特殊点与抛物线的位置关系确定抛物线的解析式，计算量较小，问题背景学生比较熟悉，因此得分较高。

第五，第 3 题的得分率为 0.77，区分度为 0.61。此题为应用类情境试题，根据模型和已给的图象，能够依据三点大致确定二次函数图象的对称轴，从而确定顶点坐标。部分学生对二次函数图象的对称性掌握不到位，导致此题失分。

第六，第 4 题的得分率为 0.66，区分度为 0.67。此题为应用类情境试题，需要学生在理解题意的基础上自行建立便于计算的平面直角坐标系。解题过程中涉及含参数的一元二次方程，对参数设而不求，需要学生有较强的计算能力。相当一部分学生发现参数无法求出后缺乏继续运算的勇气，对后续的计算缺乏预判，导致放弃此题。

第七，第 5 题为探究类情境试题。5(1) 的得分率为 0.99，区分度为 0.04。学生能确定简单实际问题中函数的自变量取值范围，掌握得很好。5(2) 的得分率为 0.98，区分度为 0.06。学生对计算函数值掌握得较好。个别学生的计算能力有待加强。5(3) 的得分率为 0.73，区分度为 0.43。用描点法画图，部分同学错在对取值范围考虑不全面，对拐点的理解不到位。5(4) 的得分率为 0.78，区分度为 0.25。个别学生不会看图，对性质无从下手。有些学生对性质表达得不准确，需要加强数学语言表达能力的训练。

第八，第 6 题的得分率为 0.70，区分度为 0.42。此题为应用类情境试题，需要学生自己建立数学模型，发现数学问题，改变数学模型后还要回归到实际问题中，赋予其实际意义。学生解决情境试题的能力体现了不同的层次，如有的同学没有发现问题，有的同学发现了问题但是没有解决问题，有的同学则可以落实难点，即通过改变数学模型而解决实际问题。

第九，从涉及的知识点来看，对于涉及图象的试题，学生得分的标准差较大，说明部分学生的识图能力较弱，利用图象研究函数性质的能力较弱。

（二）作业设计

二次函数作业设计见表 3-6-9。

表 3-6-9　二次函数作业设计

序号	作业内容	作业形式	作用
1	函数及一次函数知识梳理	梳理知识图谱	学习基础准备
2	二次函数的图象、性质	分层作业	巩固学习探究成果
3	构建模型——二次函数的应用	分层作业 实践类作业	巩固学习探究成果 解决实际问题
4	变量之间的关系	拓展探究作业	拓展学习内容

附：方案设计问题课后作业

所属章节：构建模型——二次函数的应用

作业类型：实践类作业

问题背景：北京市内短途旅行以环球影城、北京欢乐谷、八达岭野生动物园等为代表的亲子类景区以及以故宫、颐和园、长城、雁栖湖等为代表的自然观光类景区一直都是热门景点。为吸引更多游客，各旅行社纷纷推出酒店＋门票的优惠方案。表 3-6-10 是某旅行社推出的一种雁栖湖两日一晚旅游优惠方案(受房间数量的限制，单日享受优惠的人数不超过 100 人)。

表 3-6-10　旅游优惠方案

人数	单价
不超过 25 人	1500 元/人
超过 25 人但不超过 60 人	每增加一人，降低 20 元/人
超过 60 人但不超过 100 人	800 元/人

请你利用所学数学知识分析此方案是否合理，对此方案你会提出怎样的建议？

【设计意图】问题以学生的实际生活为背景，其中问题结论并不确定，因此属于开放性问题。解决开放性问题一般可以从已有的条件分析，挖掘其中蕴含的数量关系，结合函数图象等相关知识，猜想、归纳、类比、分析可能出现的结论。本题目需要学生建立函数模型，描述总费用与人数之间的对应关系，借助表达式并结合图象，发现其中不合理的地方，并根据二次函数图象的变化，提出合理化建议。

开放性问题能够很好地考查学生的思维能力水平。教学中根据学生的作答情况，可以进行有效的教学引导。

①考查学生对问题情境的分析是否合理、准确。

比如下面这名同学（见图 3-6-3），抓住的是单价与人数这两个变量之间的关系，没有建立总价与人数之间的函数关系，所以没有发现优惠方案中的问题。教学中可以引导学生关注对变化过程中变量之间关系的分析。

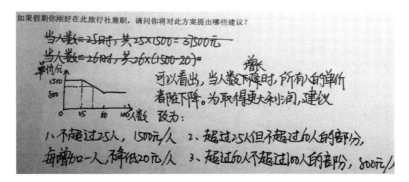

图 3-6-3　学生作品（1）

②考查学生是否能够合理分析优惠方案，结合函数图象提出问题。

比如下面这名同学（见图 3-6-4），能够列出总价随人数变化的解析式，并画出图象，但是没能发现问题。教学中可以引导学生分析函数图象中所蕴含的实际问题，关注分段函数之间的衔接，关注与实际问题的关联。

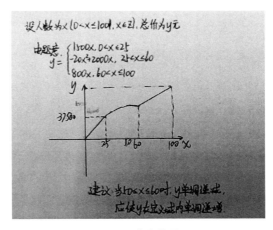

图 3-6-4　学生作品（2）

③考查学生是否能够在正确分析问题的基础上，提出合理化建议，并结合数学知识正确解释。

比如下面这名同学(见图 3-6-5)，清晰地表达了总价与人数之间的函数关系，并画出了图象，能够提出改进方案，但修改方案在实际应用中效果不佳。教学中可以鼓励学生思考多种问题解决的方案，分析最优方案。

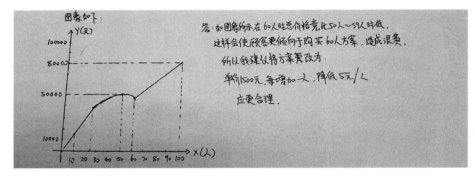

图 3-6-5　学生作品(3)

而下面这名同学(见图 3-6-6)结合二次函数图象的相关知识，改变了抛物线对称轴的位置，结合实际给出了新方案。

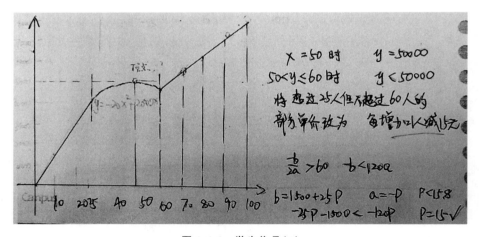

图 3-6-6　学生作品(4)

学生解决问题的能力是在数学学习中形成的。创设有效的问题情境是激发学生深入思考，培养应用能力的有效途径之一。本作业依托数学实践性作业，突出在真实情境中运用所学知识解决问题的过程。作业题目的编制体现了学科能力、素养导向，学生在完成作业的过程中经历了观察、实验、猜测、计算、推理、验证等过程，且问题条件、结论或方法具有开放性。问题的解决突出二次函数图象和性质的应用，学生需要将实际问题转化为数学问题，通过分析其中所蕴含的数量关系，运用从解析式到函数图象，再从函数图象到解析式的双向过程，最后将数学解释回归于实际问题检验。

在作业交流环节，教师通过展示不同类型的学生作业，分享学生作业中的闪光点，通过不同思维水平解决方案的碰撞，激发学生思考的热情，促进学生综合能力的发展。

七、 具体课时设计

二次函数单元活动课——判断动点所在曲线的形状(课时 12)

（一）教学内容分析

本节课是二次函数单元活动课，通过建立代数方程确定动点所在曲线的形状，是对二次函数的再认识，是对运用函数关系判断动点位置的提升。

本节课学习的知识基础是学生对一次函数、二次函数基本知识的认识，对点与点之间的距离、点与线之间的距离的认识和表达。能力基础是学生对于数学问题的分析和理解，以及数形结合、从特殊到一般等数学方法的运用。

（二）学生情况分析

学生在学习线段的垂直平分线和角的平分线时，认识到了图形的数量关系和位置关系之间的相互转化过程，在学习一次函数的时候，经历过判断动点所在曲线的形状的学习过程，在此基础上开展新的探究过程。

本节课的学习对学生理解问题背景、主动画出图形、准确进行代数式变形等方面有较高的能力要求，在学习的过程中教师应关注学生的困难点，及时予以帮助。

（三）教学目标

(1)让学生通过对动点位置特征的分析，建立表达式，根据表达式特征判断动点所在曲线的特征，探索图形特征与数量关系之间的相互转化过程，形成有序的思维过程和准确的表达。

(2)让学生在分析问题和解决问题的过程中，感受从特殊到一般、数形结合等数学思想方法。

(3)通过对问题的再探索，培养学生善于思考、提出问题的思维习惯，培养学生善于总结、不断积累的学习习惯。

（四）教学重难点

教学重点：准确列出代数方程，表达图形间的数量关系。

教学难点：分析问题中的图形的位置关系和数量关系。

（五）教学过程

1. 复习引入

引导学生思考线段的垂直平分线和角平分线的性质及判定中的位置关系和数量关系。

活动1：思考垂直平分线和角平分线的性质及判定中所蕴含的图形之间的位置关系和数量关系。

【设计意图】从学生已有的知识出发，感悟图形之间具有的特殊的位置关系和数量关系。

2. 方法梳理

问题1：在平面直角坐标系中，对于任意两点 $M(x_1，y_1)$，$N(x_2，y_2)$，定义如下：点 M 与点 N 的"直角距离"为 $|x_1-x_2|+|y_1-y_2|$，记作 d_{MN}。若点 P 与原点 O 的"直角距离" $d_{OP}=1$。请在图中将所有满足条件的点 P 组成的图形补全。

活动2：分析问题，画出满足条件的点所组成的图形。

教师引导学生列出代数表达式，并进行讨论，证明猜想。

【设计意图】借助一次函数，确定"直角距离"中点 P 所在图形是四条线段围成的正方形。

问题2：在平面直角坐标系中，对于点 $P(x_1，y_1)$，给出如下定义：当点 Q $(x_2，y_2)$ 满足 $x_1 \cdot x_2=y_1 \cdot y_2$ 时，称点 Q 是点 P 的等积点。请画出点 $P(1，2)$ 的所有等积点 R 组成的图形。

活动3：分析问题，画出满足条件的点所组成的图形。

教师引导学生总结解决问题的过程，体会数形结合思想的应用。

【设计意图】借助问题2，巩固解题方法，为问题探究做好基础。

3. 问题探究

在平面直角坐标系中，已知点 $A(0，2)$ 和 x 轴上一点 M。完成以下作图步骤：

①连接 AM，作线段 AM 的垂直平分线 l_1，过点 M 作 x 轴的垂线 l_2，记 l_1 和 l_2 的交点为 P。

②改变点 M 的位置，画出相应的点 P 的位置，猜想所有点 P 组成的图形，并尝试证明你的猜想。

活动4：分析问题，画出图形，猜想满足条件的点所组成的图形。

教师指导学生准确画出图形，分析其中的数量关系，引导学生列出方程，借助二次函数的相关知识，证明猜想。

【设计意图】感受用代数方程表达数量关系，证明猜想的过程。认识二次函数所表达的几何特征：一个动点到一个定点的距离与到一条定直线的距离相等。

4. 拓展讨论

根据本节课所讨论的问题，梳理总结动点位置特征的类型。

①线段的垂直平分线：一个动点到两个定点之间的距离相等。

②角的平分线：角的内部的一个动点到角的两边的距离相等。

③探究问题：一个动点到一个定点的距离与到一条定直线的距离相等。

根据以上动点满足的特征，提出新的问题，猜想并证明所提出的问题的结论。

活动 5：提出问题，画出图形，猜想并证明所提出的问题。

教师指导学生恰当提出问题，准确阐述所提出的问题，并指导分析其中的数量关系，证明猜想。

【设计意图】通过提出新问题，拓展学生对图形关系和数量关系的认识，感受理性思考问题，用不同方法猜想并证明问题的快乐。

教师引导学生提出问题的常用思路。

①从数量的相等关系拓展到其他倍数关系。

②从数量之间的相等关系延伸到不等关系。

③改变点与点或点与线的相对位置。

5. 课堂小结

研究问题：本节课研究如何探究动点所在曲线的形状。

研究方法：从几何描述线段的垂直平分线和角的平分线认识几何特征及其代数表达，借助一次函数和二次函数，利用方程刻画其中的等量关系，最后确定曲线的类型。

数学方法：类比、抽象、数形结合等数学方法的运用。

【设计意图】引导学生梳理总结本节课所学内容，点评学生在学习过程中的精彩表现和学习收获，提出后续进一步思考和研究的问题，拓展本节课所学内容。

6. 作业设计

结合本节课所学内容，提出一个新问题，并给出解决方法。

【设计意图】引导学生课后进一步拓展研究思路，巩固所学内容。

八、 核心活动的实施实录

此处将核心活动课堂实录转化为文字后形成核心活动的实施实录，能为教师提供全景式的课堂回溯。具体内容可扫描右侧二维码阅读。

课堂实录（文字版）

九、 教师的反思与成长

2014 年印发的《教育部关于全面深化课程改革落实立德树人根本任务的意见》指出研究制订学生发展核心素养体系，回答"培养什么人、怎样培养人"的问题，明确学生应具备的适应终身发展和社会发展需要的必备品格和关键能力。

2022 年版义务教育各科课程标准将课程目标指向核心素养，推动基础教育课程由学科立场向教育立场转型。《义务教育课程方案（2022 年版）》明确提出，加强课程内容的内在联系，突出课程内容结构化，探索主题、项目、任务等内容组织方式。

课程内容结构化的意义在于体现学习内容之间的关联，从内容之间的关联体会其中的核心概念，并在之后的学习中反复运用和强化这些核心概念。在教学中，核心概念是能够支撑和体现内容结构化的关键，能够促进内容之间的联系，促进知识与方法的迁移，能够帮助学生更好地运用于新场景的学习中，最终实现知识与方法的迁移。

（一）对教学内容的理解

单元教学以概念性理解为目标追求，帮助学生通过可迁移的概念和概念性理解发现新旧知识之间的联系；将知识按概念分类存储，跨文化、跨时间、跨情境迁移概念。进行单元教学设计，首先是单元教学内容的分析，就是要确定叫什么、怎么教的问题。其次是对单元教学内容的学科发展历史、知识与知识之间的结构、蕴含的学科思想方法，以及完成学习任务需要的从属知识技能等相关内容进行分析。通过对教学内容的理解，学生能够清楚地实现教材中知识的不断延伸，熟悉教材编写体系和核心思想。

本单元教学设计就是在分析二次函数单元基本教学内容的基础上，关注数学知识之间的联系与发展，将新知识的学习建立在学生已有的一次函数学习之上，引导学生开展类比学习，建立函数的知识网络和学习函数知识的方法脉络。将初中数学函数作为一个大单元，一次函数、二次函数和反比例函数是这个大单元中的小单元，对于每个小单元的学习采取从整体出发、相互联动的方法，形成系统的教学整体，这样设计有利于从整体上认识有关联的数学知识，提升学习效率，有效发展学生的学科能力和学习能力。

（二）对学习情况的掌握

教师要了解学生的学习心理、认知水平、基础知识与技能的掌握程度、学习的能力与学习特点等。比如，本单元教学设计就在单元起始安排了对于函数概念和一次函数相关知识的梳理和总结，帮助学生回顾已有知识（包括知识技能和方法）；借助问题，帮助学生调取该二次函数的学习经验，然后进行新知识的学习和探究。

对学生学习情况的掌握可以从学生的学习兴趣、积极性、学习习惯和学法分析等方面展开。需要注意的是，学生分析不应只包含教师对学生的感性认识，不能仅凭经验判断。学生分析是个性化的工作，学生的生活经验和学习经验可以通过访谈实现，可以是抽样的，也可以是有针对性的。学生分析应体现在教学目标和教学过程的设计上。

设计本单元的教学时，一方面教师充分关注到了对学生学习情况的分析，对于学生学习起点、学习难点、学习发展点做出了充分思考；另一方面针对学生的学习过程，教师设计了符合学生学习习惯的问题情境，有利于激发学生对问题的思考。比如在利用二次函数解决实际问题的教学中，教师就结合学生假期出游的实际情况，设计了旅行团有效方案讨论的问题，引导学生在问题解决的过程中进一步提出问题，并解决问题。

（三）教学结构的重构

单元教学设计的着眼点是单元，单元可以是教材中已经设计好的单元，也可以是在整合的基础上重新构建的单元；可以是跨章节的，也可以是跨学段的。在教学中要注重整体把握，大处着眼，小处着手。

设计单元教学时，教师的教学视野要从单课时的微观范畴转向更为广阔的单元宏观范畴，从整体上把握教学目标、内容和方法。在单元教学设计中，单元内的各课时不是按照知识的递进关系展开的，而是按照知识体系中的网状关系相互作用展开的。

基于以上的思考，二次函数单元教学时，对原有学习内容进行了重构，增加了对函数概念和一次函数学习过程的复习，唤醒了学生的已有知识。数学知识的教学，要注重知识的生长点和延伸点，把每节课教学的知识置于整体知识的结构体系中，注重知识的结构和体系，引导学生感受数学的整体性。增加的唤醒教学环节，不仅关注数学知识之间的联系，更关注学习方法的类比，使得一次函数的研究经验和方法为二次函数的研究提供重要的知识基础和经验基础。

在本单元结束时，特别增加了对变量之间关系的再研究，借助本单元的数学活动，再次链接一次函数与二次函数，从动点轨迹探究的角度，认识函数，突出数形结合的思想方法，进一步将学生对函数的理解和认识推向更高的层面。同时，为后面继续研究函数埋下了种子，让学生带着思考继续学习。

（四）关键问题的设置

单元教学中的关键问题是学生认知结构中的关联点。通过关键问题的学习，学生不断吸纳、组织新信息。单元教学中的关键问题虽然不多，但很关键，是学科的重要问题。深刻理解和认识关键问题，能够达成学科内知识的融会贯通。

关键问题的提取取决于教师对学科概念的理解，根据学生和教学的实际情况进行梳理和设置。关键问题的设置不仅要打通学科内和学科间的学习，而且要打通学校学习与现实世界的路径。比如二次函数的学习，可以从函数的重要概念出发，学习过程着眼于变量之间关系的刻画。在初中阶段，我们通常以一次函数、二次函数、反比例函数等几类特殊函数为载体，让学生感受不同的变量关系，借助函数图象，认识函数的性质。从初高中衔接来看，二次函数是一元二次方程和一元二次不等式学习的重要纽带。从函数的观点看方程和不等式，更加体现了数学知识之间的同一性。所以本单元教学将认识变量之间的关系作为一个关键问题。

【点评】

本单元以"二次函数"为主题，构建单元教学。通过挑战性的学习任务及引导性的问题，激发学生的探究兴趣和热情，学生经历观察—猜测—交流—反思的过程，感悟数形结合的思想方法，深化理性思维。呈现的主要特点如下。

第一，体现了整体视角下的单元教学特点。将函数中割裂的、分散的知识置于结构化的体系中，对一次函数与二次函数的概念、图象、性质及应用等内容构建有效的认知结构，引领学生体会不同内容间研究的一致性和可迁移性。

第二，充分发挥了学生的主体地位，提升了核心素养。通过介绍本单元中的问题解决过程，学生切实理解了函数的相关知识，这更突出了知识的主动调取、广泛的联结及综合的应用。通过独立思考、交流合作，在说理、质疑、评价的过程中，学生发展了推理能力，感悟了类比、抽象、数形结合等数学思想方法，促进了思维向纵深方向发展。

点评人：丁明怡

课例七　平行四边形

基本信息

学科	数学	设计者	钟琳玲、栾鹏、吕士成	指导者	綦春霞
实施年级	八年级	版次	2014 年 11 月第 2 版	学校	佛山市顺德区乐从第一实验学校
课程标准模块		图形与几何			
使用教材		北师大版下册			
单元名称		平行四边形			
课时安排		共 5 课时			

一、单元设计的背景

（一）教材内容

"平行四边形"是北师大版数学八年级下册的内容，为后续学习特殊四边形起着承上启下的作用，也是初中学段"图形与几何"研究的重要内容之一，在实际生产和生活中有着广泛的应用。学生在已经学习了三角形、平行线、全等三角形等相关知识的基础上，综合运用这些知识进一步研究平行四边形，是对推理要求的进一步提高。本单元内容包括平行四边形的性质、平行四边形的判定、三角形的中位线。

（二）课标要求

《新课标》要求学生理解平行四边形的概念，探索并证明平行四边形的性质定理和判定定理；理解两条平行线之间距离的概念，能度量两条平行线之间的距离；探索并证明三角形的中位线定理。

（三）教育理论

北师大版教材对于平面几何的有关内容采用先分"两阶段"(探索阶段与证明阶段)后"合二为一"(边探索边证明)的处理方式。本单元是采用"合二为一"处理方式的第一章，把合情推理与演绎推理融为一体，使证明成为探索活动的自然延续和必要发展。在研究和应用中要求学生用规范的数学语言准确表达命题的条件、结论，以及整个证明过程，进一步发展学生的几何直观、空间观念和推理能力等。

1. 几何直观

概念是对一个事物本质的清楚认知，是逻辑思维的最基本单元和形式。在学习平行四边形的过程中，将生活中的平行四边形以直观形式呈现，厘清核心概念，发展几何直观。同时通过对平行四边形进行旋转变换，分析变换的基本特点，研究变换前后线段、角之间的对应关系，探索、猜想并证明平行四边形的性质定理。在学习平行四边形的性质、判定定理中，通过文字语言、符号语言和图形表示进行转换与解释，利用文字和符号表达的图形信息形成几何直观。

2. 空间观念

空间观念主要是指对空间物体或图形的形状、大小及位置关系的认识。初中阶段的空间观念除了在小学阶段的自然发展之外，更多地融入了几何推理。通过生活中的空间物体的组成、形状与结构等抽象出平行四边形，利用长度与角度研究平行四边形的边、角关系，猜想、验证平行四边形的性质定理，并利用平行四边形的性质描述空间物体的几何特征。在探究平行四边形的判定定理中，根据语言描述想象出实际的物体或景象，画出相应的平面图形，并用符号语言将"猜想、已知、求证"的内容表示出来，用所学的基本事实、定理进行证明。

3. 推理能力

理解平行四边形的概念，利用概念进行简单推理，利用平行四边形的定义判定一个四边形是不是平行四边形。在探究平行四边形性质的过程中，通过观察、动手操作发现结论，通过合情推理提出猜想，通过演绎推理证明猜想。在探究平行四边形的性质定理和判定定理的过程中，要求学生能综合运用合情推理和演绎推理进行数学思考，用合情推理发现结论，用演绎推理证明结论。

本单元还蕴含着数学转化的思想。例如，在探究平行四边形性质的过程中，通过连接对角线把问题转化为全等三角形的问题；在探究三角形中位线性质的过程中，把三角形的问题转化为平行四边形的问题；解决具体的问题，抽象概括出数学的思想方法，并应用这种转化思想，把未知转化为已知，建立知识之间的联系。

二、 单元中的核心知识及其知识结构

（一）教学内容分析及课时分配

单元课时安排见表 3-7-1。

表 3-7-1　单元课时安排

单元主题	课标要求	教学要求	课时数	课时内容
平行四边形的性质	理解平行四边形的概念，探索并证明平行四边形的性质定理	1. 经历探索平行四边形有关性质的过程，发展合情推理能力。 2. 证明平行四边形对边相等、对角相等、对角线互相平分的性质，发展演绎推理能力。	2	课时1探索并证明平行四边形对边相等、对角相等、对角线互相平分的性质，并进行平行四边形性质的简单应用。
				课时2综合运用平行四边形的性质解决问题。

单元主题	课标要求	教学要求	课时数	课时内容
平行四边形的判定	探索并证明平行四边的判定定理；理解两条平行线之间距离的概念，能度量两条平行线之间的距离。	1. 经历平行四边形判别定理的探索过程，发展合情推理能力。 2. 探索并证明平行四边形的判定定理及其他相关结论，发展演绎推理能力。 3. 了解两条平行线之间距离的意义。 4. 体会归纳、类比、转化等数学思想。	2	课时 1 探索并证明"两组对边分别相等的四边形是平行四边形""一组对边平行且相等的四边形是平行四边形"这两个判定定理。
				课时 2 探索并证明"对角线互相平分的四边形是平行四边形"这一个判定定理；认识两条平行线之间距离的意义，探索并证明平行线之间距离的性质。
三角形的中位线	探索并证明三角形的中位线定理。	1. 经历探索三角形中位线定理的过程，发展合情推理能力。 2. 证明三角形的中位线定理，发展演绎推理能力。 3. 运用三角形的中位线定理解决简单的问题。	1	通过设计分割三角形的问题，引出学生猜想、证明三角形的中位线与底边的关系，并运用三角形的中位线定理解决简单的问题。

本单元知识结构图见图 3-7-1。

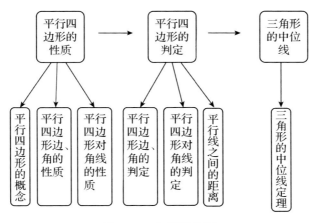

图 3-7-1　知识结构图

（二）学生情况分析

学生在小学阶段已经对平行四边形有了初步、直观的感知和认识，在初中阶段不仅学习了平移、旋转和中心对称图形的基本性质，而且也经历了平行线、全等三角形、特殊三角形(如等边三角形)等几何图形的性质及判定的探索过程，了解了探探几何图形的一般路径：概念—性质—判定—应用，为学习本节课平行四边形的性质定理、判定定理做了一定的铺垫。

在探究平行四边形的性质定理的过程中，如果抽象讲解平行四边形的性质，学生理解起来会非常困难，教师可以通过实物图形运动的方法，借助旋转知识来猜想平行四边形的性质，以数形结合思想来加深他们对知识的理解。在验证平行四边形的性质的过程中，学生可能会出现疑惑：如何证明对边相等、对角相等？此时教师可以引导学生，在证明对边、对角相等时采用证明三角形全等的方法，即需要添加辅助线(分割法)将四边形的问题转化为三角形的问题，从而渗透转化思想，并通过演绎推理来证明平行四边形的性质，加强学习效果，增强推理能力。

在探究平行四边形判定定理的过程中，学生可以猜想出来判定一个四边形是否是平行四边形的条件，但如何去验证猜想有些困难。教师可以引导学生以平行四边形的定义为基本定理，猜想和探究平行四边形的性质定理与判定定理的互逆关系，从而渗透化归思想，让学生从对边、对角线方面逐一验证判定定理(对角的猜想可以课后探讨)，进而提升学生的空间观念、探索精神、推理能力和抽象能力。

平行线之间的距离和三角形的中位线定理是平行四边形的性质定理与判定定理的知识的延伸。教师需要引导学生在掌握平行四边形的性质定理、判定定理的同时，自主思考、自主探究，结合"发现、猜想、验证、证明"的合情推理、演绎推理方式，运用化归思想通过辅助线构建模型，将四边形转化成三角形进行分析。

三、 单元基本问题

【问题】以平行四边形为例，如何研究中心对称图形？

问题阐释：从教学目标看，通过观察探究平行四边形的对称性，猜想、验证并证明平行四边形边、角、对角线的性质和判定；从教学重点看，不论是平行四边形的性质定理还是判定定理，都是从构成平行四边形的元素(边、角、对角线)特征进行分析的，而这些元素特征都是以中心对称性开展研究的。因此，如何以平行四边形为例探究中心对称图形，自然也就成了本单元的基本问题。

建议：立足学生已有的经验，创设恰当的问题情境，让学生根据所给的图形先进行自主探索，找出其中图形的元素，通过观察图形元素的对称性，得出猜想，然后进行证明，感受图形性质和判定的探索过程。同时，也要鼓励学生证明方法的多样性，重视对证明思路的启发。

四、　单元学习目标

(1)经历探索平行四边形图形性质的过程，丰富从事数学活动的经验和体验，进而发展合情推理能力与演绎推理能力，体会在推理过程中所运用的归纳、类比、转化等数学思想。

(2)理解平行四边形的概念，探索平行四边形的中心对称性质；探索并证明平行四边形的性质定理和判定定理。

(3)了解两条平行线之间距离的意义，能度量两条平行线之间的距离。

(4)探索并证明三角形的中位线定理。

五、　单元活动整体规划

根据学生的实际，将本单元设计为以下 5 课时，具体见表 3-7-2。

表 3-7-2　单元课时活动安排

课时 1　平行四边形的性质(1)	
活动 1	活动名称：情境引入，导出课题 活动内容： 情境引入：现有一块形状为平行四边形的地(见图 a)平均分给兄弟两人进行耕种，但这块地上只有一口井，如何划分这块地，使得这两兄弟都能使用这口井？ 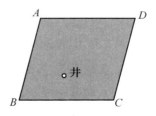 图 a　一块地 引导学生思考探究几何图形的一般路径：概念—性质—判定—应用，同时回顾初中阶段平面几何图形的知识框架结构，引入本节课的学习主题——平行四边形的性质。

活动2	活动名称：回顾思考，理解定义 活动内容： 设置两个问题"什么是平行四边形？""你能否画出一个平行四边形？"引导学生在回顾小学学过的平行四边形概念的基础上，通过画平行四边形的方式直观认识平行四边形，并学习平行四边形的构成元素：边和角（见图b）。 图b　边和角 记作□ABCD，读作平行四边形ABCD。
活动3	活动名称：动手操作，提出猜想 活动内容： 类比等腰三角形性质的学习方法，提出问题"平行四边形的边、角有什么关系？"引导学生观察自己所画的平行四边形，自主思考、猜想平行四边形边、角的性质。学生可能通过图形变换（中心对称图形）的方式研究平行四边形，或者借助自己手中的尺子和圆规研究平行四边形，让学生从空间观念和几何直观上体会平行四边形边、角的性质。
活动4	活动名称：逻辑推理，验证猜想 活动内容： 先以两个问题"你如何去验证猜想？依据是什么？""在证明平行四边形边、角的性质时运用了什么数学思想？"为思考前提引导学生验证猜想，体会验证猜想是探索问题的必然延续，体会合情推理与演绎推理的辩证关系。同时在证明平行四边形边、角的性质中，大部分学生都会通过添加辅助线——对角线，将四边形的问题转化为三角形的问题，从而引入对角线的概念，进而对平行四边形的新元素（对角线）进行思考。追问"平行四边形的对角线有什么关系？"让学生再一次体会观察、猜想、验证、证明平行四边形对角线性质的过程。引导学生体会以中心对称性的方式认识平行四边形边、角、对角线的性质，并用几何语言表示平行四边形的性质。教师应注意学生几何逻辑推理能力的培养和书写格式的规范。

图b中图形标注为：左上角 A，右上角 D，左下角 B，右下角 C。

活动5	活动名称：性质应用，解决问题 活动内容： 应用平行四边形的性质解决简单的问题。 练习1：如图 c 所示，在□ABCD 中，点 E，F 是对角线 AC 上的两点，且 AE＝CF。求证：BE＝DF。 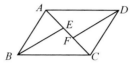 **图 c　练习1** 练习2：如图 d 所示，□ABCD 的对角线 AC 与 BD 相交于点 O，过点 O 作直线与 AD，BC 分别相交于点 E，F。 (1)△OED 与△OFB 全等吗？ (2)四边形 ABFE 与四边形 CDEF 的面积相等吗？ (3)若直线 EF 绕着点 O 旋转，四边形 ABFE 与四边形 CDEF 的面积还相等吗？ 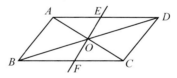 **图 d　练习2** 通过对平行四边形性质的应用，培养学生分析问题、解决问题的能力，特别是练习2，一题多解，引导学生用多种思路解题，总结出平行四边形中心对称性的作用，从而将知识应用到生活中，解决实际问题，体现了数学来源于生活并应用于生活的思想。
活动6	活动名称：课堂小结，反思升华 活动内容： (1)通过本节课的学习，你学到了哪些数学知识？ (2)我们是如何研究平行四边形的性质的？ (3)对于平行四边形，你认为还需要研究什么内容？
活动7	活动名称：作业设计，巩固新知 活动内容： 具体见作业设计部分。

续表

	课时 2　平行四边形的性质（2）
活动 1	活动名称：复习回顾，引入结构 活动内容： 复习回顾上节课的知识内容，厘清知识框架，为应用性质做好准备。 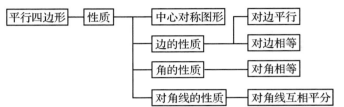
活动 2	活动名称：基础应用，巩固性质 活动内容：平行四边形边、角的性质的应用 练习 1：如图 e 所示，在□ABCD 中，DE 平分∠ADC 交 BC 于点 E。（1）若∠ABC＝70°，求∠EDC；（2）若 AB＝4，AD＝6，求 BE 的长。 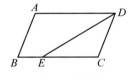 **图 e　练习 1** 练习 2：如图 f 所示，已知□ABCD 中，∠ABC，∠BCD 的平分线交于点 E，且点 E 刚好落在边 AD 上，分别延长 BE，CD 交于点 F。（1）CE 与 BF 有什么位置关系？证明你的猜想。（2）AB 与 AD 有什么数量关系？证明你的猜想。 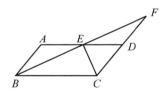 **图 f　练习 2** 两个练习的难度逐题提升，主要考查学生对平行四边形边、角的性质的引用，主要目的是巩固关于边、角的性质的知识，提升学生的推理能力、分析思考能力等。

活动3	活动名称：知识提升，一题多变 活动内容： 平行四边形性质的综合应用。 练习3：如图 g(1)所示，□ABCD 的对角线 AC 与 BD 相交于点 O，过点 O 作直线与 AD，BC 分别相交于点 E，F。求证：OE＝OF。 (1)若直线 EF 与边 DA，BC 的延长线交于点 E，F〔见图 g(2)所示〕，上述结论是否仍然成立？试说明理由。 (2)若将直线 EF 绕点 O 旋转至图 h(3)的位置，上述结论是否仍然成立？ 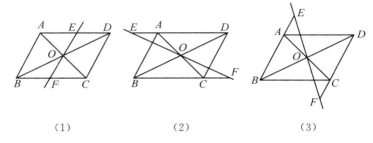 　　　（1）　　　　　　（2）　　　　　　（3） **图 g　练习 3** 通过点 E 和点 F 的运动，让学生通过平行四边形中心对称性的特征进一步认识平行四边形的性质，同时也让学生体会一题多变的效果。
活动4	活动名称：综合应用，知识升华 活动内容： 平行四边形性质的综合应用。 练习4：如图 h 所示，在□ABCD 中，点 E，F 分别在边 DC，AB 上，DE＝BF，把平行四边形沿直线 EF 折叠，使得点 B，C 落在 B'，C' 处，线段 EC' 与线段 AB 交于点 G，连接 DG，$B'G$。求证：(1)∠1＝∠2；(2)DG＝$B'G$。 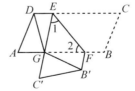 **图 h　练习 4** 练习5：(1)如图 i(1)所示，□ABCD 的对角线 AC，BD 交于点 O。直线 EF 过点 O，分别交 AD，BC 于点 E，F。求证：AE＝CF。 (2)如图 i(2)所示，将□ABCD（纸片）沿过对角线交点 O 的直线 EF 折叠，点 A 落在点 A_1 处，点 B 落在点 B_1 处。设 FB_1 交 CD 于点 G，A_1B_1 分别交 CD，DE 于点 H，I。求证：EI＝FG。

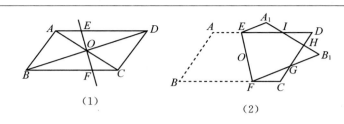

（1）   （2）

图 i　练习 5

对于几何计算或证明，分析思路和方法是根本。通过不断鼓励学生思考、交流，让学生学会如何分析问题，学会如何严格地使用几何语言书写解题步骤。这样可以培养学生的逻辑推理能力、分析问题和解决问题能力。

	课时 3　平行四边形的判定（1）
活动 1	活动名称：复习回顾，引入新课 活动内容： 以问题"平行四边形的定义是什么？""平行四边形有哪些性质？"唤起学生的回忆，巩固平行四边形的定义及性质的同时，感受判断一个四边形是不是平行四边形就看是否符合它的定义。 追问"探究平行四边形的性质是从边、角、对角线的方向进行的，对于平行四边形的判定能否也从这三个方面进行探究呢？"引发学生思考，从而进入本节课的内容。
活动 2	活动名称：实践探究，获得新知 活动内容： 探索平行四边形两组对边分别相等的判定。 探究 1：用两根长 30 cm 的木条和两根长 20 cm 的木条作为四边形的四条边，能否拼成一个平行四边形？ 学生动手操作，猜测"两组对边分别相等的四边形是平行四边形"并进行验证，而验证的依据就是平行四边形的定义。归纳平行四边形的判定定理 1 及对应的几何语言，并给出相应的练习巩固。 练习 1：如图 j 所示，在▱$ABCD$ 中，点 E，F 分别是边 BC 和 AD 上的点，且 $AF = CE$。求证：四边形 $AECF$ 为平行四边形。 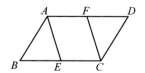 **图 j　练习 1**

活动3	活动名称：再次探究，再获新知 活动内容： 探索平行四边形一组对边平行且相等的判定。 探究2：将两根同样长的木条平行放置，再用另外两根木条加固，得到的四边形是平行四边形吗？ 学生动手操作，猜测"一组对边平行且相等的四边形是平行四边形"并进行验证。 归纳平行四边形的判定定理2及对应的几何语言，并进行相应的练习巩固。 练习2：如图k所示，在□ABCD中，已知AE，CF分别是∠DAB，∠BCD的角平分线，试证明四边形AECF是平行四边形。 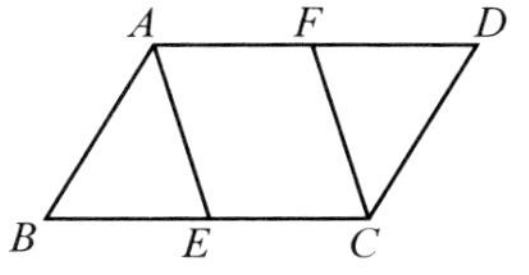 **图k 练习2**
活动4	活动名称：深入思考，知识升华 活动内容： 探究平行四边形角的判定。 设问"我们可以从角出发来判定一个四边形是否为平行四边形吗？"引发学生思考探究，通过猜想—验证—证明可以得出平行四边形角的判定最终归结于平行四边形的定义判定，故对角的探究可以通过边的平行进行探究。
活动5	活动名称：总结归纳，当堂检测 活动内容： 归纳本节课的两个判定定理"两组对边分别相等的四边形是平行四边形""一组对边平行且相等的四边形是平行四边形"，以及定义的判定。 当堂检测： 1. 能判定四边形ABCD是平行四边形的条件：∠A∶∠B∶∠C∶∠D的值为（ ）。 A.1∶2∶3∶4 B.1∶4∶2∶3 C.1∶2∶2∶1 D.3∶2∶3∶2 2. 如图l所示，△ABC是等边三角形，P是其内任意一点，PD∥AB，PE∥BC，PF∥AC，若△ABC的周长为24，则PD+PE+PF=_____。 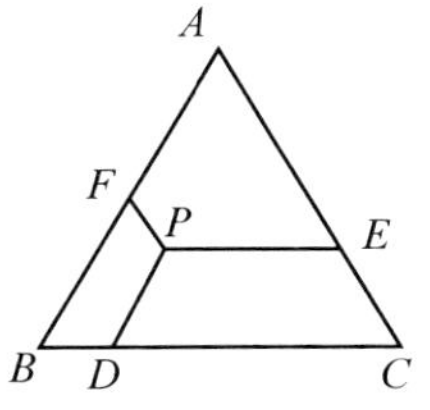 **图l 当堂检测2**

	3. 已知 $AD /\!/ BC$，要使这个四边形 $ABCD$ 为平行四边形，需要增加条件 _____。 4. 如图 m 所示，在 $\square ABCD$ 中，$AE \perp BD$ 于点 E，$CF \perp BD$ 于点 F，四边形 $AECF$ 是平行四边形吗？ 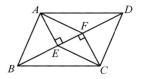 **图 m　当堂检测 4**
	课时 4　平行四边形的判定（2）
活动 1	活动名称：情境引入，进入探究 活动内容： 探究平行四边形对角线互相平分的判定。 探究：如图 n 所示，将两根木条 AC，BD 的中点重叠，并用钉子固定，再用一根橡皮筋绕端点 A，B，C，D 围成一个四边形 $ABCD$。想一想，$\triangle AOB \cong \triangle COD$ 吗？四边形 $ABCD$ 的对边之间有什么关系？你能得出什么结论？ 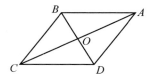 **图 n　探究** 动手操作，通过问题的形式引导学生思考利用对角线判断平行四边形的方法，引导的过程类比上一节课判定方法的学习过程，让学生大胆猜想，并验证得出平行四边形的判定定理——对角线互相平分的四边形是平行四边形。在验证判定定理过程中有多种方法可以证明，鼓励学生积极思考、交流，从而解决问题。一题多解能加深学生对基础知识的理解和掌握，更重要的是开发学生的智力，培养和提高学生的数学素养。
活动 2	活动名称：知识应用，巩固新知 活动内容： 运用平行四边形对角线的判定解决问题。 练习 1：如图 o 所示，点 E，F 是 $\square ABCD$ 的对角线 AC 上的两点，且 $AE =CF$。求证：四边形 $BFDE$ 是平行四边形。

	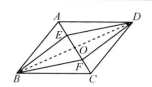 **图 o　练习 1** 让学生巩固"对角线互相平分的四边形是平行四边形"的判定定理，提高学生的认知水平，灵活利用判定方法解决问题，提高学生解决问题的能力。
活动 3	活动名称：开放训练，拓展提升 活动内容： 平行四边形判定的应用。 练习 2：(1)对于练习 1，若将条件"$AE = CF$"改为"E，F 是 OA，OC 的中点"，则结论还成立吗？ (2)对于练习 1，若将点 E，F 继续移动至 OA，OC 的延长线上，仍使 $AE = CF$，如图 p 所示，则结论还成立吗？ 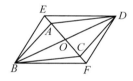 **图 p　练习 2** 以一题多变的形式提高学生分析问题、解决问题的能力。
活动 4	活动名称：情境思考，推理论证 活动内容： 探究平行线间的距离处处相等。 以情境"在笔直的铁轨上，夹在两根铁轨之间的平行枕木是否一样长？你能说明理由吗？"导入，让学生探究思考证明平行线之间的距离的特征。 练习 3：如图 q 所示，直线 $a /\!/ b$，点 A，B 是直线 a 上的任意两点，$AC \perp b$，$BD \perp b$，垂足分别为点 C，D。求证：$AC = BD$。 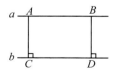 **图 q　练习 3**

用平行线之间的距离作为铺垫，结合生活中的实际，利用类比及小组合作的方式让学生在讨论中得出夹在平行线之间的平行线段一定相等的结论。这不仅深化了学生对平行四边形有关知识的理解，也提高了学生的应用及归纳能力。

练习 4：如图 r 所示，CD 平分 $\angle ACB$，$DE /\!/ BC$，$\angle AED = 80°$。

(1)求 $\angle EDC$。

(2)若 $BC = 10$，$S_{\triangle BCD} = 30$，求点 E 到 BC 的距离。

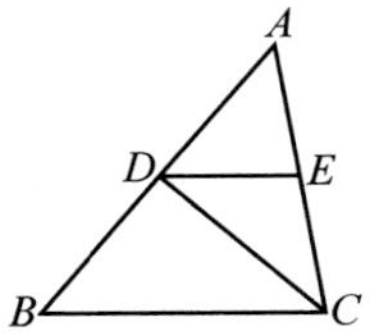

图 r　练习 4

活动 5	活动名称：归纳总结，思维导构 活动内容：分别从边、角、对角线考虑，总结平行四边形的判定方法，理解平行线之间的距离处处相等的特征，结合平行四边形的性质归纳出思维导图。

	课时 5　三角形的中位线定理
活动 1	活动名称：创设情境，导入新课 活动内容： 如图 s 所示，A，B 两村相隔一座大山，你能想办法测出 A，B 两村的直线距离 AB 吗？  图 s　活动 1 以生活情境导入，激发学生的学习兴趣，让学生带着问题进入本节课的内容。
活动 2	活动名称：理解概念，获得新知 活动内容： 理解三角形中位线的概念。连接三角形两边中点的线段叫作三角形的中位线。 两层含义：①如果点 D，E 分别为 AB，AC 的中点，那么 DE 为 $\triangle ABC$ 的中位线。

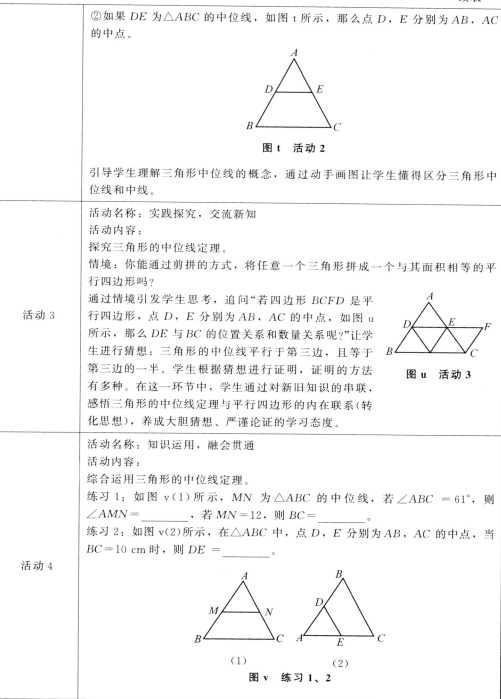

	②如果 DE 为△ABC 的中位线，如图 t 所示，那么点 D，E 分别为 AB，AC 的中点。 **图 t　活动 2** 引导学生理解三角形中位线的概念，通过动手画图让学生懂得区分三角形中位线和中线。
活动 3	活动名称：实践探究，交流新知 活动内容： 探究三角形的中位线定理。 情境：你能通过剪拼的方式，将任意一个三角形拼成一个与其面积相等的平行四边形吗？ 通过情境引发学生思考，追问"若四边形 $BCFD$ 是平行四边形，点 D，E 分别为 AB，AC 的中点，如图 u 所示，那么 DE 与 BC 的位置关系和数量关系呢？"让学生进行猜想：三角形的中位线平行于第三边，且等于第三边的一半。学生根据猜想进行证明，证明的方法有多种。在这一环节中，学生通过对新旧知识的串联，感悟三角形的中位线定理与平行四边形的内在联系（转化思想），养成大胆猜想、严谨论证的学习态度。 **图 u　活动 3**
活动 4	活动名称：知识运用，融会贯通 活动内容： 综合运用三角形的中位线定理。 练习 1：如图 v(1)所示，MN 为△ABC 的中位线，若∠ABC＝61°，则∠AMN＝_____，若 MN＝12，则 BC＝_____。 练习 2：如图 v(2)所示，在△ABC 中，点 D，E 分别为 AB，AC 的中点，当 BC＝10 cm 时，则 DE＝_____。 （1）　　　　（2） **图 v　练习 1、2**

续表

练习 3：如图 w 所示，在四边形 ABCD 中，点 E，F，G，H 分别为各边的中点。求证：四边形 EFGH 是平行四边形。

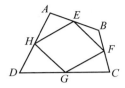

图 w　练习 3

练习 4：如图 x 所示，DE 是△ABC 的中位线，AF 是 BC 边上的中线，DE 和 AF 交于点 O。求证：DE 与 AF 互相平分。

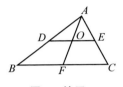

图 x　练习 4

活动 5	活动名称：回归情境，课堂总结 活动内容： 思考：如图 s 所示，A，B 两村相隔一座大山，你能想办法测出 A，B 两村的直线距离 AB 吗？ 通过思考课前引入的情境，归纳总结整节课的知识点。

六、 单元评价方案

（一）单元学习效果的评价

单元检测

一、选择题（共 10 小题，每题 3 分，共 30 分）

1. 依据所标数据，下列图形一定为平行四边形的是（　　　　）。

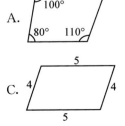

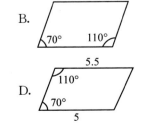

2. 如图，在 $\square ABCD$ 中，对角线 AC，BD 相交于点 O，则下列结论不正确的是（　　）。

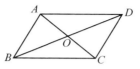

A. $OA = OC$

B. $AD = BC$

C. $\triangle AOB \cong \triangle BOC$

D. $\angle ADC = \angle ABC$

3. 如图，在 $\square ABCD$ 中，$AB = 10$，$AD = 7$，$\angle ABC$ 的平分线 BE 交 CD 边于点 E，则 DE 的长是（　　）。

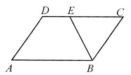

A. 5　　　　　　B. 7　　　　　　C. 3.5　　　　　　D. 3

4. 如图，在 $\square ABCD$ 中，BF 平分 $\angle ABC$，交 AD 于点 F，CE 平分 $\angle BCD$，交 AD 于点 E，$AB = 6$，$EF = 2$，则 BC 的长为（　　）。

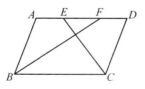

A. 4　　　　　　B. 6　　　　　　C. 8　　　　　　D. 10

5. 如图，$\square OABC$ 位于第一象限，已知顶点 A，C 的坐标分别为 $(5，0)$，$(2，3)$，则顶点 B 的坐标为（　　）。

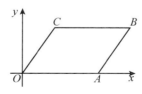

A. $(5，3)$　　　　B. $(6，3)$　　　　C. $(6，4)$　　　　D. $(7，3)$

6. 如图，在△ABC中，点 D，E，F 分别是 BC，AC，AB 的中点。若 AB＝4，BC＝6，则四边形 BDEF 的周长是（   ）。

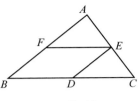

A. 8   B. 10   C. 12   D. 16

7. 现有一张□ABCD 纸片，AD＞AB，要求用尺规作图的方法在边 BC，AD 上分别找点 M，N，使得四边形 AMCN 为平行四边形，甲、乙两名同学的做法如图所示，下列判断正确的是（   ）。

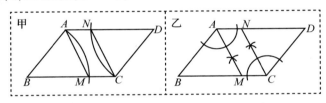

A. 甲对、乙不对   B. 甲不对、乙对

C. 甲、乙都对   D. 甲、乙都不对

8. 如图，在 Rt△ABC 中，∠C＝90°，AC＝4，将△ABC 沿 CB 向右平移得到△DEF，若平移距离为 2，则四边形 ABED 的面积等于（   ）。

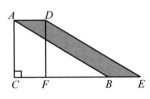

A. 2   B. 4   C. 6   D. 8

9. 如图，在边长为 1 的正方形网格中，A，B 两点在小方格的顶点上。若点 C，D 也在小方格的顶点上，这个四点恰好是面积为 2 的一个平行四边形的四个顶点，则这样的平行四边形有（   ）。

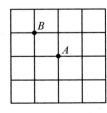

A. 4 个   B. 6 个   C. 8 个   D. 11 个

10. 如图，$\Box ABCD$ 的对角线 AC，BD 交于点 O，AE 平分 $\angle BAD$ 交 BC 于点 E，且 $\angle ADC = 60°$，$AB = \dfrac{1}{2}BC$，连接 OE。下列结论：①$\angle ADO = 30°$；②$S_{\Box ABCD} = AB \cdot AC$；③$OB = AB$；④$S_{四边形OECD} = \dfrac{3}{2}S_{\triangle AOD}$，其中成立的个数为（　　）。

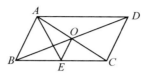

A. 1 个　　　　　　B. 2 个　　　　　　C. 3 个　　　　　　D. 4 个

二、填空题（共 7 小题，每题 4 分，共 28 分）

11. 如图，在 $\Box ABCD$ 中，$\angle BDA = 90°$，$BC = 4$，$BD = 6$，则 $OC = $ _____。

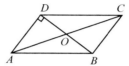

12. 如图，在 $\Box ABCD$ 中，对角线 AC，BD 相交于点 O，过点 O 的直线分别交 AD，BC 于点 E，F，若 $\Box ABCD$ 的面积为 6，则图中阴影部分的面积是 _____。

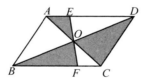

13. 如图，在 $\Box ABCD$ 中，$\angle ABC$ 的平分线与 $\angle DCB$ 的平分线交于点 E，若点 E 恰好在边 AD 上，且 $AB = 2$，则 $BE^2 + CE^2$ 的值为 _____。

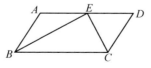

14. 如图，在 $\Box ABCD$ 中，$AB = 2$，$BC = 4$，$\angle C = 120°$，点 E 是 BC 的中点，连接 DE，F 是 ED 的中点，连接 AF，则 AF 的长为 _____。

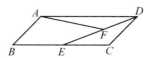

15. 如图，在 $\Box ABCD$ 中，已知 $A(1，-3)$，$B(3，2)$，$C(-2，1)$，则点 D 的坐标为 _____。

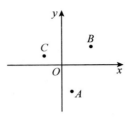

16. 如图，$\Box ABCD$ 的对角线 AC 与 BD 相交于点 O，$AE \perp BC$，垂足为 E，$AB = \sqrt{3}$，$AC = 2$，$BD = 4$，则 AE 的长为 _____。

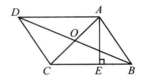

17. 如图，在 $\triangle ABC$ 中，点 D，E 在 BC 上，$\angle ABC$ 的平分线垂直于 AE，垂足为 N，$\angle ACB$ 的平分线垂直于 AD，垂足为 M，若 $BC = 16$，$MN = 3$，则 $\triangle ABC$ 的周长为 _____。

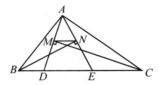

三、解答题（共 5 小题，共 42 分）

18. （6 分）如图，点 E，F 为 $\Box ABCD$ 的对角线 AC 上的两点，且 $AF = CE$。求证：四边形 $BFDE$ 是平行四边形。

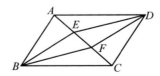

19. （8 分）如图，在 $\Box ABCD$ 中，点 F 是 AD 的中点，连接 CF 并延长交 BA 的延长线于点 E。

（1）求证：$AB = AE$。

(2)若 $BC=2AE$，$\angle E=34°$，求 $\angle DAB$ 的度数。

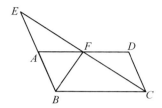

20.(8分)如图，在 $\square ABCD$ 中，点 E，F 分别在 DC，AB 上，$DE=BF$，把平行四边形沿直线 EF 折叠，使得点 B，C 分别落在 B'，C' 处，线段 EC' 与线段 AF 交于点 G，连接 DG，$B'G$。

求证：(1)$\angle 1=\angle 2$。

(2)$DG=B'G$。

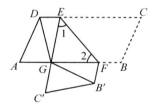

21.(8分)如图，在 $\square ABCD$ 中，点 E 在 CD 上，连接 BE，并延长 BE 至点 F，连接 CF，DF，$BC=CF$，$\angle ABF=\angle DFB$，连接 BD 交 AE 于点 G，$AG=DF$。

求证：(1)$\triangle ADE\cong\triangle CFD$。

(2)CG 垂直平分线段 BF。

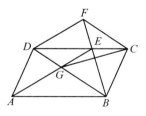

22.(12分)如图，已知 A，D 两点的坐标分别为 $A(a,b)$，$D(0,-a)$，且满足 $(a+1)^2+\sqrt{b+2}=0$，将线段 AD 向右平移到 BC，连接 DC，AB 得到四边形 $ABCD$，且 $S_{\text{四边形}ABCD}=12$。

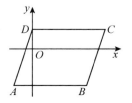
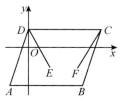

(1)点 B 的坐标为 _____，点 C 的坐标为 _____。

(2)若点 P 为 y 轴上的一点，且 $S_{\triangle PDC}=4$，求点 P 的坐标。

(3)如图，射线 DE 从 DA 出发，绕点 D 以 $6°/$秒的速度逆时针旋转，同时射线 CF 从 CB 出发，绕点 C 以 $4°/$秒的速度顺时针旋转，当 DE 旋转 $180°$ 后两条射线都停止转动。问几秒时，DE 与 CF 互相垂直？

知识点的分布见表 3-7-3。

表 3-7-3　知识点的分布

题目	分值	考查知识点
1	3	平行四边形的判定及性质。解题的关键是掌握平行四边形的判定及性质。
2	3	平行四边形的性质。解题的关键是根据平行四边形的对角线平分、对角相等和对边相等解答。
3	3	平行四边形的性质。解题的关键是得出 $\angle ABE=\angle AEB$，判断在 $\triangle ABE$ 中，$AB=AE$。
4	3	平行四边形的性质、等角对等边等知识。解题的关键是熟练掌握相关性质。
5	3	平行四边形的性质、坐标与图形。解题的关键是熟练掌握平行四边形的性质。
6	3	三角形的中位线定理：三角形的中位线平行且等于底边的一半，利用平行四边形的判定及性质进行解题。解题的关键是利用三角形的中位线定理判定四边形 $BDEF$ 是平行四边形。
7	3	作线段的垂直平分线，平行四边形的性质与判定。解题的关键是掌握平行四边形的性质与判定，并弄懂作图能使哪些线段相等。
8	3	平行四边形的判定与性质及平移的性质等知识。解题的关键是熟练掌握平行四边形的性质与判定。
9	3	平行四边形的判定。本题应注意数形结合，防止漏解或错解。
10	3	平行四边形的性质、平行线的性质、直角三角形的性质、等边三角形的性质与判定、三角形的面积。解题的关键是灵活运用三角形的面积解决问题。
11	4	平行四边形的性质：平行四边形的对角线互相平分，解题时还要注意勾股定理的应用。
12	4	平行四边形的性质。解题的关键是熟练掌握平行四边形对边平行且相等的性质。
13	4	平行四边形的性质、角平分线的定义。解题的关键是根据平行四边形的性质和勾股定理解答。

续表

题目	分值	考查知识点
14	4	平行四边形的性质与判定、勾股定理。解题的关键是掌握平行四边形的性质与判定。
15	4	平行四边形的性质、点的坐标。解题的关键是应用平行四边形的性质得到 AC，BD 的中点是同一点。
16	4	勾股定理的逆定理和平行四边形的性质。解题的关键是能得出 $\triangle BAC$ 是直角三角形。
17	4	三角形的中位线定理、全等三角形的性质与判定。解题的关键是掌握三角形的中位线平行于第三边，且等于第三边的一半。
18	6	平行四边形的性质与判定、全等三角形的性质与判定。解题的关键是掌握平行四边形的性质与判定。
19	8	平行四边形的性质、等腰三角形的性质与判定。解题的关键是熟练掌握平行四边形的性质及等腰三角形的性质与判定。
20	8	平行四边形的性质、折叠的性质、平行线的性质、全等三角形的性质与判定的应用。本题主要考查学生的推理能力。
21	8	平行四边形的性质与判定、菱形的性质与判定、全等三角形的性质与判定、等腰三角形的判定。解题的关键是作出辅助线。
22	12	考查坐标与图形、平行四边形的性质与判定、算术平方根的非负性、一元一次方程的应用、三角形面积的计算。解题的关键是数形结合，熟练掌握非负数的性质，求出 a，b 的值。

（二）作业设计

课时 1　作业设计

1. 基础题

题目 1：如图 a 所示，两张纸条交叉叠放在一起。

(1)重合部分构成的四边形 $ABCD$ 是什么图形？为什么？

(2)如果 $AB = 3$，$AD = 4$，那么四边形 $ABCD$ 的周长为_____。

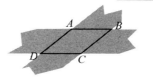

图 a　题目 1

续表

题目2：(1)如图 b 所示，在▱$ABCD$ 中，若∠B＝130°，则∠D＝_____，∠A＝_____。

(2)如图 b 所示，在▱$ABCD$ 中，若∠A＋∠C＝100°，则∠B＝_____。

(3)如图 b 所示，在▱$ABCD$ 中，若∠A：∠B＝1：3，则∠D＝_____。

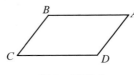

图 b　题目 2

题目3：如图 c 所示，在平面直角坐标系中，▱$OABC$ 的顶点坐标分别为 $A(4，0)$，$B(6，2)$，则顶点 C 的坐标为_____。

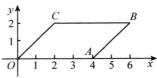

图 c　题目 3

2. 能力题

题目4：如图 d 所示，在平面直角坐标系中，▱$ABCD$ 的顶点坐标分别为 $A(0，2)$，$B(1，0)$，$C(5，1)$，则顶点 D 的坐标为_____，两条对角线的交点 P 的坐标为_____。

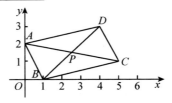

图 d　题目 4

题目5：如图 e 所示，在▱$ABCD$ 中，$DE\perp AC$ 于点 E，$BF\perp AC$ 于点 F。求证：$DE＝BF$。

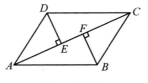

图 e　题目 5

题目 6：如图 f 所示，$\square ABCD$ 的对角线 AC，BD 相交于点 O，$AB \perp AC$。若 $AB = 4$，$AC = 6$，求 BD 的长。

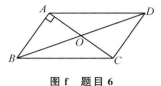

图 f 题目 6

3. 拓展题

题目 7：如图 g 所示，$A(1，3)$，$C(4，1)$，将 $\square ABCO$ 绕原点 O 逆时针旋转 $90°$，则点 B 的对应点 B' 的坐标是 _____。

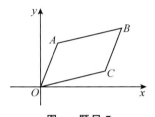

图 g 题目 7

课时 2 作业设计

1. 基础题

题目 1：如图 h 所示，将边长为 3 cm 的等边三角形 ABC 沿着 BC 边向右平移 2 cm，得到 $\triangle DEF$。

(1)四边形 $ABED$ 是什么图形？它的周长是多少？

(2)在以下三个结论中，正确的是 _____。

①$AB = DE$；②$BE = CF$；③$S_{ABED} = S_{ACFD}$。

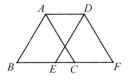

图 h 题目 1

题目 2：如图 i 所示，点 E，F 分别为 $\square ABCD$ 边上的点，连接 AE，CF，且 $\angle 1 = \angle 2$。求证：$AE = CF$。

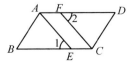

图 i 题目 2

题目 3：在本题中，平行四边形的面积均为 20。请你依次写出下列图中阴影部分的总面积，并说明你的推理过程。

(1)图 j(1)中阴影部分的总面积为 _____。

(2)图 j(2)中阴影部分的总面积为 _____。

(3)图 j(3)中阴影部分的总面积为 _____。

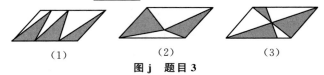

（1）　　　　　　　　（2）　　　　　　　　（3）

图 j　题目 3

2. 能力题

题目 4：如图 k 所示，在 □ABCD 中，$AE \perp BC$ 于点 E，$AF \perp CD$ 于点 F，若 $AE = 4$，$AF = 6$，□ABCD 的周长为 40，求 □ABCD 的面积。

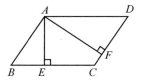

图 k　题目 4

题目 5：如图 l 所示，在 □ABCD 中，对角线 AC，BD 交于点 O。

(1)如果 $AB = AC = 6$，$AD = 3$，$BD = 8$，那么 △AOB 的周长是 _____，△BOC 的周长是 _____。

(2)如果 △AOB 的周长是 15，$AB = 6$，那么对角线 $AC + BD = $ _____。

(3)如果 □ABCD 的周长为 60，△AOB 的周长比 △BOC 的周长多 8，求 AB 的长。

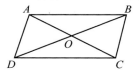

图 l　题目 5

3. 拓展题

题目 6：如图 m 所示，点 O 为 □ABCD 对角线 AC，BD 的交点，$\angle BCO = 90°$，$\angle BOC = 60°$，$BD = 8$，E 是 OD 上的一动点，F 是 OB 上的一动点（点 E，F 均不与端点重合），且 $DE = OF$，连接 AE，CF，求线段 EF 的长。

若 △OAE 的面积为 S_1，△COF 的面积为 S_2，$S_1 + S_2$ 的值是否会发生变化？若不发生变化，求出这个不变的值；若发生变化，请说明随着 DE 的增大，$S_1 + S_2$ 的值是如何发生变化的。

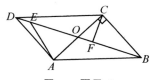

图 m　题目 6

课时 3 作业设计

1. 基础题

题目 1：根据相应的作图方法画出平行四边形，并用符号语言写出判定定理。

(1)两组对边分别平行的四边形是平行四边形。

(2)两组对边分别相等的四边形是平行四边形。

(3)一组对边平行且相等的四边形是平行四边形。

题目 2：在长方形 $ABCD$ 中，M，N，P，Q 分别为边 AB，BC，CD，DA 上的点(不与端点重合)。请你给出一种画法，使得四边形 $MNPQ$ 是平行四边形。

2. 能力题

题目 3：如图 n 所示，在 $\square ABCD$ 中，点 E，F 分别在边 AD，BC 上，$ED = BF$。求证：$BE = DF$。

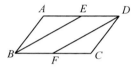

图 n　题目 3

题目 4：如图 o 所示，$AB = CD = EF$，$AD = BC$，$DE = CF$。求证：$AE = BF$。

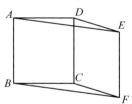

图 o　题目 4

题目 5：如图 p 所示，在 $\square ABCD$ 中，点 E，F 都在对角线 BD 上，且 $BE = DF$。求证：四边形 $AECF$ 是平行四边形。

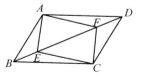

图 p　题目 5

续表

3. 拓展题

题目 6：如图 q 所示，在□ABCD 中，∠ABC，∠ADC 的平分线分别交 AD，BC 于点 E，F。

求证：（1）四边形 EBFD 是平行四边形。

（2）四边形 EGFH 是平行四边形。

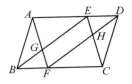

图 q 题目 6

课时 4 作业设计

1. 基础题

题目 1：根据"两条对角线互相平分的四边形是平行四边形"画出平行四边形，并用符号语言写出判定定理。

题目 2：在四边形 ABCD 中，AC，BD 相交于点 O，O 是 AC 的中点，AD∥BC。求证：四边形 ABCD 是平行四边形。

题目 3：如图 r 所示，在 4×4 方格纸中，小正方形的边长为 1，A，B 两点在格点上，请在图中的格点上找到点 C，使得△ABC 的面积为 2。满足条件的点 C 有几个？

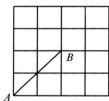

图 r 题目 3

2. 能力题

题目 4：如图 s 所示，在四边形 ABCD 中，对角线 AC，BD 相交于点 O，点 E，F 分别在 OA，OC 上。

（1）给出以下条件：①OB＝OD；②∠1＝∠2；③OE＝OF，请你从中选取两个条件证明△BEO≌△DFO。

（2）在（1）中你所选条件的前提下，添加 AE＝CF。求证：四边形 ABCD 是平行四边形。

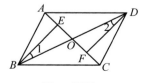

图 s 题目 4

续表

题目 5：如图 t 所示，在 □ABCD 中，过点 B 作 BM⊥AC 于点 E，交 CD 于点 M，过点 D 作 DN⊥AC 于点 F，交 AB 于点 N。

(1)求证：四边形 BMDN 是平行四边形。

(2)已知 AF＝12，EM＝5，求 AN 的长。

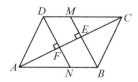

图 t　题目 5

3. 拓展题

题目 6：如图 u 所示，在平面直角坐标系中，直线 $y＝2x＋4$ 交 x 轴于点 A，直线 $y＝-\dfrac{1}{2}x＋2$ 交 x 轴于点 B，两条直线交于点 C。

(1)求△BOC 的面积。

(2)求证：△ABC 是直角三角形。

(3)平面直角坐标系内是否存在点 D，使得以 A，B，C，D 为顶点的四边形是平行四边形。若存在，请直接写出点 D 的坐标；若不存在，请说明理由。

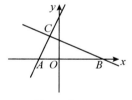

图 u　题目 6

课时 5　作业设计

1. 基础题

题目 1：在△ABC 中，点 D，E，F 分别是边 AB，AC，BC 的中点。以这些点为顶点，在图中你能画出多少个平行四边形？请你一一写出这些平行四边形，并说明理由。

题目 2：如图 v 所示，点 D，E 分别是△ABC 的边 AB，AC 的中点。求证：DE∥BC，且 BC＝2DE。

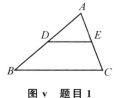

图 v　题目 1

续表

2. 能力题

题目 3：如图 w 所示，▱ABCD 的对角线 AC，BD 相交于点 O，且点 E，F，G，H 分别是 AO，BO，CO，DO 的中点，连接 EF，FG，GH，EH。求证：四边形 EFGH 是平行四边形。

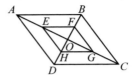

图 w 题目 3

题目 4：如图 x 所示，在长方形 ABCD 中，AB＝8，AD＝12，E 为 AD 的中点，F 为 CD 边上的任意一点。若 G，H 分别为 EF，BF 的中点，求 GH 的长。

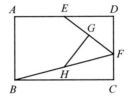

图 x 题目 4

3. 拓展题

题目 5：如图 y 所示，在△ABC 中，M 是 BC 的中点，AN 平分∠BAC，AN⊥BN 于点 N，已知 AB＝10，AC＝18，则 MN 的长是_____。

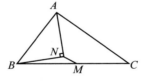

图 y 题目 5

题目 6：如图 z(1)所示，在 Rt△ABC 中，∠A＝90°，AB＝AC，点 D，E 分别在边 AB，AC 上，AD＝AE，连接 DC，点 M，P，N 分别为 DE，DC，BC 的中点。

(1)观察猜想：在图 z(1)中，线段 PM 与 PN 的数量关系是_____，位置关系是_____。

(2)探究证明：把△ADE 绕点 A 逆时针方向旋转到图 z(2)的位置，连接 MN，BD，CE，判断△PMN 的形状，并说明理由。

(3)拓展延伸：把△ADE 绕点 A 在平面内自由旋转，若 AD＝4，AB＝10，请直接写出△PMN 面积的最大值。

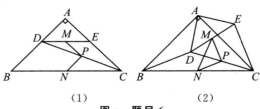

(1)   (2)

图 z 题目 6

七、 具体课时设计

平行四边形的性质(课时1)

(一)教学内容分析

1. 教学内容

本节课是北师大版八年级数学下册第六章第一节"平行四边形的性质"的内容，其知识点含理解平行四边形的定义，探索并证明平行四边形的性质定理。

2. 内容解析

北师大版教材对于平面几何的有关内容采用了先分"两阶段"(探索阶段与证明阶段)后"合二为一"(边探索边证明)的处理方式，把合情推理与演绎推理融为一体，使证明成为探索活动的自然延续和必要发展。

"平行四边形"是"图形与几何"研究的重要内容之一，不仅为后续学习特殊四边形起着承上启下的作用，而且在实际生产和生活中有着十分广泛的应用。本节课是在学生学习了全等三角形、平行线的性质与判定、中心对称图形等基础知识，并且初步具有探索几何图形性质的基本经验和方法的基础上继续探究平行四边形的性质。

平行四边形是一类特殊的四边形，它不仅具有一般四边形的性质，而且具有自己所特有的性质。平行四边形作为中心对称图形的典型范例，对它性质的研究有利于加深对中心对称图形的认识，同时也为后续研究中心对称图形(矩形、菱形、正方形等)做了一定的铺垫。本节课在探究平行四边形性质的过程中，通过运用辅助线把四边形的问题转化为三角形的问题，体现了转化思想。这种思想方法对今后学习中位线、多边形内角与外角和等知识，都有着非常重要的作用。

(二)学生情况分析

第一，学生在小学阶段已经认识了平行四边形，会判断一个图形是否是平行四边形，会通过平移的方式画平行四边形，对平行四边形对边平行这一性质有所了解。

第二，学生已经经历了平行线、全等三角形、特殊三角形(等腰三角形等)等简单几何图形的性质及判定的探索过程，了解了探究几何图形的一般路径：概念—性质—判定—应用，同时又学习了旋转变换和中心对称图形的性质。

第三，八年级学生已经具备了用已有知识解决新问题的能力和初步的经验，具有一定的抽象能力和理解能力，对求知事物有探索的热情和愿望，已经初步具有通过观察、操作等活动主动尝试归纳、独立思考、合作交流的能力，从而使学生能主动参与本节内容的探索及证明过程。

第四，学生用逻辑推理的方法构建知识体系对系统思维和演绎推理的能力要求较高，但学生的思维水平有差异，部分学生没有掌握探究的方法和相关经验，在新旧知识联系方面存在局限性，在提出新的猜想方面可能存在困难。

（三）**教学目标**

1．教学目标

(1)理解平行四边形的定义。

(2)经历"探索—发现—猜想—证明"平行四边形性质的过程，体会从平移到中心对称的知识维度的提升，加深对合情推理能力和演绎推理的认识。

(3)体会在推理过程中所运用的转化思想。

(4)能利用平行四边形的性质解决一些简单的问题。

2．教学目标解析

《新课标》明确指出，要培养学生的核心素养，包括培养学生会用数学的眼光观察现实世界、会用数学的思维思考现实世界、会用数学的语言表达现实世界。而数学的眼光主要表现为抽象能力、几何直观、空间观念、创新意识，数学思维主要表现为运算能力、推理意识或推理能力，数学语言主要表现为数据意识、模型意识、应用意识。依据《新课标》，我们遵循八年级学生的年龄特征和认知规律，结合教材确定了本节课的教学目标。

目标(1)的具体要求是：能从实际生活中抽象出平行四边形，知道平行四边形与一般四边形的区别和联系，能应用定义进行简单推理，从而发展抽象能力、几何直观、推理能力。

目标(2)的具体要求是：能在"探索—发现—猜想—证明"平行四边形性质的过程中，发展合情推理能力和演绎推理能力。

目标(3)的具体要求是：能合理运用辅助线将平行四边形的问题转化为三角形的问题进行分析，体会数学转化思想的抽象能力。

目标(4)的具体要求是：能利用平行四边形的性质解决一些简单的问题，从而发展应用意识。

（四）**教学重难点**

教学重点：

(1)理解平行四边形的定义。

(2)根据定义探索并证明平行四边形的对边相等、对角相等、对角线互相平分的性质。

教学难点：根据定义探索并证明平行四边形的对边相等、对角相等、对角线互相平分的性质。

（五）教学过程

1. 情境引入，导出课题

情境：现有一块形状为平行四边形的地（见图 a）平均分给兄弟两人进行耕种，但这块地上只有一口井，如何划分这块地，使得这两兄弟都能使用这口井？

问题 1：同学们，我们观察这块地，这是一个几何图形，我们之前研究几何图形的一般路径是什么？比如这学期我们是如何学习等腰三角形的呢？

学生活动：先学习等腰三角形的定义，然后学习等腰三角形的性质，随后学习等腰三角形的判定。

教师板书呈现：探究几何图形的一般路径，即概念—性质—判定—应用。

教师活动：我们学习线段、角、三角形等几何图形的时候都是从定义、（图形变换）性质、判定等方面去探究、分析的，今天我们学习一个新的图形——平行四边形。

【设计意图】通过情境引入，抽象出数学模型，诱发单元驱动力，从而进入本节课的主要研究对象——平行四边形。

2. 回顾思考，理解定义

问题 2：什么是平行四边形？

学生活动：用自己的语言描述平行四边形。

教师活动：呈现小学学过的平行四边形的相关定义，引导学生用严谨的语言表达平行四边形，并板书。

教师板书：两组对边分别平行的四边形叫作平行四边形。

问题 3：你能否画出一个平行四边形？

学生活动：学生会采取平移的方式画出平行四边形。

教师活动：介绍平行四边形的记法和读法及各组成元素（对边、对角、邻边、邻角）的概念。

教师板书：记作□ABCD，读作平行四边形 ABCD。

【设计意图】

(1) 引导学生回顾小学学过的平行四边形的部分知识，唤醒学生的旧知，引出平行四边形的定义，体会知识的延续性，借助图形感知定义，深化对定义的理解，加深学生不同语言之间的相互转化，明确数学语言的严谨性。

(2) 通过画平行四边形，让学生直观体会以平移的方式认识平行四边形。

(3) 类比等腰三角形的学习方法，探究平行四边形，体会探究几何图形的一般路径。

3. 动手操作，提出猜想

问题 4：平行四边形的边、角有什么关系？请同学们在合理的前提下大胆猜想。

学生活动：观察手中的平行四边形卡片，自主思考、猜想平行四边形边、角的性质，通过图形变换(中心对称图形)的方式研究平行四边形，或者借助自己手中的尺子和圆规研究平行四边形，最后在课堂上分享。

教师活动：观察学生思考、猜想、初步验证的过程，对学生的不同猜想和方法给予充分肯定，并将学生的猜想整理后板书呈现。

(预设学生会较容易地发现平行四边形的对边相等、对角相等这两个结论，也有可能发现邻角互补的结论。教师对于学生不同猜想、验证的行为要给予肯定。)

【设计意图】

(1)让学生在理解探究几何图形的一般路径"概念—性质—判定—应用"的前提下，经历猜想平行四边形性质的过程，感悟合情推理。

(2)通过设计开放的探究活动，借助平行四边形的图片和学习用具，鼓励学生充分发挥自己的探索能力，多方面直观感知平行四边形的边、角的特征，从而培养学生的空间观念和几何直观，渗透合情推理在探究活动中的重要地位。

4. 逻辑推理，验证猜想

问题 5：你如何去验证猜想？依据是什么？

学生活动：学生利用所学过的知识，结合图形独立思考，验证猜想，并在小组讨论交流，最后在课堂上分享展示证明思路。

教师活动：教师巡视，对于有困难的小组予以适当引导，同时观察各小组学生独立思考、合作交流的情况，对学生的不同证明思路给予肯定，同时也提醒学生要有严谨的证明思路和书写格式。

问题 6：在证明平行四边形边、角的性质时运用了什么数学思想？

学生活动：学生回答——添加辅助线，构造三角形全等(将四边形的问题转变成三角形的问题)。

教师活动：引导学生理解转化思想，并引出对角线的概念。

问题 7：平行四边形的对角线有什么关系？

(预设学生会通过两条对角线的交点与各端点之间线段的关系得到对角线互相平分的结论；也有学生会联想到之前学习中心对称图形的性质，猜想出平行四边形对角线的性质。教师对于学生这种猜想、验证的行为要给予肯定。)

学生活动：学生观察手中的平行四边形卡片，结合刚验证的平行四边形边、角的性质，验证平行四边形对角线的性质，并在小组内交流，最后课堂分享证明思路。

教师活动：引导学生对自己展示的验证过程进行分析，思考通过什么方法来验证平行四边形边的性质，蕴含了什么数学思想。与学生一起梳理平行四边形的性质，并明确应用性质进行推理的基本模式。

【设计意图】

(1)通过教师问题"你如何去验证猜想？依据是什么？"可以让学生体会验证猜想是探索问题的必然延续，进一步体会合情推理与演绎推理的辩证关系。

(2)在证明"平行四边形的对边相等"这个结论时，通过前面的活动，学生对于"添加辅助线——对角线，将四边形的问题转化为三角形的问题进行解决"这一思路大部分学生可以联想到，从而突破难点。

(3)通过对平行四边形对角线元素的理解，为学生在寻找对称中心及验证对角线的性质的过程中做了一定的铺垫，同时也让学生体会以中心对称性的方式认识平行四边形。

(4)通过严密的几何推理对平行四边形边、角、对角线的性质进行证明，培养学生的几何推理书写习惯和逻辑推理能力，进一步锻炼学生分析和解决问题的能力，从而突出本节课的重点。

5. 性质应用，解决问题

练习1、2同表3-7-2课时1中的活动5。

【设计意图】

(1)通过练习检验学生能否利用平行四边形边、角、对角线的性质解决简单的问题，培养学生的数学应用意识，体会数学在生活中的实际应用。

(2)练习1是对平行四边形边、角的性质的应用。练习2条件变化，一题多变，提升学生的思维能力，特别是第2问，可以一题多解，用多种思路进行思考解题，引导学生总结出：结论的产生来源于平行四边形的中心对称性。

6. 课堂小结，反思升华

(1)通过本节课的学习，你学到了哪些数学知识？

(2)我们是如何研究平行四边形的性质的？

(3)对于平行四边形，你认为还需要研究什么内容？

师生活动：鼓励学生畅所欲言，总结本节课的知识内容，并交流学习的收获与体会。在此基础上，教师适时点睛、完善体系，帮助学生将所学知识纳入自己的认知结构之中，还要能提出新的问题，引发学生新的思考。

引导学生制作简单的思维导图，梳理本节课学习的数学知识、数学方法、数学思想。

总结1：数学知识——平行四边形的定义、平行四边形的性质。

总结2：研究图形性质的角度——对称性、边、角、对角线。

总结3：运用辅助线——对角线，将平行四边形的问题转化为三角形的问题。

总结4：通过平移和中心对称性研究平行四边形。

总结5：研究几何图形性质的方法步骤。

总结6：数学思想方法——分类、转化、归纳与演绎。

【设计意图】通过对知识的梳理使学生对本节课所学内容有清晰的认识，引导学生建构自己的知识经验，形成知识体系，为后续学习做好铺垫。

7. 作业设计，巩固新知

具体见作业设计部分。

【设计意图】

(1)对不同层次的学生布置不同的作业，使各层次的学生都能得到提高和发展，体现"不同的人在数学上得到不同的发展"的课程理念，同时也体现了分层教学的思想和因材施教的原则。考虑到学生的实际情况，针对其综合能力设计作业内容，具体如下。拓展题针对学习能力和接受能力强，且具有良好的基础与较强的逻辑思维能力的学生；能力题针对学习态度认真，且对基础知识掌握得较为牢固的学生；基础题针对学习基础较为薄弱的学生。

(2)在设计本单元的内容作业时，根据学生对知识的掌握情况，第一层次的数学作业为一些发散题目，注重培养其逻辑思维能力；第二层次的数学作业注重提高其学习能力，帮助其夯实基础；第三层次的数学作业重点放在一些基础练习及对概念、性质、判定定理的理解上，从简单的题目入手帮助学生树立学习的自信心。

八、 核心活动的实施实录

此处将核心活动课堂实录转化为文字后形成核心活动的实施实录，能为教师提供全景式的课堂回溯。具体内容可扫描右侧二维码阅读。

课堂实录（文字版）

九、 教师的反思与成长

（一）单元教学与原有教学的区别

教学的出发点、关注点不同。原有教学突出呈现的是课时教学，按照教材的先后顺序进行施教，聚焦于一课时的知识内容和针对性练习，只有在复习阶段引导学生形成知识体系；单元教学不仅基于整个单元核心素养目标、知识结构、综合性训练进行设计，而且渗透了可迁移的思想，即利用大概念的理解逻辑进行课程设计，让学生能够在探究思考的过程中习得思想，并通过思想举一反三解决问题。

教学思路、形式不同。原有教学是直接根据教材内容组织教学的，知识点网络是纵向的、单一的。单元教学注重基于真实问题解决的探究性任务，以单元预设的学科学习任务展开学习活动，让学生根据目标和任务进行思考，思考有多种路径，也可以跨学科学习为思考路径，思维的推广度更大。

（二）不同阶段的成长

起初备课时思考的是如何将整个第六章内容进行设计，内容繁多又无思想性，只是纯粹地按照教材编排备课。后面经过几次大单元教学的培训学习后，发现自己的备课方向存在很大的问题，应将备课重心放在学生认知的基础上。就以平行四边形来分析，其重心应立足"如何研究中心对称图形"这一目标设计这一章的内容。

因为每个班学生的情况都不一样，所以在试讲和正式讲的时候学生探索发现的情况各有不同，这就需要在备课期间的"备学生"上多下功夫。比如在"平行四边形的性质"课堂教学中，"情境引入，导出课题"环节由起初设计的情境导入，其主要目的是让学生知道从生活中抽象出几何图形，以及平面几何图形在目前阶段的知识框架。在"回顾思考，理解定义"环节中，原先只设计了让学生回顾定义和理解定义的环节，后面增加了画平行四边形的实践操作，让学生直观感受通过平移所认识的平行四边形和后面通过中心对称所认识的平行四边形有什么不同。在"动手操作，提出猜想"和"逻辑推理，验证猜想"环节中，主要让学生经历"探索—发现—猜想—证明"平行四边形性质的过程，在这里纠结最多的是如何引入"中心对称性"，后面的操作方法是通过添加辅助线引入对角线的概念，让学生从局部到整体来分析平行四边形，从而发现平行四边形的中心对称性。在"性质应用，解决问题"环节中，主要通过题型让学生感受平行四边形中心对称性的作用，在这一环节中题目更改的次数较多，主要设计哪种题目能够体现平行四边形的性质和中心对称性，同时这一环节也最能体现学生一题多解的思路。"课堂小结，反思升华"环节，则是让学生在数学知识、数学方法、数学思想等方面进行反思，引导学生建构知识经验，形成知识体系。

（三）单元引入、单元探究和单元小结

单元引入中以情境为思考背景，创设问题驱动，注重让学生带着问题自主进入单元探究环节。单元探究环节的设计，则与问题情境中所需要的知识储备相联系，让学生能够自主探索知识，能够掌握思维技能，类比平行四边形的研究路径去研究其他中心对称图形。完善知识点之间的单元结构安排，以知识框架的形式完成单元小结。

【点评】

该单元设计以平行四边形为主题，通过对其对称性的探索与研究，获得平行四

线的性质定理和判定定理。单元结构完整，逻辑清晰。通过对图形的研究，先抽象出平行四边形的概念，再研究其性质和判定，最终进行综合应用，形成本单元的知识框架。在单元设计中体现了素养导向和以学生为中心的特点。

　　本单元在整体设计中体现了数学素养的特点。在单元目标的设计中，通过"三会"体现对素养的要求。在单元实施过程中，引入平行四边形的概念，发展学生的抽象能力和几何直观。学生在分组探索平行四边形性质和判定的过程中，发展推理能力，体会转化思想。最后实际应用，结合中位线的情境问题，发展学生的应用意识。通过设置体现素养导向的问题，体现以评促建，落实素养的目标。

　　本单元在设计中体现以学生为中心的特点。在探索图形性质的过程中，让学生经历猜想验证的过程，同时引导学生学会有条理地思考，形成严密的、规范的数学表达。在设置作业时，该案例根据学生的具体情况，分层设置题目，让学生从题目中感受到中心对称性在解决几何问题中的作用，总结学习方法，为今后学习特殊四边形做铺垫。整体设计既符合学生的认知发展规律，又体现出学生思维发展的阶段性和进阶性。

点评人：綦春霞

课例八   三角形全等的判定

基本信息

学科	数学	设计者	佟威	指导者	丁明怡、谢慧
实施年级	八年级	版次	2013 年 6 月 1 日第 1 版	学校	北京市朝阳区芳草地国际学校甘露园分校
课程标准模块			图形与几何		
使用教材			人教版上册		
单元名称			三角形全等的判定		
课时安排			共 4 课时		

一、 单元设计的背景

本单元教学内容是全等三角形的判定方法，利用全等三角形可以证明线段、角等基本元素相等，所以全等三角形也是后面学习等腰三角形、四边形、圆等知识的基础。在学习全等三角形之前，大多研究的是一个图形的数量关系与位置关系，而全等三角形研究的是两个图形的关系。

由皮亚杰的建构主义学习理论可知，学习不是教师与学生间知识的传递与转移，而是一个以学生已有的知识和经验为基础的主动建构的过程。本单元教学设计在学生掌握全等三角形的定义与性质的基础上，帮助学生建构完整地探究判定三角形全等的思路，注重学生的学习过程与探究过程。

逻辑推理是指从一些事实和命题出发，依据规则推出其他命题的方法。主要包括两类：一类是从特殊到一般的推理，推理形式主要有归纳、类比；另一类是从一般到特殊的推理，推理形式主要有演绎。本单元的学习注重经历各个判定方法的探究过程，尤其在学习基本事实的过程中，都是先从特殊的三角形出发，通过合情推理猜想结论，再通过实验验证并认同基本事实，让学生初步理解数学的公理化体系，感受从特殊到一般的数学思想方法，体会运动变化过程中的不变量，发展学生的几何直观与推理能力。

《新课标》指出，"边边边""边角边""角边角"是基本事实，"角角边""斜边、直角边"是定理，教材中"斜边、直角边"的学习过程和基本事实的学习过程是一致的。通过本单元的学习，学生能探究判定两个三角形全等的条件，有助于发展提出问题、发现问题、分析问题、解决问题的能力，会用数学的眼光观察现实世界，会用数学的思维思考现实世界，会用数学的语言表达现实世界。

二、 单元中的核心知识及其知识结构

（一）教学内容分析及课时分配

本单元的教学主线是探究判定两个三角形全等的条件。根据研究几何图形的一般思路，从性质出发，为了更简捷地判定两个三角形全等，整体构建探究思路。本单元设计从一个条件、两个条件、三个条件分别探究，进而探究判定两个直角三角形全等的条件。通过引导探究"边边边"，得到基本事实的研究方法。并根据这种研究方法与学生合作探究满足两边一角分别相等的两个三角形是否全等，进而让学生主动探究满足两角一边分别相等的两个三角形是否全等，最终让学生自主研究判定两个直角三角形全等的条件。通过 4 课时的教学，教师的身份也由指导者变成引导者，最终变成合作者。

单元课时安排见表 3-8-1。

表 3-8-1 单元课时安排

课时	具体内容
课时 1 整体构建， 探究三边	根据研究几何图形的一般经验，提出如何判定两个三角形全等的问题。如果从性质出发，发现满足六个条件可以判定两个三角形全等。由于各元素之间有关系，并且希望更简捷地判定两个三角形全等，在教师的引导下，学生首先构建完整的探究思路，即分别探究一个条件、两个条件、三个条件……能否保证两个三角形全等。然后学生运用三角板或者画图的方式举反例发现满足一个条件、两个条件以及三个角分别相等的两个三角形不一定全等。接下来借助三条边长分别是 4 cm，5 cm 和 7 cm 的三角形，通过画图、叠合、观察，猜想三边分别相等的两个三角形全等。最后通过图形计算器认同"边边边"基本事实。
课时 2 合作探究， 两边一角	借助课时 1 的学习经验，通过活动方案的设计，让学生进一步体会从特殊到一般的数学思想。在学生画图探究的过程中，首先发现两边一角需要分成两边及其夹角与两边和其中一边的对角两种情况分类探究；其次学生借助"边边边"的学习过程，自主探究得到"边角边"的判定方法；最后通过画图举反例说明满足两边和其中一边的对角分别相等的两个三角形不一定全等，不能作为全等的判定方法。
课时 3 主动探究， 两角一边	学习借助前两课时的学习经验，自主设计探究思路。首先将两角一边分成两角及其夹边与两角和其中一角的对角两种情况分别探究；其次学生借助"边边边""边角边"的学习过程，自主探究得到"角边角"的判定方法；最后学生利用"角边角"证明"角角边"。

续表

课时	具体内容
课时 4 自主研究，探究直角	借助前三课时的学习经验，通过已有探究判定两个三角形全等的条件的经验，发现两个直角三角形由于有了直角相等的特殊条件，在应用全等三角形的判定方法时会出现简化的情况。因此学生总结出只需找到另外两个条件就可以了，也就是满足一边一锐角分别相等，或两直角边分别相等的两个三角形全等。然后学生借助之前学习基本事实的经验，利用画图的方法，得到"斜边、直角边"的判定方法。

（二）学生情况分析

针对已经学过全等三角形判定的八年级学生进行测试，测试人数 50 人，答题结果见图 3-8-1。

测试题目

(1)尺规作图：作一个角等于已知角，并说明作图依据。

(2)请叙述一下你是如何得出"边边边"结论的。

(3)如图 a 所示，在 $\triangle ABC$ 中，$AB = AC$，$AD = AE$，求证：$\angle BAD = \angle CAE$。

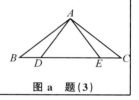

图 a　题（3）

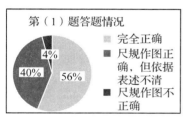

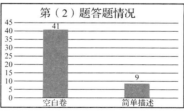

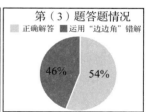

图 3-8-1　答题结果

通过问卷数据，我发现以往教学存在以下问题。

(1)一部分学生只记住了尺规作图的步骤，能正确画出图形，但是对于作图原理不能清楚地表述。

(2)绝大部分学生只是单独记住了"边边边"结论，缺乏对知识形成过程的感受，以及学习基本事实的一般经验。

(3)将近半数的学生容易将"边边角"与"边角边"混淆，也就是说大部分学生只是关注相等元素之间的数量关系，不太关注位置关系。

三、 单元基本问题

【问题1】怎样培养学生发现问题和提出问题的能力

问题阐释：培养学生发现问题和提出问题的能力是创新的基础。只有成功地使学生产生问题的教学，才能调动他们的积极性。从思维创新的角度看，发现问题和提出问题与合情推理和演绎推理有几分相似。《新课标》强调培养学生发现问题和解决问题的能力，强调数学要促进学生的思维发展就应当培养学生的问题意识。长期的数学问题解决学习，能培养学生用数学的眼光去观察身边的事物，用数学的思维方法去分析日常生活中的现象，在数学问题解决过程中切身感受到运用数学知识解决问题后的快乐，这不仅可以增强学生学好数学的信心，而且可以使他们更加深刻地感受到自己所学的数学知识都是有用的。因此，在数学教学中深入挖掘数学问题解决中隐藏的培养学生探索精神和创新能力的巨大潜力，引导学生加强数学问题解决的学习，充分发挥数学学科培养学生探索精神和创新能力的功能，是落实培养学生数学核心素养、实施素质教育的必然要求。从教学重难点看，探究判定两个三角形全等的条件是重中之重。因此，如何让学生通过动手操作，合情推理出判定两个三角形全等的条件，并运用实验认同或者推理证明得出结论，自然也就成了本单元的基本问题。

建议：让学生经历观察、画图、实验、猜想、验证、推理等多种真实的数学活动，进行有逻辑的表达，培养推理能力，发展几何直观。在数学教学设计与实施的过程中，合理利用现代信息技术，不仅可以提供丰富的学习资源，还可以形成生动的教学形式。在实验认同时，运用图形计算器或者几何画板，可以让学生更好地理解运动变化过程中的不变量，并且对三角形全等的判定条件有更加直观的认识。

【问题2】怎样培养学生探索和表述论证过程的能力

问题阐释：数学这一学科的特点对培养学生思维缜密、逻辑推理、理性运算的良好习惯有很大的帮助，基于对学生探索和表述论证过程的能力培养的尝试和实践，能够帮助学生提高探索能力、创新能力。学生的数学学习活动不应只限于接受、记忆、模仿和练习，还应倡导自主探索、动手实践、合作交流等学习数学的方式。积极引导学生动手实践、自主探究无疑是我国课程改革大力倡导的一种数学学习方式。同时，数学是一门比较抽象且逻辑性较强的学科，主动探索知识、解决问题能力的培养能够更好地提高学生对所学知识的理解和掌握，从而更好地锻炼其发现问题、分析问题及解决问题的能力，这样学生也会更具创造性。而探索论证和表述论证的过程是培养学生逻辑推理素养的重要环节和重要途径。探索论证的过程可以促进学生有条理、有目的地思考，增进学生对证明体系的理解和运用。表述论证的过程可进一步加强学生对命题证明的理解，使学生形成更深层次、更加明晰的逻辑思考过程。如何对基本事实的学习过程有逻辑地表达，如何从公理化体系的角度理解三角形的判定方法就成了本单元的基本问题。

建议：尊重学生的主体地位，通过鼓励学生积极独立思考、充分探索证明、严谨表述论证等来培养学生的逻辑推理素养，培养学生正确合理地使用数学语言，使其表达逐步地有条理性，并且培养学生规范的书写习惯，使其表述具有科学性、严谨性，从而促进学生思维的发展，提升学生的数学学习能力。

四、 单元学习目标

(1)探索并掌握三角形全等的判定方法。

(2)经历观察、实验、猜想、验证、推理的活动，发展推理能力，体会数学的严谨性。

(3)感受数学活动的真实性与客观性，养成勇于探究的学习习惯。

五、 单元活动整体规划

结合学生的实际情况，我将本单元设计为以下课时(见表3-8-2)。

表 3-8-2　单元课时活动安排

课时 1　整体构建，探究三边	
活动1	活动名称：创设情境，发现问题 活动内容： 根据研究几何图形的一般思路，从性质出发，为了更简捷地判定两个三角形全等，提出如何判定两个三角形全等的问题。
活动2	活动名称：动脑思考，构建思路 活动内容： 1. 如图a所示，根据研究几何图形的一般思路，从性质出发，为了更简捷地判定两个三角形全等，整体构建探究思路，从一个条件、两个条件、三个条件分别探究。通过明确探究对象，清晰探究思路，学生对探究判定两个三角形全等的条件有了整体性的认识。 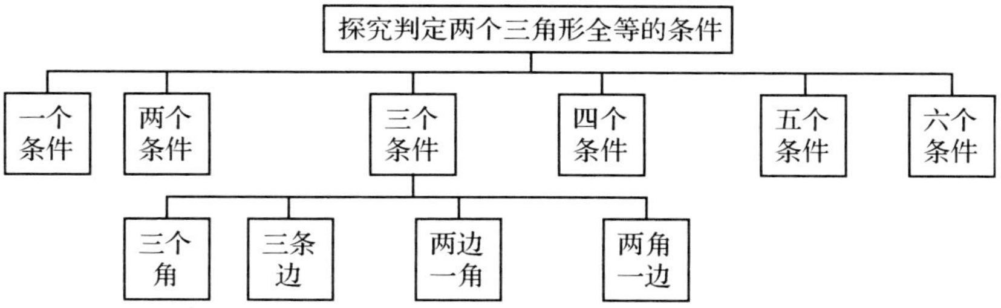 图a　结构图1

2. 如图 b 所示，教师提出"满足一个或两个条件的时候，两个三角形一定全等吗?"的问题，学生积极讨论后，运用三角板或者画图的方式举反例说明判定方法不成立。

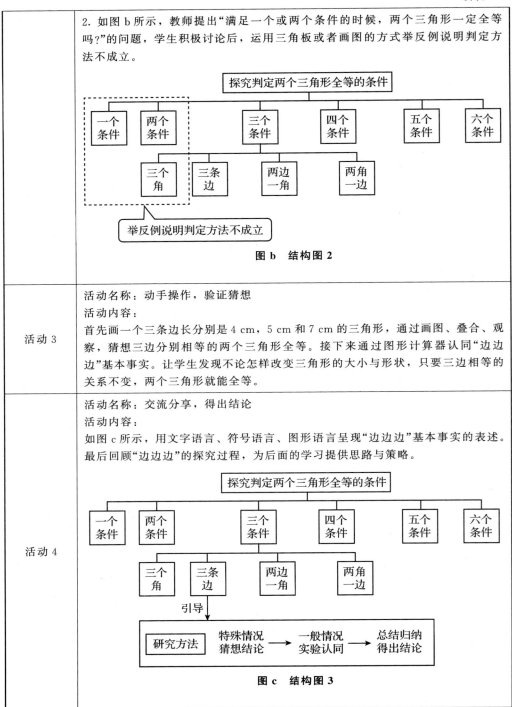

图 b　结构图 2

活动 3	活动名称：动手操作，验证猜想 活动内容： 首先画一个三条边长分别是 4 cm，5 cm 和 7 cm 的三角形，通过画图、叠合、观察，猜想三边分别相等的两个三角形全等。接下来通过图形计算器认同"边边边"基本事实。让学生发现不论怎样改变三角形的大小与形状，只要三边相等的关系不变，两个三角形就能全等。
活动 4	活动名称：交流分享，得出结论 活动内容： 如图 c 所示，用文字语言、符号语言、图形语言呈现"边边边"基本事实的表述。最后回顾"边边边"的探究过程，为后面的学习提供思路与策略。 探究判定两个三角形全等的条件 一个条件　两个条件　三个条件　四个条件　五个条件　六个条件 三个角　三条边　两边一角　两角一边 引导 研究方法　特殊情况猜想结论 → 一般情况实验认同 → 总结归纳得出结论 图 c　结构图 3

活动 5	活动名称：应用所学，解决问题 活动内容： 通过练习对基本事实进行简单应用。
活动 6	活动名称：课堂小结，总结提升 活动内容： 教师提出本节课的三个关键问题：本节课学习了哪些主要内容？"边边边"判定方法有何作用？如何学习"边边边"基本事实？学生根据本节课所学内容，相互讨论，积极发言，表达自己的观点。
	课时 2　合作探究，两边一角
活动 1	活动名称：回顾反思，合作设计 活动内容： 回顾"边边边"基本事实的学习过程，教师与学生合作设计并探究两边一角分别相等的两个三角形是否全等的方案。
活动 2	活动名称：实施方案，分类学习 活动内容： 在实施方案过程中，发现有不全等的三角形，这样设计是为了将两边一角分成两边及其夹角与两边和其中一边的对角两种情况进行分类学习。
活动 3	活动名称：分类探究，得出结论 活动内容： 如图 d 所示，接下来在探索并掌握"边角边"基本事实的过程中，进一步感受基本事实的研究方法，培养学生的推理能力。最后通过画图、交流发现反例，并通过举反例说明两边和其中一边的对角相等不是全等判定。 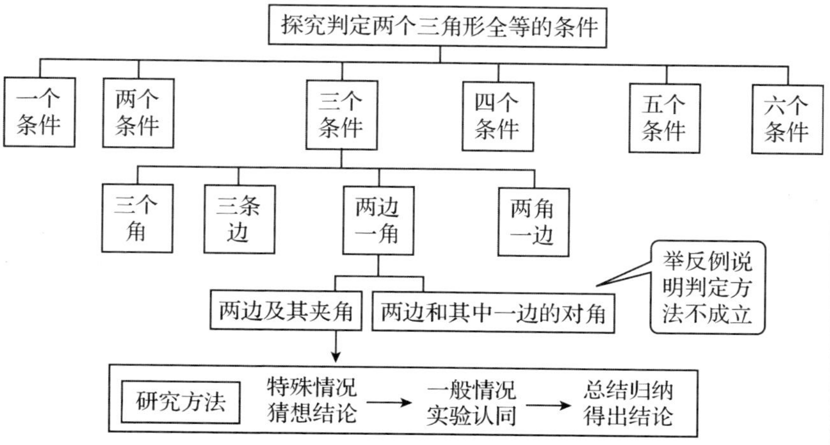 **图 d　结构图 4**

	课时 3　主动探究，两角一边
活动 1	活动名称：回顾反思，自主设计 活动内容： 回顾"边边边"基本事实的学习过程，学生自主设计探究满足两角一边分别相等的两个三角形是否全等的方案。
活动 2	活动名称：两角一边，实验论证 活动内容： 将两角一边先分成两角及夹边与两角和其中一角的对边，然后通过之前的学习经验获得"角边角"基本事实。最后通过推理得到"角角边"判定方法。
	课时 4　自主研究，探究直角
活动 1	活动名称：自主研究，探究直角 活动内容： 学生从通过已有探究判定两个三角形全等的条件的经验出发，由三角形全等的条件可知，对于两个直角三角形，满足一直角边及其相对（或相邻）的锐角分别相等，或斜边和一锐角分别相等，或两直角边分别相等，这两个直角三角形就全等了，进而运用基本事实的研究方法探究满足斜边和一条直角边分别相等的两个直角三角形全等。
活动 2	活动名称：单元小结，总结提升 活动内容： 如图 e 所示，总结本单元学习的收获，让学生对三角形全等的判定有整体性的认识，了解不同判定方法的学习方式的不同，理解基本事实的研究方法，能有逻辑地表达与交流，完成本单元教学的目标。 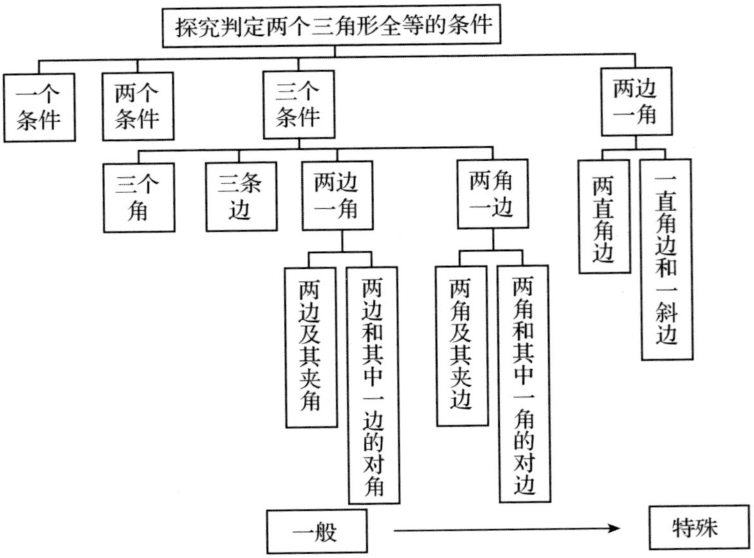 图 e　结构图 5

六、 单元评价方案

（一）单元学习效果的评价

《新课标》对本单元的内容要求如下。

①掌握基本事实：两边及其夹角分别相等的两个三角形全等。

②掌握基本事实：两角及其夹边分别相等的两个三角形全等。

③掌握基本事实：三边分别相等的两个三角形全等。

④证明定理：两角分别相等且其中一组等角的对边相等的两个三角形全等。

⑤探索并掌握判定直角三角形全等的"斜边、直角边"定理。

基于课标对探究判定两个三角形全等条件的要求，评价学生的活动参与度、小组合作、听讲与汇报三个指标。下面以"整体构建，探究三边"为例，详细阐述评价方案。

评价内容：如课时1的活动3所述。

评价指标：活动参与度、小组合作、听讲与汇报。

评价方法：自评、小组评价、教师评价，具体见表3-8-3。

表 3-8-3 评价表

评价内容	评价指标（等级）			评价方法		
	A	B	C	自评	小组评价	教师评价
活动参与度	能够用多种方法画出三条边长分别为 4 cm，5 cm 和 7 cm 的三角形，并通过画图、叠合、观察，猜想三边分别相等的两个三角形全等	能够在教师的引导下，运用尺规画出三条边长分别为 4 cm，5 cm 和 7 cm 的三角形，并通过画图、叠合、观察，猜想三边分别相等的两个三角形全等	不参与			
	能够通过图形计算器认同"边边边"基本事实	能够在教师的引导下，运用之前的尺规作图经验通过图形计算器认同"边边边"基本事实	不参与			
	能够勇于猜想结论，并用规范的语言表达自己的观点	能够根据探究过程表达自己的观点，但是语言逻辑性与规范性不足	不参与			

评价内容	评价指标(等级)			评价方法		
	A	B	C	自评	小组评价	教师评价
小组合作	发言次数多，能够提出创新性意见	能够发表意见，参与小组讨论	不乐意参与讨论，不发表意见			
	能够积极主动帮助同伴	能够帮助同伴	不能帮助同伴			
听讲与汇报	能够认真倾听他人见解，并根据他人的发言提出创新性意见	能够认真听讲	有时出现走神情况，需要教师、同伴提醒			
	能够准确、清晰地表达自己的意见	能够表达自己的意见	不表达自己的想法			

通过三个方面的评价，如果学生出现 A 等级的数量大于等于 6，则认定为优秀，即积极主动参与课堂教学，能够有效完成小组合作；如果学生 A 等级的数量大于等于 2，且不出现 C 等级，则认定为良好，即能够参与课堂教学，完成小组合作；如果学生未出现 A 等级，且出现 C 等级的数量不超过 2 个，则认定为合格，即能够参与课堂教学，但是对探究方法并不清晰；如果学生出现 C 等级的数量超过 2 个，则认定为不合格，即不能有效参与课堂教学，听讲与汇报、小组合作均存在一定问题，对研究方法并不理解。

（二）作业设计

作业设计见表 3-8-4。

表 3-8-4　作业设计

课时 1　作业设计
基础题 1. 如图 a 所示，$AD=BC$，$AC=BD$。求证：$\angle CAD=\angle DBC$。 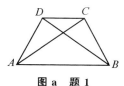 **图 a　题 1** 2. 请根据尺规作图经验，运用图形计算器作一个角等于已知角。 3. 请你简单叙述"边边边"的探究过程。 **拓展题** 运用尺规作图作一个角的平分线。
课时 2　作业设计
基础题 1. 如图 b 所示，$AB/\!/DE$，点 F，C 在 AD 上，$AB=DE$，$AF=DC$。求证：$BC/\!/EF$。 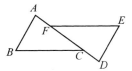 **图 b　题 1** 2. 画出"边边角"的反例。 **拓展题** 1. 简单叙述"两边一角"的探究过程。 2. 简单叙述"边角边"的探究过程。
课时 3　作业设计
基础题 1. 如图 c 所示，$AB/\!/DE$，$AB=DE$，如果不再添加任何字母和辅助线，并利用"角边角"判定 $\triangle ABC\cong\triangle DEF$，则需添加的一个条件是＿＿＿＿＿。（写出一个即可） 2. 如图 d 所示，E，F 是 AC 上的两点，$AD/\!/BC$，$DF/\!/BE$，$DF=BE$。求证：$\triangle ADF\cong\triangle CBE$。 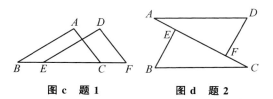 **图 c　题 1**　　　　**图 d　题 2** **拓展题** 请用结构图或典型例题的方式，总结你所学的全等三角形知识。

续表

课时 4 作业设计

基础题

1. 如图 e 所示，在△ABC 中，AD⊥BC 于点 D，要使△ABD≌△ACD，若根据"斜边、直角边"，还需要加条件_____；若加条件∠B＝∠C，则可用_____判定。

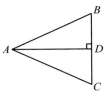

图 e 题 1

2. 如图 f 所示，AE⊥AB，BC⊥AB，AE＝AB，DE＝AC。求证：DE⊥AC。

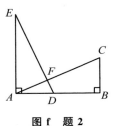

图 f 题 2

拓展题

请你总结探究判定两个三角形全等的条件的学习过程。

本单元的作业以全等三角形判定的应用与梳理学习过程为主。全等三角形判定的应用的作业旨在落实"双基"，培养学生的作图能力和逻辑推理能力，检测学生是否掌握了三角形全等的判定方法。梳理学习过程的作业旨在让学生体会分类思想，并通过回顾探究过程体会从特殊到一般、运动变化过程中不变量的数学思想，让学生感受数学活动的真实与客观性，养成勇于探究的学习习惯，从而达到本单元的教学目标。

七、 具体课时设计

整体构建，探究三边(课时 1)

(一)教学内容分析

本节课是在学习了全等三角形的定义，熟悉了全等图形的性质的前提下开设的。根据全等三角形的性质，以及各元素之间的关系，并且为了更简捷地判定两个三角形全等，本节课构建了三角形全等条件的探索思路，即分别探究一个条件、两个条件、三个条件……能否保证两个三角形全等。对于三个条件的情形，分成了三条边、两边一角、两角一边、三个角分别相等的情况依次进行探究。学生可以利用三角板或者画图的方式验证当满足一个条件、两个条件及三个角分别相等时，两个三角形不一定全等。教师指导学生先从一般情况动手操作，由此猜想结论，然后利用图形计算器进行实验认同，最后得出"边边边"基本事实。

本节课遵循"分类讨论、操作感悟、归纳总结、初步运用"的认知过程展开，通过该内容的教授，进一步培养学生的空间想象能力、几何直观、推理表达能力，培养学生有条理的思考与表达能力，同时学习分类讨论和问题转化的数学思想。

（二）学生情况分析

学生在本节课学习之前已经掌握了全等三角形的定义与性质，而且在研究了相交线与平行线、三角形等几何图形之后，能从图形的性质与判定的互逆关系出发，根据全等的性质，发现当满足六个条件时，两个三角形全等。由于本节课对学生的画图能力有一定的要求，因此针对要学习全等三角形判定的八年级学生做了一个测试，测试人数 19 人，测试题目如下。答题结果见图 3-8-2。

尺规作图：作一条线段等于已知线段。

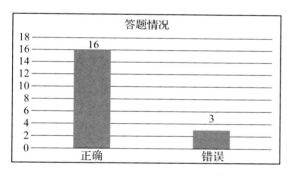
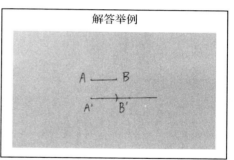

图 3-8-2　答题结果

基于以上分析，学生已经具备了学习本节课的基本知识与基本能力，但是我们仍应该注重帮助学生积累基本事实的学习经验。

（三）教学目标

(1)探索并掌握"边边边"基本事实，并运用"边边边"判定方法解决问题。

(2)经历"边边边"基本事实的探究过程，体会从特殊到一般的数学思想方法，发展几何直观，培养推理能力。

(3)感受数学活动的真实性与客观性，养成勇于探究的学习习惯。

（四）教学重难点

教学重点：掌握判定三角形全等的"边边边"基本事实。

教学难点：构建三角形全等的探索思路，了解"边边边"探究方法。

（五）教学过程

1. 创设情境，发现问题

教师活动：教师提出问题"全等三角形的定义与性质是什么？"并根据研究几何图形的一般经验，提出本节课的研究内容，即如何判定两个三角形全等。

学生活动：学生回答全等三角形的定义(能够完全重合的两个三角形叫作全等三角形)和性质(全等三角形的对边相等，全等三角形的对角相等)。

【设计意图】根据学习几何图形的一般经验，明确本节课的学习内容，即全等三角形的判定。复习全等三角形的定义是因为它既是现阶段学生判定两个三角形全等的唯一方法，也是后续学习的重要依据。

2. 动脑思考，构建思路

教师活动1：教师提出问题，即"已知△ABC≌△DEF，找出其中相等的边和角"。

学生活动1：学生根据全等三角形的性质找出其中相等的边和角(见图3-8-3)，即 $AB=DE$，$AC=DF$，$BC=EF$，$\angle A=\angle D$，$\angle B=\angle E$，$\angle C=\angle F$。

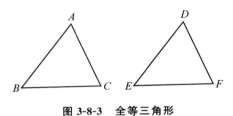

图 3-8-3　全等三角形

教师活动2：追问，即"满足这六个条件可以保证△ABC≌△DEF 吗？"

学生活动2：学生根据全等三角形的定义，独立思考，回答问题。

教师活动3：继续追问，即"由于各元素之间有关系，如何便捷地判定两个三角形全等？你想如何研究这个问题？"

学生活动3：学生独立思考，小组交流，最终形成探究判定两个三角形全等的思路，见图3-8-4。

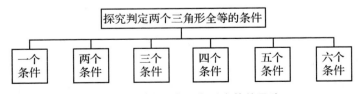

图 3-8-4　判定两个三角形全等的思路

教师活动4：请同学们小组讨论一下满足一个或两个条件的时候，两个三角形一定全等吗？(提示：可以利用三角板演示或画图说明的方式验证)

学生活动 4：学生利用三角板演示或画图说明等方式验证当满足一个条件、两个条件及三组角分别相等时，两个三角形不一定全等。

【设计意图】先提出"全等判定"问题，构建出三角形全等条件的探究思路，然后以问题串的方式呈现探究过程，引导学生层层深入地思考问题。通过利用三角板演示或画图说明等方式验证当满足一个条件、两个条件以及三组角分别相等时，两个三角形不一定全等，培养学生的几何直观。

3. 动手操作，验证猜想

教师活动 1：继续研究两个三角形三边分别相等的情况。让学生画一个三条边长分别是 4 cm，5 cm 和 7 cm 的三角形，把画的三角形剪下来，并且与同伴所画的三角形进行比较，学生能得到什么结论？教师如果发现学生在画图时有困难，可以提示画法，即先画一条 7 cm 长的线段 AB，再找一点 C，到点 A 的距离为 4 cm，到点 B 的距离为 5 cm。

学生活动 1：学生能通过小组合作，运用三角板演示或者画图说明的方式，画出三条边长分别是 4 cm，5 cm 和 7 cm 的三角形，并且剪下来，通过比较发现可以重合，由此猜想三边分别相等的两个三角形全等；学生也可能无法顺利画出三条边长分别是 4 cm，5 cm 和 7 cm 的三角形。

教师活动 2：请同学们用图形计算器先任意画出一个 $\triangle ABC$，再画出一个 $\triangle A'B'C'$，使 $A'B' = AB$，$B'C' = BC$，$A'C' = AC$。运用图形计算器进行合理操作，观察是否与另一个三角形重合。然后改变 $\triangle ABC$ 的大小与形状，再进行相同的操作，能得到什么结论？

学生活动 2：学生根据特殊情况得到的画图经验，运用图形计算器完成上述操作，观察并猜想结论。

【设计意图】学生通过画一个三条边长分别是 4 cm，5 cm 和 7 cm 的三角形，积累画图经验，为后续图形计算器的操作提供思路，并且学生通过特殊情况的动手操作，进行合情推理，猜想三边分别相等的两个三角形全等，培养几何直观与推理能力。通过图形计算器，学生能认同自己的猜想，即三边分别相等的三角形全等。利用图形计算器可以进行大量的实验，学生能更直观地认同猜想。图形计算器的操作方法为后续用尺规作图画一个角等于已知角做铺垫。

4. 交流分享，得出结论

教师活动 1：教师提出问题，即"你能概括得出结论吗？"

学生活动 1：学生回答问题，相互补充。

文字语言：三边分别相等的两个三角形全等(可以简写成"边边边"或"SSS")。

符号语言：

在△ABC 与△A′B′C′中，

$$\begin{cases} AB=A'B', \\ BC=B'C', \\ AC=A'C', \end{cases}$$

∴△ABC≌△A′B′C′(SSS)。

图形语言(见图 3-8-5)：

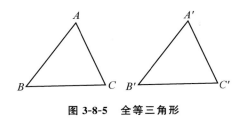

图 3-8-5　全等三角形

教师活动 2：请同学们回顾"边边边"的探究过程。

学生活动 2：学生独立思考，小组交流展示，总结出"边边边"的探究过程，即先从一般情况动手操作，由此猜想结论，然后再利用图形计算器进行实验认同，最后得出"边边边"基本事实。

【设计意图】感悟基本事实的正确性，获得"边边边"判定方法。在概括基本事实的过程中，引导学生透过现象看本质，锻炼学生用数学语言概括结论的能力。

回顾"边边边"的探究过程，经历基本事实的学习过程，为后续学习"边角边""角边角"两个基本事实提供研究思路，并且通过对"边边边"探究过程的回顾，促进学生有逻辑地思考。

5. 应用所学，解决问题

教师活动 1：教师出示例题，并梳理解题思路，即要证明△ABD≌△ACD，只需看这两个三角形的三条边是否分别相等，题中有一个隐含条件为 AD 是两个三角形的公共边。

例题：如图 a 所示，在△ABC 中，AB＝AC，点 D 是 BC 的中点。求证：△ABD≌△ACD。

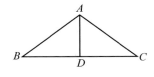

图 a　例题

学生活动1：小组讨论，在教师帮助下根据思路，书写证明过程。

证明：

∵点 D 是 BC 的中点，

∴ $BD = CD$。

在△ABD 与△ACD 中，

$$\begin{cases} AB = AC, \\ BD = CD, \\ AD = AD, \end{cases}$$

∴△$ABD \cong$ △ACD（SSS）。

教师活动2：你能用尺规作一个角等于已知角吗？教师根据学生的思考情况，可以提示以下两点：第一，我们希望利用全等三角形的知识解决这个问题，所以需要先构造一个三角形；第二，我们可以参考图形计算器的操作步骤，继而完成尺规作图。

学生活动2：学生能根据一般情况的画图经验，以及图形计算器的操作步骤，完成尺规作图；学生也可能在画图时出现困难，无法完成尺规作图。

【设计意图】运用"边边边"判定方法证明简单的几何问题，感悟判定方法的简捷性，体会证明过程的规范性。让学生运用"边边边"条件进行尺规作图，同时体会作图的合理性，增强作图能力，为后续判定的验证奠定基础。

6. 课堂小结，总结提升

教师活动：教师提出以下问题。

1. 本节课学习了哪些主要内容？

2. "边边边"判定方法有何作用？

3. 如何学习"边边边"这个基本事实呢？

学生活动：学生根据本节课所学内容，相互讨论，积极发言，表达自己的观点。

【设计意图】通过小结，使学生梳理本节课的内容，掌握本节课的核心——构建三角形全等条件的探索思路，以及判定三角形全等"边边边"的方法，加深学生的理解和感悟。

八、 核心活动的实施实录

此处将核心活动课堂实录转化为文字后形成核心活动的实施实录，能为教师提供全景式的课堂回溯。具体内容可扫描右侧二维码阅读。

课堂实录（文字版）

九、 教师的反思与成长

（一）注重单元教学的整体性

单元教学设计是由几个相关联的课时教学设计按照一定逻辑构成的，突出整体性、结构性和逻辑性。本单元教学内容以探究判定两个三角形全等的条件为载体，根据研究几何图形的一般思路，从性质出发，为了更简捷地判定两个三角形全等，整体构建探究思路。本单元设计从一个条件、两个条件、三个条件分别进行探究，进而探究判定两个直角三角形全等的条件。通过第一课"边边边"的学习过程，为基本事实的探究奠定了基础，为后续学习提供了方法。学生可以利用这种研究方法去学习"边角边""角边角"，教师也随着课程深入由指导者变成引导者，最终变成合作者。学生在学习过程中，认真听讲、积极思考、动手实践、自主探索、合作交流，理解和掌握数学的基础知识和基本技能，体会和运用数学的思想与方法，获得基本的数学活动经验。

（二）注重单元教学的活动性

教学活动是在教师引导下学生主动学习的过程。本单元教学多次让学生讨论，积极思考，动手操作，主动探究。例如，在画三条边长分别是 4 cm，5 cm 和 7 cm 的三角形时，学生就有多种方法，有的利用尺规，有的利用多把尺子完成画图任务，发展了作图能力。教师通过活动案的设计与实施，培养学生有逻辑的表达能力，培养他们发现问题、提出问题的能力，使学生会用数学的眼光观察现实世界，会用数学的思维思考现实世界，会用数学的语言表达现实世界。教师通过活动方案的设计，让学生体会从特殊到一般的数学的思想与方法。学生也通过实施自己设计的方案，激发了学习数学的兴趣与信心，感受到了数学活动的真实性与客观性，养成了勇于探究的学习习惯。

（三）信息技术辅助教学

在当今时代，信息技术的广泛应用对数学教育产生了深刻影响。在数学教学中，信息技术是学生学习和教师教学的重要辅助手段，为师生交流、生生交流、人机交流搭建了平台，为学习和教学提供了丰富的资源。信息技术与数学课程的深度融合，能够提高教学的实效性。本单元教学重视信息技术的运用，如在"边边边""边角边""角边角"基本事实的验证过程中，让学生操作图形计算器，感受运动变化过程中的不变量。图形计算器辅助教学，提升了学生探究的热情，开阔了学生的视野，激发了学生的想象力，提高了学生的信息素养。

（四）注重发展学生的核心素养

本单元教学以知识为载体，培养学生的逻辑推理能力与几何直观。逻辑推理是得到数学结论、构建数学体系的重要方式，是数学严谨性的基本保证，是人们在数学活动中进行交流的基本思维品质。它的主要表现为：掌握推理的基本形式和规则，发现问题和提出问题，探索和表述论证过程，理解命题体系，有逻辑地表达与交流。本单元教学在基本事实学习过程中，让学生充分体会了从特殊到一般的数学的思想与方法，在合情推理的情况下，让学生充分表达自己的观点，并且由教师适时指导让学生表达完整、有条理。《新课标》指出："几何直观主要是指运用图形描述和分析问题的意识与习惯。能够感知各种几何图形及其组成元素，依据图形的特征进行分类。"几何直观有助于把握问题的本质，明晰思维的路径。本单元教学通过画图活动，不仅用反例的方式，证明了一些判定方法不成立，而且在画图过程中，关注边与角等基本元素的数量关系与位置关系，体会两边一角与两角一边需要分类研究，帮助学生更加深刻地认识问题，完善探究思路。

通过对本单元的学习，通过对不同阶段的总结与反思，学生能对教学内容有整体分析，了解数学知识的产生与来源、数学知识的结构与关联、数学知识的价值与意义，了解课程内容和教学内容的安排意图。单元教学还可以强化学生对数学知识本质的理解，提炼数学知识之间的关联及发挥核心作用的数学概念，建构起脉络清晰、条理分明、相互联系的数学知识体系。单元教学可以使学生感受到数学是一门注重结构、逻辑与联系的学科。教师在教学中通过单元教学引导学生在数学概念、原理及法则之间构建起有效的认识结构，体会不同教学内容之间数学研究方法的一致性和可迁移性，帮助学生学会用整体的、联系的、发展的眼光看问题，形成科学的思维习惯，发展数学核心素养。

【点评】

教学设计以"探究判定两个三角形全等的条件"为载体，通过递进的学习任务，引领学生经历判定方法的"再发现"过程。在探究过程中，关注建构知识网络，培养学生数学的思想与方法。

教学设计严谨，关注学生的真实学习情况。教师以《新课标》的要求为指导，结合学情的量化分析和质性分析，从培养学生的学科素养的高度，从单元教学的视角，制定了素养导向的教学目标，设计了层层递进的活动。学生在问题的引领下，经历了画图、图形计算器验证、语言表达等过程，发展了几何直观和推理能力。本单元的作业分为基础题、能力题和拓展题，使不同的学生获得不同的发展。

关注结构化数学思维的培养。本教学设计在学生已有的全等三角形的定义及性质知识的基础上，对单元内容进行结构化、整体化的有效整合，形成知识的逻辑体系。另外，设计逻辑连贯、步步深入的探究活动，可以培养学生的动手能力、逻辑思考能力、有序表达能力，使学生形成结构化的思维。

点评人：丁明怡

课例九　轴对称

基本信息

学科	数学	设计者	师春红	指导者	丁明怡
实施年级	八年级	版次	2023 年 6 月第 1 版	学校	北京市大兴区教师进修学校
课程标准模块		图形与几何			
使用教材		人教版上册			
单元名称		轴对称			
课时安排		共 4 课时			

一、　单元设计的背景

在整个几何学习中，轴对称的知识在不同学段均有涉及。轴对称的概念教学，从小学的直观描述到初中的归纳定义再到高中的解析描述，从空间观念到几何直观再到直观想象，都充分体现了对学生数学核心素养的逐步培养。

"轴对称"作为"图形与几何"领域的"图形的变化"内容中的一部分，与平移、旋转一起构成了初中阶段全等变换的核心内容。图形变换是对几何图形认识方法上的一种改变，对称是我们观察图形的一种方式。当图形运动变化的时候，从运动变换的角度更容易发现不变量，把握问题的实质。对称是一种思维，是一种数学思想观念。学习轴对称及运用运动变化的观点看问题、解决问题，有助于提升学生的几何直观、空间观念、推理等数学能力。

首先，学生通过观察、画图等活动来感受实际生活中的轴对称现象，发现并欣赏生活中的对称美、数学中的对称美，体会轴对称在生活中的广泛应用。其次，创设贴近生活的真实情境，有利于学生用数学的眼光观察现实世界，发现真实的、有价值的问题，进而使用恰当的数学语言描述问题，用数学的思想与方法解决问题。在问题解决的过程中，从直观感知到理性思考，理解轴对称变换的作用，培养学生有理有据的科学态度和理性精神，促进学生几何直观、推理能力等素养的形成和提升。

二、　单元中的核心知识及其知识结构

（一）教学内容分析及课时分配

《新课标》以"图形的变化"为主题的大单元包含平移、轴对称、旋转三类全等变换及图形的相似和图形的投影。三类全等变换有一个基本性质：图形中任意两点间

的距离保持不变，夹角也不变，即图形保持变换前后全等。因此，可以利用全等变换中不变量及不变的关系，进行图形性质的研究。知识结构图见图3-9-1。

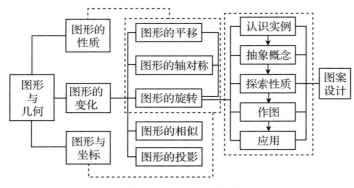

图 3-9-1   知识结构图

关于画轴对称图形，《新课标》要求能画出简单平面图形(点、线段、直线、三角形等)关于给定对称轴的对称图形。此处的"画轴对称图形"是在学生认识了轴对称图形及两个图形关于某条直线对称的基础上进行的，它们说的都是图形之间的位置关系，是静止的状态。而画轴对称图形是由一个图形得到它的轴对称图形的过程，是运动的过程。

根据《新课标》的教学建议，教学中要引导学生经历用坐标表达图形的轴对称变化的过程及解决现实问题的过程，将整个图形的轴对称变换与组成图形的点的坐标关联起来，体会用代数方法表达图形变化的意义，用数刻画图形，感悟数形结合的意义，发展几何直观。

《新课标》要求通过具体实例理解轴对称的概念，探索它的基本性质：成轴对称的两个图形中对应点的连线被对称轴垂直平分。此处的"实例"是指生活中广义的轴对称，引领学生用数学的眼光观察现实世界，思考并表达现实世界，将所学知识应用到实际生活中，体会"数学来源于生活，又服务于生活"。此处的"探索"，一是在性质的获得过程中，学生经历观察、测量、画图等操作，运用自己的语言尝试表达发现的结论；二是在性质的应用过程中，在特定的现实问题情境下，独立或合作参与数学活动，发现并提出数学问题，寻求解决问题的思路。

本单元有4课时，安排如下。

课时1：画简单平面图形的轴对称图形——应用轴对称变换的性质，画给定的点、线段、三角形关于给定直线的轴对称图形，初步感受几何直观。

课时2：在平面直角坐标系中画轴对称图形——探究点或图形关于坐标轴的

轴对称引起的点的坐标变化规律，并利用这种坐标变化规律在平面直角坐标系中画出一个图形的轴对称图形，将坐标思想和图形变化的思想联系起来。

课时3：最短路径问题——在真实问题解决中，经历将实际问题抽象为数学问题及利用轴对称性质作图、推理、证明的过程，培养几何直观及推理能力。

课时4：生活中的选址问题——在真实问题的解决中，综合利用平移及轴对称的知识方法作图、推理、证明，将课时3中解决问题的知识、方法迁移应用到新情境中，提升几何直观及推理能力。

单元课时安排见图3-9-2。

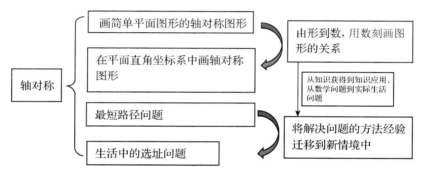

图 3-9-2　单元课时安排

（二）学生情况分析

学生在学习平移和轴对称时，从生活中的图形入手，经历了归纳概念和探究性质的过程，积累了一定的活动经验和学习经验。通过对本年级165名学生的课前测评发现，整体上学生对小学阶段学习的轴对称知识掌握得比较好。学生会根据题目的要求画出某个图形的轴对称图形，但对于操作中蕴含的理论依据，思考得不够。在教学中要关注学生的作图、识图的能力，引导学生思考几何图形及其组成要素之间的关系，并尝试从运动变化的视角去思考问题。另外，部分学生对利用轴对称的知识解决实际问题存在一定的困难。因此，教学中要让学生经历将实际问题抽象成数学问题的过程，要有意识地培养学生的文字语言、符号语言及图形语言互化的能力，并注意学生语言表达的严谨性。学习方式分类统计图和合作学习对比图分别见图3-9-3、图3-9-4。

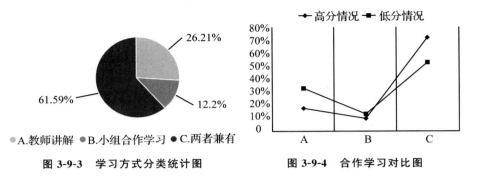

图 3-9-3　学习方式分类统计图　　　　图 3-9-4　合作学习对比图

从学习方式看，61.59％的学生选择"两者兼有"；从相关性分析看，低分组选择"教师讲解"的占比大于高分组的占比，高分组和低分组学生选择"两者兼有"的百分比都比较高，说明学生更倾向于能交流、思考的合作学习与教师讲解相融合的学习过程。因此，在教学中要合理设计小组合作的学习活动，让学生全身心地参与学习活动，在解决问题的过程中，体验成功的乐趣。

三、单元基本问题

【问题】如何在应用轴对称确定点的位置的过程中，提升几何直观？

问题阐释：从学习目标看，利用轴对称确定点的位置渗透到本单元的每一个节次，也是本单元教学的一条主线，在本单元学习目标的设定与达成方面具有统领作用。图形是点的集合，任何一个图形的变换，本质上都是点的变换，通过对点的位置的研究，实现对几何图形位置关系的研究，进而以此为工具解决实际生活中的一些问题，在问题解决的过程中感悟数形结合及转化的数学思想，落实发展几何直观的数学核心素养。从教学重点看，"应用轴对称确定点的位置，提升几何直观"凸显了本单元的主干知识和关键能力，从"动手画图，感悟几何直观"到"数形结合，初步形成几何直观"再到"实际问题解决，提升几何直观"，学生实现了从知识的积累、能力的提升到迁移应用知识方法解决实际问题的跨越。

建议：依据本单元的主题及学生已有的知识和经验，设计具有进阶性、挑战性的任务，引导并帮助学生经历发现知识的过程；创设贴近生活的、具体的任务情境，激发学生的学习兴趣，让学生在问题解决中获得发展。

合作交流作为学生数学学习的一种重要方式，在几何直观形成的过程中也相当重要。可以利用小组合作交流，引导学生将图形与数量关系相关联，将图形与实际问题相关联，利用运动变换的观点及轴对称的知识解决实际问题。学生在全身心地参与活动的过程中，不断思考问题的本质，探索解决问题的思路，从而提升思维能力和解决问题的能力，最终形成和提升几何直观。

四、 单元学习目标

(1)能画出简单平面图形(点、线段、直线、三角形等)关于给定对称轴的对称图形，从数量关系及位置关系的角度刻画轴对称，感悟通过几何建立直观、通过代数得到数学表达的过程，渗透数形结合思想。

(2)会用图形运动变换认识、理解和表达现实世界中的轴对称现象，理解几何图形的对称性，感悟现实世界中的对称美，会用数学语言表达对称美。

(3)经历把现实情境中的问题抽象成数学问题，综合运用轴对称的性质分析问题和解决问题的过程，体会图形变换在解决问题中的作用，提升几何直观、逻辑推理能力，发展应用意识。

五、 单元活动整体规划

在课程实施中指出，在呈现作为知识与技能的数学结果的同时，重视学生已有的经验，引导学生体验从实际背景中抽象出数学问题，构建数学模型、寻求结果、解决问题的过程，此过程是学生理解知识、掌握技能的必由之路。具体课时活动安排见表3-9-1。

表 3-9-1　单元课时活动安排

课时 1　画简单平面图形的轴对称图形	
活动 1	任务 1：学生观察剪纸图片(见图 a)，从中发现轴对称，感知轴对称，感受生活中的对称美；从具体的情境中，引导学生用数学的眼光观察现实世界，激发学生的探究热情。 教师设置问题：根据研究几何图形的经验，画简单平面图形的轴对称图形，你认为可以从哪个图形开始研究？引导学生分析点是最基本的几何图形，研究由易到难，由点到线再到直线。  图 a　活动 1
活动 2	学生利用透明纸描画图形，直观感受画轴对称图形的方法。学生从实践操作入手，从具体到抽象，观察并尝试用文字语言归纳轴对称的特点，即轴对称前后两个图形全等，对应点的连线被对称轴垂直平分。
活动 3	画简单图形(点、线段、三角形)的轴对称图形。 (1)如图 b 所示，已知点 A 和直线 l。求作：点 A 关于直线 l 的对称点。 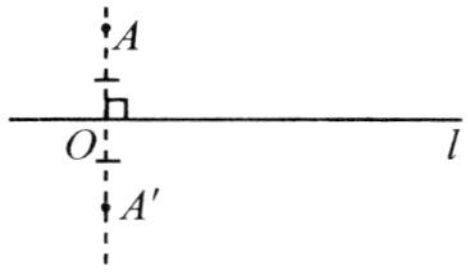 图 b　活动 3(1)

（2）如图 c 所示，已知线段 AB 和直线 l。求作：线段 AB 关于直线 l 的对称图形。

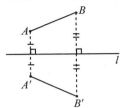

图 c　活动 3(2)

（3）如图 d 所示，已知△ABC 和直线 l。求作：△ABC 关于直线 l 的对称图形。

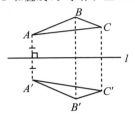

图 d　活动 3(3)

学生根据轴对称的性质，从点到线再到三角形，画平面图形关于某条直线的轴对称图形，应用运动的观点，感悟几何直观。

课时 2　在平面直角坐标系中画轴对称图形

活动 1

在平面直角坐标系中，已知点的坐标，画点关于坐标轴的对称点，写出对称点的坐标，并尝试归纳每对对称点的坐标规律。

如图 e 所示的平面直角坐标系中，第一、第二象限内各有一面小旗。

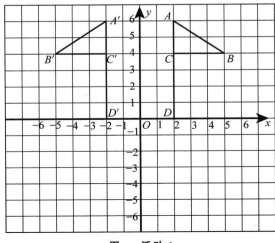

图 e　活动 1

	教师设置问题：从图形的角度看，两面小旗之间有怎样的位置关系？从代数的角度看，每对对应点的坐标之间有什么关系？你能将发现的规律表述出来吗？由形到数，由具体到抽象，深入理解轴对称变换中的变与不变，体会变换与坐标思想。
活动 2	在图 e 的平面直角坐标系中画出小旗 $ABCD$ 关于 x 轴的对称图形。 教师追问：类比刚才探究问题的思路，你能探究关于 x 轴对称的两个点的坐标之间的关系吗？先独立思考，然后小组合作交流，最后进行汇报展示。学生将解决活动 1 中的经验迁移到活动 2 中，在画图过程中体会数形结合思想，并用文字及符号语言表达关于坐标轴对称的点的坐标的规律，发展几何直观。
	课时 3　最短路径问题
活动 1	直线异侧两个定点间的最短路径问题（见图 f）。 图 f　活动 1 由学生领取奖品排队的情境引入，贴近学生生活，引导学生用数学的眼光观察生活，感受数学来源于生活。学生经历从生活问题抽象成数学问题的过程，将实际问题用数学图形及符号语言表达，运用"两点之间线段最短"解决问题并结合图形说明最短。教师设置问题：解决这个实际问题，你积累了哪些经验？帮助学生反思解决此类实际问题的思路和方法，为后续研究奠定基础。
活动 2	直线同侧两个定点间的最短路径问题（见图 g）。 图 g　活动 2 学生在活动中能理解轴对称变换的作用，学会利用轴对称变换解决实际问题中的路径最短问题的方法，即通过轴对称变换实现相等线段的位置转化，从而完成问题的求解。化未知为已知，化"同侧"为"异侧"，为学生进一步理性思考问题做好铺垫。

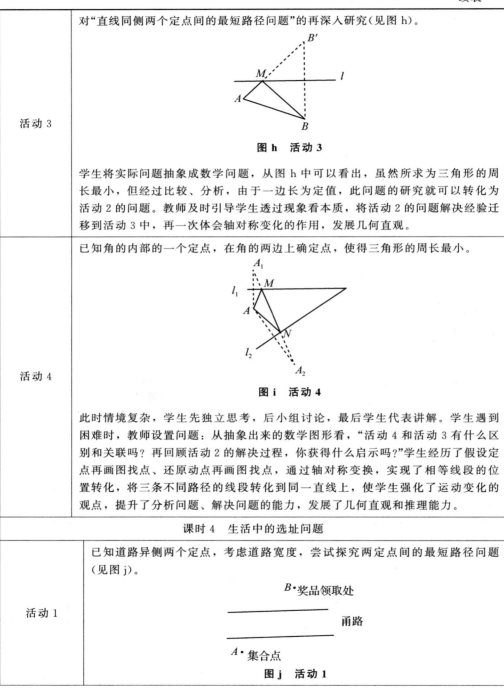

续表

活动3	对"直线同侧两个定点间的最短路径问题"的再深入研究（见图 h）。 图 h　活动 3 学生将实际问题抽象成数学问题，从图 h 中可以看出，虽然所求为三角形的周长最小，但经过比较、分析，由于一边长为定值，此问题的研究就可以转化为活动 2 的问题。教师及时引导学生透过现象看本质，将活动 2 的问题解决经验迁移到活动 3 中，再一次体会轴对称变化的作用，发展几何直观。
活动4	已知角的内部的一个定点，在角的两边上确定点，使得三角形的周长最小。 图 i　活动 4 此时情境复杂，学生先独立思考，后小组讨论，最后学生代表讲解。学生遇到困难时，教师设置问题："从抽象出来的数学图形看，"活动 4 和活动 3 有什么区别和关联吗？再回顾活动 2 的解决过程，你获得什么启示吗？"学生经历了假设定点再画图找点、还原动点再画图找点，通过轴对称变换，实现了相等线段的位置转化，将三条不同路径的线段转化到同一直线上，使学生强化了运动变化的观点，提升了分析问题、解决问题的能力，发展了几何直观和推理能力。
课时 4　生活中的选址问题	
活动1	已知道路异侧两个定点，考虑道路宽度，尝试探究两定点间的最短路径问题（见图 j）。 图 j　活动 1

	教师引导学生仔细读题，将实际问题抽象为数学问题，设置问题：考虑甬路宽度，甬路可以抽象成什么几何图形，是一条直线吗？借助之前研究最短路径问题的经验，请你分析问题，尝试画一画。学生通过测量—观察—验证逐步探究，在讨论交流过程中，展现思维发展的过程，培养合作交流的习惯。
活动 2	画图及推理证明"考虑甬路宽度的最短路径问题"（见图 k、图 l）。 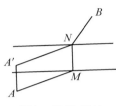 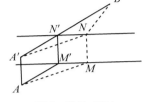 　　　　图 k　活动 2(1)　　　　　图 l　活动 2(2) 学生动手画图，分析待确定的两点需满足的条件，教师设置问题引领学生思考：通过改变点 N 的位置，测量线段 AM，MN，NB 的长度，你有什么发现？学生测量数据，发现 MN 的长度始终不变，影响路径长短的本质在于 AM，NB 的变化，进一步分析可得点 N 的位置决定了路径的长短。如何实现将 AM 与 NB 转化到同一直线上呢？如何证明所选的点 N 是正确的？学生感受图形的变化，尝试运用变化的观点思考问题，迁移之前积累的经验和方法，学会在变化中找不变，发现本质。在此过程中，学生对平移及轴对称变换的作用有了进一步理解，深化了几何直观，发展了推理能力和应用意识。

六、　单元评价方案

（一）单元学习效果的评价

单元学习效果评价表见表 3-9-2。

表 3-9-2　单元学习效果评价表

评价类别	评价目标	评价内容	评价标准	评价方式
初始 理解 活动	1. 经历观察、辨析图形的过程，感悟图形的对称美。 2. 经历画简单平面图形（点、线段、直线、三角形等）关于给定对称轴的对称图形的过程，培养几何直观。	1. 能结合生活经验，梳理轴对称的相关知识，形成对应的知识结构。 2. 能依据轴对称的性质，画出简单平面图形（点、线段、直线、三角形等）关于给定对称轴的对称图形。	1. 能正确辨析轴对称图形；描述、画对称轴。 2. 能按要求画出给定对称轴的简单平面图形轴对称后的图形。	口头作答 课堂观察 课堂交流 学习任务单

续表

评价类别	评价目标	评价内容	评价标准	评价方式
基本理解活动	在平面直角坐标系中，以坐标轴为对称轴，能写出一个已知顶点坐标的多边形的对称图形的顶点坐标。	能在平面直角坐标系中，按要求画轴对称图形，并写出指定点的坐标。	能在平面直角坐标系中，正确找到符合要求的对称点，并正确写出点的坐标。	口头作答 学习任务单 黑板展示 课堂观察
探究性理解活动	1. 探究点关于坐标轴对称的点的坐标变化规律，强化数形结合思想。 2. 经历把现实情境中的问题抽象成数学问题，能用符号语言和图形语言表示，综合运用轴对称的性质体会图形变换在解决问题中的作用，提升几何直观、逻辑推理能力，发展应用意识。	1. 能探究并归纳对应点坐标的变化规律，并根据规律写出对称后的坐标。 2. 能将实际问题转化为数学问题，并将文字语言、符号语言、图形语言进行转换，运用轴对称画图解决最短路径问题，并进行推理证明。	1. 能在平面直角坐标系中，根据轴对称的坐标规律写出对称点的坐标。 2. 能利用轴对称的性质探究与解决最短路径问题，并进行推理与证明；用运动的观点探究，认识轴对称变换的"等线段的转移"的作用是由点的运动确定的。	学习任务单 展示交流 生生互评 课堂观察
终结性理解活动	经历回顾问题探究的过程，积累并迁移解决问题的经验、方法，养成自我学习、内化反思的习惯。	1. 能说出所学知识、解题方法、感悟等收获与困惑。 2. 能梳理出"提出问题—分析问题—解决问题"拓展提升的学习过程。	1. 能对轴对称变化的相关知识有全面的认识与理解。 2. 能综合运用轴对称的性质探究问题。	语言表达 课堂观察

（二）作业设计

作业设计见表3-9-3。

表 3-9-3　作业设计

课时	目标内容	作业内容
课时 1	1. 依据轴对称的性质画出简单平面图形（点、线段、直线、三角形等）关于给定对称轴的对称图形。 2. 理解几何图形的对称性，感悟现实世界中的对称美，会用数学语言表达对称美。	**1. 基础题** 如图 a、图 b 所示，画出下列图形关于直线 l 的轴对称图形。 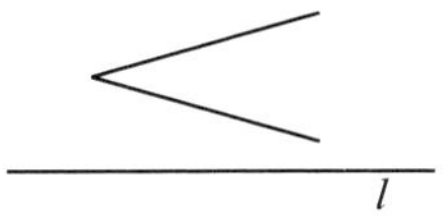 <p align="center">图 a　题目 1(1) 　　图 b　题目 1(2)</p>**2. 实践题** 请你利用轴对称，设计一个优美的图案，给它取个名字，并说出它的含义（见表 a）。 <p align="center">表 a　实践题</p> <table><tr><td>作品名称</td><td></td></tr><tr><td>图案</td><td></td></tr><tr><td>表达的含义</td><td></td></tr></table>
课时 2	在平面直角坐标系中，以坐标轴为对称轴，能写出一个已知顶点坐标的多边形的对称图形的顶点坐标；知道对应顶点坐标之间的关系。	**1. 基础题** 如图 c 所示，在△ABC 中，点 A 的坐标为 $(0，1)$，点 B 的坐标为 $(3，1)$，点 C 的坐标为 $(4，3)$。 (1) 分别写出点 $A，B，C$ 关于 x 轴和 y 轴对称的点的坐标。 (2) 分别画出与△ABC 关于 x 轴和 y 轴对称的图形。 (3) 若点 M 是线段 AB 上的一点，且关于 x 轴的对称点的坐标为 $(2，b)$，求点 M 的坐标及 b 的值。 <p align="center">图 c　题目 1</p>

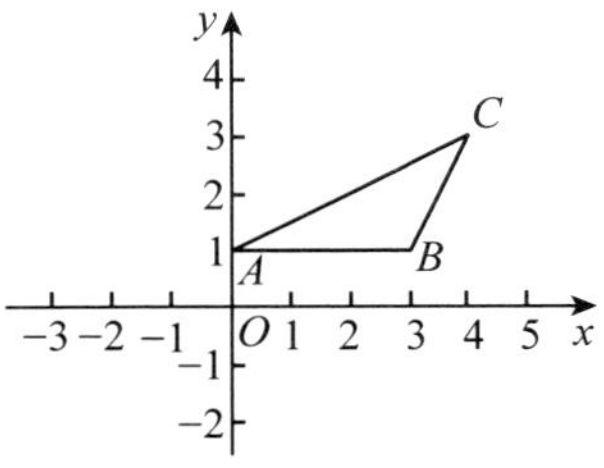

课时	目标内容	作业内容
		2. 探究题 在平面直角坐标系中，直线 l 是第一、第三象限的角平分线。 画出图形，由图观察易知 $A(0，2)$ 关于直线 l 的对称点 A' 的坐标为 $(2，0)$，请在图中分别标明 $B(5，3)$，$C(-2，5)$ 关于直线 l 的对称点 B'，C' 的位置，并写出它们的坐标： B' _____，C' _____； 归纳与发现： 结合图形观察以上三组点的坐标，你会发现：在平面直角坐标系中，任一点 $P(m，n)$ 关于第一、第三象限的角平分线 l 的对称点 P' 的坐标为 _____。 你能用同样的思路探究关于第二、第四象限的角平分线对称的点的情况吗？
课时 3	把具体现实情境中的问题转换成最短路径问题，并用几何直观和逻辑推理分析问题和解决问题。	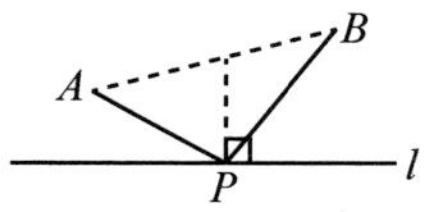 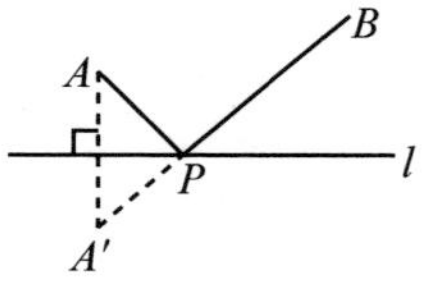 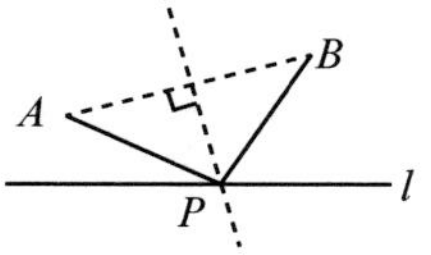 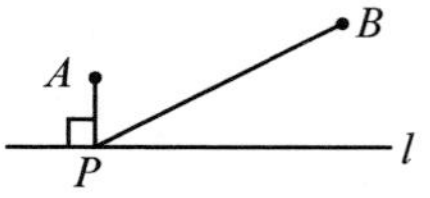 1. 基础题 (1) 如图 d 所示，点 A，B 在直线 l 的同侧，在直线 l 上确定一点 P，使得 $PA+PB$ 最小，则下列图形中符合题意的是 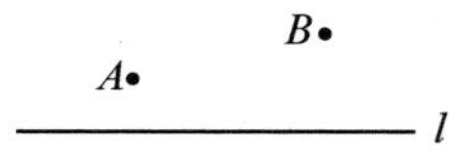 _____。 图 d　题目 1(1) (2) 如图 e 所示，在 $\triangle ABC$ 中，$AB \perp AC$，$AB=3$，$BC=5$，$AC=4$，EF 为 BC 的垂直平分线，点 P 为直线 EF 上的任意一点，则 $\triangle ABP$ 周长的最小值是 _____。

续表

课时	目标内容	作业内容
		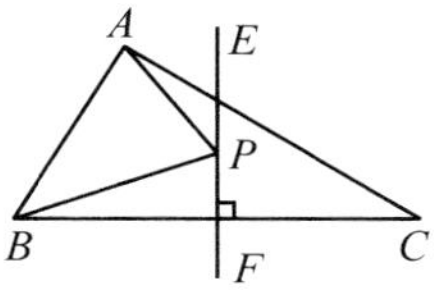 图 e　题目 1(2) A. 6　　B. 7　　C. 8　　D. 12
课时 4	把具体现实情境中的问题抽象成数学问题，并用几何直观和逻辑推理分析问题和解决问题。	1. 基础题 要在一条河上架一座桥 MN（河的两岸相互平行，桥与河岸垂直），在以下四种方案中，E，F 两地的路程最短的是_____。 A. 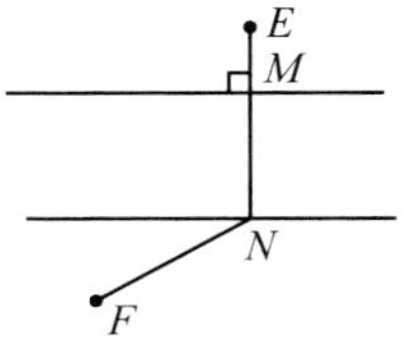　　　　EM 与河岸垂直 B. 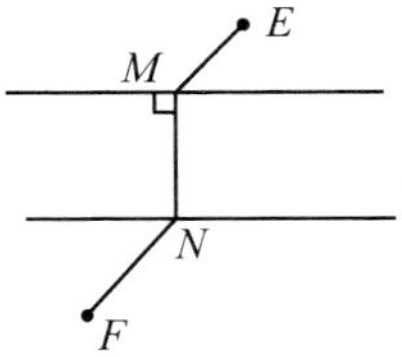　　　　EM∥FN C. 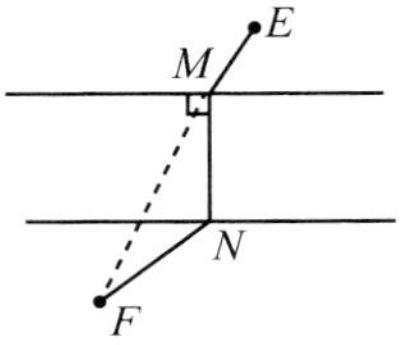　　　　E，F，M 共线 D. 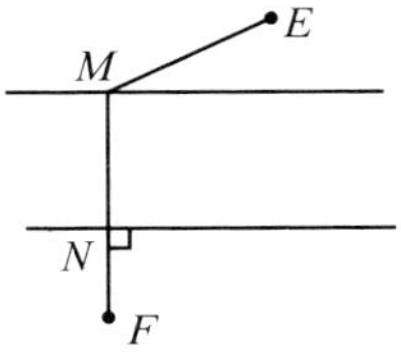　　　　FN 与河岸垂直 将基础题的最短路程方案的获得思路，与你的同学交流分享。

续表

课时	目标内容	作业内容
单元作业	综合应用轴对称及平移的知识方法，解决更为复杂的最短路径问题。	如图 f 所示，在 P，Q 两村之间有两条河，且每条河的宽度相同，由 P 村到 Q 村，要经过两座桥 EF，MN。现在要设计一条道路，并在两条河上分别架这两座垂直于河岸的桥，问：如何设计这两座桥 EF，MN 的位置，使得由 P 村到 Q 村的路程最短？（要求在图上标出道路和桥的位置） 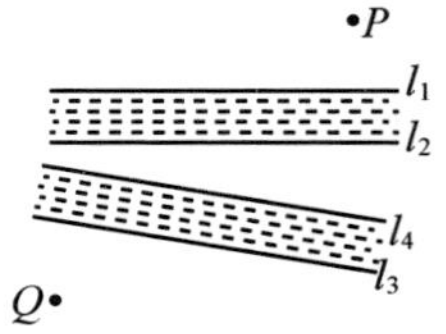 图 f　单元作业

七、 具体课时设计

生活中的选址问题（课时 4）

（一）教学内容分析

本节课的教学内容以最短路径问题为基础，创设贴近生活的真实情境，利用轴对称性质解决最短路径问题。由实际生活中的排队问题引入，学生经历将实际问题抽象成数学问题的过程，进而用轴对称的知识及"两点之间线段最短"进行推理，发展几何直观，体会数学的应用价值。

（二）学生情况分析

学生已学过"两点之间线段最短""垂线段最短""三角形两边之和大于第三边"及有关轴对称的基本知识；已具备一定的数学抽象及图形变换的意识，在活动中积极主动、合作交流，具有一定的分析归纳、猜想验证的能力。分析课前测：有部分学生会根据要求画出简单平面图形的轴对称图形，但忽略了作图操作中蕴含的道理，对轴对称性质的应用意识不强，推理能力不够。因此，教师以学生的认知和已有的经验为基础，设计一以贯之的现实情境，由易到难，层层递进，使学生在问题的提出、分析、解决中，发展推理能力，强化应用意识。

（三）教学目标

(1)经历将实际问题抽象成数学问题的过程，能利用轴对称将线段和最小问题转化为"两点之间线段最短"问题，解决简单的最短路径问题。

(2)在探索最短路径的过程中，体会图形的变化及轴对称的"桥梁"作用，形成几何直观，感悟转化思想。

（3）体验数学活动的探索性和创造性，养成独立思考、合作交流等学习习惯，形成实事求是的科学态度。

（四）教学重难点

教学重点：轴对称变换的应用。

教学难点：如何运用轴对称变换实现转化。

（五）教学过程

1. 创设情境

以学校"π节"活动奖品领取时的排队问题为背景，创设情境。

【设计意图】以学生熟悉的排队问题引入，贴近学生生活，引导学生关注身边事，用数学的眼光去观察实际生活中的问题。

2. 初步探究

任务 1：如图 j 所示，若忽略图中的甬路宽度，请你帮忙在甬路上确定积分兑换点的位置，使得从集合点(操场入口)到积分兑换点再到奖品领取处(楼前花坛)的路径最短。

学生阅读思考，独立解决，教师巡视。

学生在解决问题时，可能遇到的问题：忽略了将实际问题转化为数学问题的过程，没有用符号语言及图形语言表述问题；基于生活经验可确定积分兑换点，但不会应用数学知识证明。

(1)将实际问题抽象成数学问题。

如图 3-9-5 所示，已知点 A，B 在直线 l 的异侧，在直线 l 上确定点 P，使得 $PA+PB$ 的值最小。

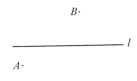

图 3-9-5　任务 1(1)

(2)学生画图形，如图 3-9-6 所示。

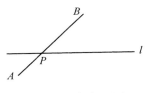

图 3-9-6　任务 1(2)

连接 AB，AB 与直线 l 交于点 P，点 P 即为所求。

（3）如图 3-9-7 所示，说明 $PA+PB$ 的值最小。

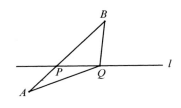

图 3-9-7 任务 1(3)

在直线 l 上任意取一点 Q，使点 Q 与点 P 不重合。

在 $\triangle AQB$ 中，$AQ+BQ>AB$，

即 $AQ+BQ > AP+BP$。

当 A，P，B 三点共线时，$AP+BP$ 最短。

所以点 P 即为所求。

（4）引导学生反思：解决了这个实际问题后，你获得了哪些经验？

【设计意图】学生经历从生活问题抽象成数学问题的过程，将实际问题用数学图形及符号语言表达，运用"两点之间线段最短"解决问题并结合图形说明最短。学生反思解决此类实际问题的思路和方法，积累了经验，为后续研究奠定基础。

3. 深入探究

任务 2：回到实际的排队问题，你认为将集合点与奖品领取处设置在甬路两侧会出现怎样的问题呢？

生：甬路上有过往的其他学生，会影响交通。

生：甬路上有过往的车辆，对于排队的同学，会有安全隐患。

师：能否改进排队方案？

生（提出方案 2）：将集合点与奖品领取处设置在甬路的同侧。

学生尝试解决问题：若集合点与奖品领取处在甬路的同侧，请你帮忙在甬路边上确定积分兑换点的位置，使得从集合点到积分兑换点再到奖品领取处的路径最短。

（1）将实际问题抽象成数学问题。

如图 3-9-8 所示，已知点 A，B 在直线 l 的同侧，在直线 l 上确定点 P，使得 $PA+PB$ 的值最小。

图 3-9-8　任务 2(1)

(2)如图 3-9-9 所示,学生尝试画图形。

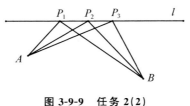

图 3-9-9　任务 2(2)

师生活动:学生通过尝试作图、小组讨论,确定动点 P 的位置,并进行小组汇报讲解。

(3)如图 3-9-10 所示,将同侧两点的问题转化成异侧两点的问题。

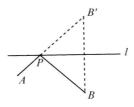

图 3-9-10　任务 2(3)

生:作点 B 关于直线 l 的对称点 B',连接 AB',AB' 与直线 l 交于点 P,点 P 即为所求。

师:如图 3-9-11 所示,如果 P_1 是异于点 P 的一点,你能证明 $AP_1 + BP_1 > AP + BP$ 吗?

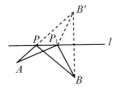

图 3-9-11　任务 2(4)

证明：连接 $B'P_1$。根据轴对称的性质，

$BP_1 = B'P_1$，$BP = B'P$。

所以 $AP_1 + BP_1 = AP_1 + B'P_1$，

$AP + BP = AP + B'P = AB'$。

在 $\triangle AP_1B'$ 中，$AP_1 + B'P_1 > AB'$，

即 $AP_1 + BP_1 > AP + BP$。

(4) 引导学生反思：轴对称在问题解决中起到了什么作用？

【设计意图】从学生已经学过的知识和日常生活经验入手，思考、操作、感悟、归纳，为进一步丰富、完善知识结构奠定基础。在师生互动中，学生更直观地感受了"线段和最小"，化未知为已知，化"同侧"为"异侧"，体会了转化的思想方法。

任务 3：有部分同学背着书包排队，如果同学们把书包先放在集合点，集合点、奖品领取处仍旧在甬路的同侧，位置不变，那么积分兑换点设在甬路边上的哪个位置，使同学们领取完奖品再背上书包的路径最短？

(1) 将实际问题抽象成数学问题。

如图 3-9-12 所示，已知点 A，B 在直线 l 的同侧，在直线 l 上确定点 M，使得 $MA + MB + AB$ 的值最小。

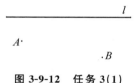

图 3-9-12 任务 3(1)

(2) 学生尝试画图形，如图 3-9-13 所示，并说明依据。

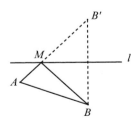

图 3-9-13 任务 3(2)

(3) 引导学生反思：此时的点 M 与任务 2 中的点 P 有什么关系？为什么？

生：点 A，B 是定点，没有改变位置，那么线段 AB 的长度是定值，因此问题的实质仍旧是求 $MA + MB$ 的最小值，也就是与任务 2 中求点 P 的问题相同。

【设计意图】任务 3 的情境相对复杂，但问题解决的思路相同，将任务 2 的问题解决经验迁移到任务 3 中，再一次体会轴对称变化的作用，发展几何直观。

4．拓展应用

任务 4：如图 3-9-14 所示，如果同学们把书包先放在集合点，集合点、奖品领取处仍旧在甬路的同侧，集合点位置不变，奖品领取处设在草丛旁，积分兑换点设在甬路边上，那么如何设置积分兑换点和奖品领取处的位置，使同学们领取完奖品再背上书包的路径最短？

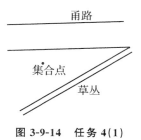

图 3-9-14　任务 4(1)

(1)将实际问题抽象成数学问题。

如图 3-9-15 所示，直线 l_1，l_2 相交，点 A 是定点，分别在直线 l_1，l_2 上确定点 M，N，使 $AM+MN+NA$ 的值最小。

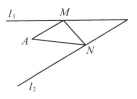

图 3-9-15　任务 4(2)

(2)学生尝试画图形，如图 3-9-16 所示，并说明依据。

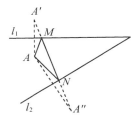

图 3-9-16　任务 4(3)

（3）引导学生反思：你是如何想到这个思路的？

【设计意图】此时情境更为复杂，对学生更具挑战性。学生经历了假设定点再画图找点、还原动点再画图找点的过程，迁移并应用已积累的经验、方法，通过轴对称变换，实现了相等线段的位置转化，将三条不在同一直线上的线段转化到同一直线上，强化了运动变化的观点，提升了几何直观和推理能力。

5. 课堂小结

通过最短路径问题探究，你有什么收获？有什么困惑？

例如：解决这类实际问题的思路；轴对称变换的作用等。

学生思考、讨论，形成知识系统。

【设计意图】学生在归纳整理过程中，形成了解决实际问题的一般思路，并体会了轴对称变换的作用，发展了学生几何直观和应用意识。

6. 作业设计

必做作业：整理课上题目，再次感受轴对称变换的作用。

选做作业：如图3-9-17所示，考虑甬路的宽度，请你帮忙在甬路一边上确定积分兑换点的位置，使得同学们从集合点到积分兑换点再穿过甬路，最后到奖品领取处的路径最短。

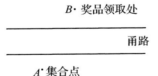

B· 奖品领取处

甬路

A· 集合点

图 3-9-17　选做作业

【设计意图】设置分层作业，关注学生的差异化，兼顾不同的学生，使学生在现有的基础上得到最大限度的提升；并将本节课的学习延伸至课外，同时为下一课时的学习做准备。

八、 核心活动的实施实录

此处将核心活动课堂实录转化为文字后形成核心活动的实施实录，能为教师提供全景式的课堂回溯。具体内容可扫描右侧二维码阅读。

课堂实录（文字版）

九、 教师的反思与成长

在原来的教学中，教师更关注一节课的内容，对于整个单元知识的整体结构及相互之间的联系思考不够，缺少对知识的整体把握。在大单元教学中，在单元整体思维的统领下，教师需要依据课标、教学内容及学生情况，聚焦于学生核心素养的培养，制定单元及课时教学目标，系统性地规划教学内容、设计体现思维进阶的任务，创设真实的问题情境，引领学生积极、全身心地参与活动。数学的知识逻辑性强，数学学习是一个持续不断、前后关联的过程。整体构建本单元的目标及设置学习任务，有利于学生对知识的整体性认识和思考。

教育教学倡导以学生为本，教学活动要以学生为中心展开。数学的学习不是对知识进行背诵记忆或反复练习，而是通过帮助学生经历知识的再发现过程，让学生学会数学的思考，获得发现问题、提出问题、分析和解决问题的能力，从而体会知识的本质及知识间内在的联系，感悟数学思想，获得解决问题的方法，积累经验，利于知识、方法在新的情境中迁移和应用。

"图形的变化"是"图形与几何"领域的重要板块，对于培养学生空间观念和几何直观等核心素养有着重要的意义。数学知识源于生活，也应用于生活，将生活中的现实情境与数学课堂教学有机结合，引领学生观察、记录、思考轴对称在现实情境中如何发挥作用，从而形成对轴对称图形的多维度认识与感知，驱动学生开展知识研究和运用，在解决实际问题的过程中，使学生有条理地思考，清晰地表达自己的思考过程和结果，引导学生用数学的眼光观察现实世界，用数学的思维思考现实世界，用数学的语言表达现实世界，培养学生的抽象能力、推理能力及几何直观，发展学生的思维。

在备课过程中，教师更关注文本的书写及各课时中任务的设置，尤其是对于最短路径问题，一方面要体现运动变化的观点及轴对称的应用；另一方面要考虑问题情境的设置：既贴近学生生活，调动学生的兴趣，又要在逐渐复杂的情境中，迁移和应用知识、方法、经验，发展学生思维的深刻性，关注核心素养的培养。

在试讲过程中，开始没有进行课前测试，对实际学情的分析不够，仅仅基于教师经验，缺乏相应的数据量化分析，这就使有些问题设置不合理，没有引发学生思维深度的活动，有些问题仅停留于表面。本课时中的任务是关联的、递进的，每个任务的解决都会为后面的任务完成积累经验。试讲中没有在每个任务完成后引领学生进行反思归纳，造成学生对轴对称变换的作用和转化的数学思想认识不够，解决问题后没有及时积累经验，因此任务4的解决有些困难。

在正式讲课时，创设"π节"奖品领取排队的问题情境，贴近学生生活，真实可信，激发了学生的探究兴趣。在任务的完成过程中，学生充分体会了轴对称变换在解决问题中的转化作用，学习了将实际问题转化为数学问题的方法，发展了几何直观和应用意识，体验了探究的快乐。展示交流是本节课的重要环节。学生在展示过程中，有画图演示，有思路讲解，有反思质疑，学生的思维处于高度活跃状态，充分发挥了学生的主体地位。在交流过程中，感受其他同学的思维方法和思维过程，不断地质疑和反思，生生之间的评价也相应发生，从而使知识在交流中重组，认识在讨论中深化。

本单元共 4 课时，单元引入阶段是画简单平面图形的轴对称图形。依据题目的明确要求，应用轴对称的性质，做已知点关于直线的对称点，再连线即可完成。此时的画图更多是程序性的操作；在平面直角坐标系中的画图，则是根据点关于坐标轴对称的位置关系，探究点的坐标之间的规律，用数刻画形。在单元探究阶段，利用轴对称变换解决实际生活中的最短路径问题。首先将实际问题抽象成数学问题，然后通过轴对称变换实现等线段的位置转化，将不共线的多条路径转化到一条直线上，从而完成问题的求解。此时应用轴对称，不再是知识的简单重复。轴对称是实现线段"运动转移"的工具，是学生有意识的应用，是解决问题的策略。在单元小结中，关注学生对解决问题中知识与方法的反思，让学生把握轴对称变换的本质，积累解决问题的经验。

【点评】

在本单元中，教师以真实情境为背景，引领学生发现真实的、有价值的问题，进而使学生将问题数学化，建立数学模型，形成解决问题的方法和策略。本单元的主要特点如下。

情境创设真实，前后一致、逻辑连贯，具有探究性。《新课标》指出，教学活动应注重启发式，激发学生学习兴趣，引发学生积极思考，鼓励学生质疑问难，引导学生在真实情境中发现问题和提出问题，利用观察、猜测、实验、计算、推理、验证、数据分析、直观想象等方法分析问题和解决问题。本单元的情境不是"穿靴戴帽"式浅表化的，而是能启发学生思考、引领学生深入探究的。学生在连贯的、逐级递进的问题解决中，互相交流，沟通协商，阐述解决问题的思路，迁移和应用所学知识方法解决问题，在探究中逐步完善知识、形成方法体系。

关注核心素养的落实。教师从单元整体教学的角度，制定了素养导向的教学目标，设计了逐步深入的、具有挑战性的学习任务。学生在问题链的引领下，不断将实际问题抽象成数学问题，并将文字语言转化为图形语言及符号语言，通过识图—画图—析图，在感性认识到理性思考的过程中，在有理有据的表达中，发展了几何直观和推理能力。

点评人：丁明怡

课例十　数据的分析

基本信息

学科	数学	设计者	廖北怀	指导者	丁明怡
实施年级	八年级	版次	2013 年 12 月第 1 版	学校	北京景山学校
课程标准模块	统计与概率					
使用教材	人教版下册					
单元名称	数据的分析					
课时安排	共 5 课时					

一、　单元设计的背景

　　当今社会处于信息时代、大数据时代，社会的各种政策制定、经济规划、商业运作等都体现着统计学的应用价值。不可否认，统计学已经充斥在生活的各个方面，甚至网络搜索推荐，都是来自大数据的计算。

　　2014 年，我国出台了《教育部关于全面深化课程改革落实立德树人根本任务的意见》，明确发展中国特色社会主义教育事业的核心是"立德树人"。构建核心素养体系是体现我国新时代教育的课程目标和育人任务。

　　《新课标》提出："义务教育数学课程应使学生通过数学的学习，形成和发展面向未来社会和个人发展所需要的核心素养。"其中包括"会用数学的眼光观察现实世界，会用数学的思维思考现实世界，会用数学的语言表达现实世界"。统计学部分的学习是培养学生数据观念的基石。在学习过程中引导学生用数据分析的结果，解释和预测不确定的现象，形成合理的判断或决策，初步养成讲道理、有条理的思维品质，形成实事求是的科学态度和理性精神。

　　从实际问题出发，根据问题背景设计收集数据的方法，使学生经历更加有条理地收集、整理、描述、分析数据的过程，体会利用样本估计总体的思想，体会抽样的必要性和数据分析的合理性，感悟从不确定性的角度认识客观世界的思维模式和解决问题的方法，初步理解通过数据认识现实世界的意义，感知大数据时代的特征，发展数据观念。

　　数据分析是研究现实社会随机现象的一种重要手段，是大数据时代数学应用的一种主要方法。数据分析在现实生活中的应用越来越广泛，学生的统计知识对学生继续学习或步入社会有重要作用。对学生来说，无论将来从事何工作，都要想到基于数据，用统计思维来思考问题，用数据语言来表述问题，用数据分析来解决问题。数据分析将作为一种有效的策略或工具，帮助个人解决现实生活中遇到的问题。显然，在这个"万物皆数据"的大数据时代，数据成了联系万物的桥梁。培养学生具备一定的数据收集、描述、分析和推断等能力，也是推动和实现大数据战略的重要方法。

二、 单元中的核心知识及其知识结构

（一）教学内容分析及课时分配

1. 本单元内容在小学、初中、高中各学段的联系和区别

数据的集中趋势单元主要研究平均数(加权平均数)、中位数、众数这些统计量的统计意义，学习如何利用这些统计量分析数据的集中趋势，并通过研究如何用样本的平均数估计总体的平均数，进一步体会用样本估计总体的思想。

本单元承上启下，以小学阶段和初中前段统计知识的学习为基础，学习获得数据的简单的抽样方法，能通过平均数(加权平均数)、中位数、众数等反映数据集中趋势的统计量来进行数据分析，通过由样本数据推断总体特征的方法，形成和发展数据观念。知识结构图见图 3-10-1。

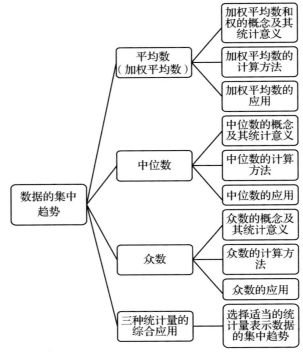

图 3-10-1　知识结构图

　　学生学习了"数据分类""数据的收集、整理与表达""随机现象发生的可能性"三个主题，这些内容由浅入深，相互联系。学生在学习过程中，了解统计与概率的基础知识，会计算一组数据的平均数，感悟数据分析的过程，形成数据意识。

　　在初中阶段，学生通过丰富的实例，体会抽样的必要性和数据分析的合理性；学习条形统计图、折线统计图、扇形统计图、频数分布直方图，能根据需要使用恰当的方法收集数据，运用统计图表整理和表示数据，能根据统计图表分析随机现象的变化趋势，逐步形成和发展数据观念。

　　在高中阶段，学生将在义务教育阶段学习统计的基础上，结合具体的实际问题情境，理解随机抽样的必要性和重要性，学会用简单随机抽样方法从总体中抽取样本，了解分层抽样和系统抽样方法；学习频率分布直方图、频率折线图、茎叶图、标准差；进一步体会用样本估计总体的思想，会用样本的频率分布估计总体分布，会用样本的基本数字特征估计总体的数学特征，逐步提升数据分析能力。

　　小学阶段强调学生对数据的"感悟"，处于一种感性认识中。初中阶段则强调对数据的"认知"，包括理解反映数据集中趋势的各种统计量的统计意义，并运用它们进行简单的数据分析等。高中阶段则要求学生用更加丰富的方法，从更加丰富的角度对数据进行"应用"，深入分析。从"感悟"到"认知"再到"应用"，无论是从学生的认知角度，还是从教学的角度来说，都表现为螺旋式上升。

　　2. 本单元内容在课标及教材中的要求分析

　　内容要求如下。

　　理解平均数、中位数、众数的意义，能计算中位数、众数、加权平均数，知道它们是对数据集中趋势的描述。体会样本与总体的关系，知道可以用样本平均数估计总体平均数。能解释数据分析的结果，能根据结果作出简单的判断和预测，并能进行交流。

　　学业要求如下。

　　能计算一组数据的中位数、众数、加权平均数，知道计算加权平均数的分布式计算方法，知道中位数、众数、平均数都能刻画这组数据的集中趋势以及它们各自的特点；知道样本与总体的关系，能用样本平均数估计总体平均数；能根据问题的需要提取中位数、众数、平均数等数据的数字特征，能根据数据的数字特征解释或解决问题；体会数据分析的重要性，感悟通过样本特征估计总体特征的思想，形成数据观念。

　　从具体教材的内容素材来分析，统计已经渗透到生活的各个方面，并且设置有问题情境、探究过程、思考、数学活动等内容，因此教学素材选材要广泛，而且数据要有真实性、可靠性。在教学过程中，做到以下几个方面。

(1)有效整合统计活动和统计内容，将统计活动和统计内容融为一体，统计的学习本质是对统计活动的学习，不是概念和公式的学习。在统计分析过程中，体会统计量的统计意义，让学生经历收集数据—整理数据—分析数据—做出判断的全过程，反思参与活动的全过程，进一步获得数学活动经验。

(2)统计教学以数据处理的基本过程为线索，结合典型案例介绍统计的整个过程和统计概念及方法产生的必要性和合理性，更注重统计知识生成的过程。

(3)突破课时固定框架，从统计思想的整体出发，对教材中的相关内容进行恰当、合理地创造性重组和优化，梳理出符合实际的单元教学主线，强化学生对知识间的关联性认知，突出统计的本质，发展学生的核心素养。

(4)统计活动往往非一个人的力量所能完成的，需要同学间的合作，而统计结果的评价也因人而异。教学过程中注重学生的活动，特别是小组合作的活动，让学生在合作交流中共同进步。

(5)适当使用信息技术，辅助教学，增强教学效果，提高教学效率，有效达成教学目标。

3. 课时分配

本单元共分 5 课时。

课时 1，平均数(1)，主要是理解加权平均数的统计意义，学会计算一组数据的加权平均数，重点是会用加权平均数分析一组数据的集中趋势。

课时 2，平均数(2)，掌握用组中值计算频数分布表(或频数分布直方图)中的分组数据的加权平均数的方法，并进一步运用加权平均数分析一组数据的集中趋势，体会用样本平均数估计总体平均数的思想。

课时 3，中位数，主要是理解中位数的统计意义，并学会用中位数分析一组数据的集中趋势。

课时 4，众数，主要是理解众数的统计意义，并学会用众数分析一组数据的集中趋势。

课时 5，数据的集中趋势，主要是在实际问题情境中，综合运用本单元所学的知识，从平均数、中位数和众数中选择适当的统计量来解决问题。

（二）学生情况分析

通过测试、调研或访谈等分析学生在思维、认知等方面的基本情况，说明本单元学习中学生的思维障碍点和发展点。

1. 学生基本情况

本单元的教学对象是八年级学生，授课班级学生思维较为灵活，有较好的知识基础，对数据的分析活动充满热情，喜欢展现自我，对于老师所提出的问题，也能够积极主动地研讨与交流，有一定观察、记忆、想象的能力。

2. 知识储备情况及思维障碍点

为了能够深入地了解学生的知识储备情况，更好地设计教学活动，教师在学习本单元之前进行了问卷调查和学生访谈。

(1)问卷调查。

教师只有掌握学生的现有水平，才能制定有效的教学目标，选择合适的教学策略，进而促进学生数据观念的发展。所以问卷主要从学生对统计的认知、统计综合思维两个角度进行设计。

问卷问题：

1. 对统计的认识错误的是(　　)。

A. 统计主要研究现实生活中的数据

B. 统计的基本思想是通过数据发现事物的发展规律

C. 统计图是描述数据的重要工具

D. 通过数据推测的结果都是正确的

2. 你认为统计数据(　　)。

A. 具有随机性　　　　　　　　B. 是确定的

C. 可以随便改变　　　　　　　D. 不清楚

3. 在日常生活中，统计应用于(　　)。

A. 新闻报道　　　　　　　　　B. 产品广告

C. 日用品功能描述　　　　　　D. 以上都有

4. 你认为下列(　　)是"用数据说话"。

A. 小明在班上是中等个儿　　　B. 本周平均气温 28 ℃

C. 男鞋 44 码占多数　　　　　D. 以上都是

5. 作为服装店老板，想要合理安排每日开门时间，你会(　　)。

A. 越早越好，不错失顾客　　　B. 参考其他店铺开门时间

C. 参考不同季节或节假日客流量　D. 固定好统一时间

6. 想要描述一个城市不同年份生活用水的变化情况，你会选用(　　)。

A. 直方图　　　　　　　　　　B. 条形统计图

C. 扇形统计图　　　　　　　　D. 折线图

7. 对外招聘时，某公司称员工的月平均工资为 6000 元，你会（　　）。

A. 立即应聘　　　　　　　　B. 想要了解公司人数

C. 想要了解最低或最高工资　　D. 不知如何做

8. 某药品广告声称：经过临床实验统计，该药对某种疾病的治愈率达到 80%。下列说法你认为正确的是（　　）。

A. 每 5 人中可治愈 4 人

B. 平均每百名患者中可治愈 80 人

C. 每百名患者中一定能治愈 80 人

D. 治愈率很高，不用担心

9. 表 a 是一家店铺不同鞋码的进货和销售情况，若你是店主，会增加进货量的鞋码是（　　）。

表 a　不同鞋码的进货和销售情况

鞋码	36	37	38	39
进货/双	45	70	50	53
售出/双	30	68	45	40

A. 36　　　　　　B. 37　　　　　　C. 38　　　　　　D. 39

10. 某班甲、乙、丙三名同学的 5 次数学成绩及班级平均分的折线统计图见图 a，则下列判断错误的是（　　）。

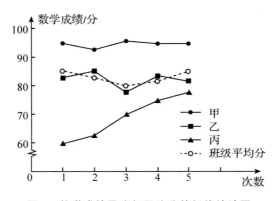

图 a　数学成绩及班级平均分的折线统计图

A. 甲的数学成绩高于班级平均分

B. 乙的数学成绩在班级平均分附近波动

C. 丙的数学成绩逐次提高

D. 在甲、乙、丙三人中，甲的数学成绩最不稳定

11. 某公司销售部调查了一组和二组各 5 名销售人员的日销售量，并根据调查结果绘制成图 b。若其中一名销售人员说："今天我共卖出 80 件产品，在我们组中销量排名属于中游偏下。"则该销售人员属于(　　)组。

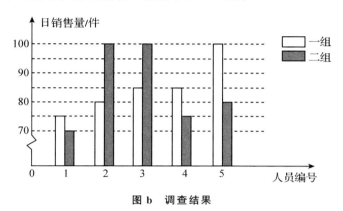

图 b　调查结果

A. 一组　　　　　B. 二组

12. 自体育中考改革后，体育中考分数有所上调，体质健康测试受到了大家的关注，体质健康测试满分 100 分，其中八年级测试在中考中占 10 分，内容包括 BMI(占 15%)、肺活量(占 15%)、50 米(占 20%)、800/1000 米(占 20%)、立定跳远(占 10%)、坐位体前屈(占 10%)、引体向上/仰卧起坐(占 10%)。近日，我校八年级进行了体质健康测试的摸底考试，已知小刘同学 BMI、肺活量和仰卧起坐均满分，50 米 68 分，800 米 72 分，立定跳远 64 分，坐位体前屈 70 分。国家学生体质健康标准见表 b。

表 b　国家学生体质健康标准

等级	测试得分	国家学生体质健康标准（30 分）			体育与健康知识（10 分）	总分（40 分）
		四年级	六年级	八年级	八年级	
良好及以上	80 分及以上	10	10	10	10	40
及格	75.0～79.9 分	8.5	8.5	8.5	8.5	34
	70.0～74.9 分	8	8	8	8	32
	65.0～69.9 分	7.5	7.5	7.5	7.5	30
	60.0～64.9 分	7	7	7	7	28
不及格	0～59.9 分	5.5	5.5	5.5	5.5	22

小刘同学的体质健康测试成绩和中考成绩分别是(　　)。

A.81.4 分，10 分　　　　　　B.75.8 分，8.5 分

C.72 分，8 分　　　　　　　D.68 分，7.5 分

(2)学生访谈。

2019 年,《生活垃圾分类标志》标准正式实施。垃圾分类是指按一定规定或标准将垃圾分类储存、投放和搬运,从而转变成公共资源的一系列活动的总称。为进一步普及生活垃圾分类知识,方便居民生活垃圾分类,"全国垃圾分类"小程序上线,小程序已覆盖全国多个生活垃圾分类重点城市,这些城市的居民可以一键查询所在城市生活垃圾分类政策,同时也可以查看生活垃圾分类标准和投放要求等内容。2020 年 5 月 1 日,《北京市生活垃圾管理条例》正式实施。做好垃圾分类有减少环境污染、节省土地资源等好处。

实际上,北京的垃圾分类从 1996 年就已经开始。1996 年 12 月 15 日,北京西城区大乘巷的居民在民间组织地球村的帮助下开始垃圾分类。目前,北京垃圾分类设施设备进一步规范提升,家庭厨余垃圾日均分出率保持稳定。

为了贯彻垃圾分类政策,北京景山学校也进行了垃圾分类。现对学校初中部 30个班级某一周的厨余垃圾分出量和其他垃圾分出量的有关数据进行收集、整理、描述和分析。下面给出了部分信息。

a. 30 个班级的厨余垃圾分出量的频数分布直方图见图 a(数据被分成 7 组:$1 \leqslant x < 1.5$,$1.5 \leqslant x < 2$,$2 \leqslant x < 2.5$,$2.5 \leqslant x < 3$,$3 \leqslant x < 3.5$,$3.5 \leqslant x < 4$,$4 \leqslant x \leqslant 4.5$)。

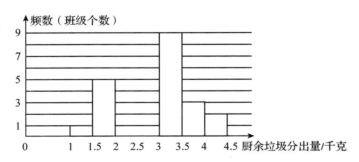

图 a　30 个班级的厨余垃圾分出量的频数分布直方图

b. 各组厨余垃圾分出量平均数见表 a。

表 a　各组厨余垃圾分出量平均数统计表

单位:千克

组别	$1 \leqslant x < 1.5$	$1.5 \leqslant x < 2$	$2 \leqslant x < 2.5$	$2.5 \leqslant x < 3$	$3 \leqslant x < 3.5$	$3.5 \leqslant x < 4$	$4 \leqslant x \leqslant 4.5$
平均数	1.4	1.7	2.3	2.8	3.3	3.7	4.3

c. 厨余垃圾分出量在 $2.5 \leqslant x < 3$ 这一组的数据是:

2.59　2.62　2.81　2.88　2.93　2.97

d. 30 个班级厨余垃圾分出量和其他垃圾分出量情况统计图见图 b。

e. 30 个班级中八(7)班的厨余垃圾分出量为 2.97 千克。

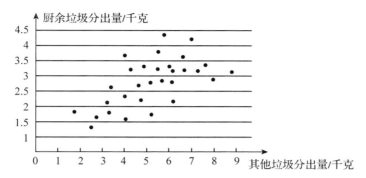

图 b　30 个班级厨余垃圾分出量和其他垃圾分出量情况统计图

根据以上信息，回答下列问题：

(1)补全厨余垃圾分出量的频数分布直方图。

(2)八(7)班的厨余垃圾分出量在 30 个班级中由高到低排名第_____；八(7)班的其他垃圾分出量大约是_____千克(结果保留一位小数)。

(3)30 个班级的厨余垃圾分出量平均数约为_____吨(结果保留一位小数)。

(4)为了贯彻落实厉行节约，学校要对 30 个班级进行评比表彰，你觉得哪个班级是最应该受到表彰的呢？为什么？

(5)由以上信息，针对本校的垃圾分类管理，你能提出什么建议吗？

调查结果显示，绝大多数学生普遍具备初步的数据意识，能够进行简单的数据分析。

从知识类别看，学生在统计过程的多数环节中表现良好，但在数据描述与综合实践两个方面出现两极分化的情况，反映出他们在利用统计知识解决实际问题的能力上还有所欠缺。

具体到知识点，学生对平均数的概念和计算、统计图的选择和获取信息、样本估计总体思想等内容掌握得较好，而在调查问卷的设计、样本的代表性上，得分不尽如人意。这说明学生并没有深刻经历过数据收集的过程，对统计部分相关概念的了解存在漏洞。

从认知基础看，学生的运算能力与抽象能力相对较好，但数据观念还有待加强。具体而言，学生对统计概念和计算公式的认识浮于表面，不解其意，缺少应用；对问卷设计及用样本估计总体思想的应用等问题，则显示出分析问题、解决问题的能力有待提高。

进行访谈时发现，学生对题目的思考往往停留在考试层面上，他们的解题思路往往是先阅读问题再开始审题，直接抓取关键信息，忽略了数据分析是从收集数据到获得结论的一系列过程，没有真正落实数据分析观念。中等及以下水平的学生在审题时困难较大，对于题目中的信息不能联系在一起，难以体会数据中蕴含的信息如何使用。

3. 思维发展点

本单元从多方面培养学生的数据观念，发展学生的数据分析能力。

设置问题情境，将对统计量的统计意义的理解融入解决实际问题中，体现统计学在生活中的应用，帮助学生学会用数学的眼光看待问题，发展学生的应用意识。

从设计问卷、收集数据、整理数据、描述数据、分析数据到最后得出结论，让学生提出策略，反思生活，经历完整的统计过程，在过程中帮助学生理解各统计量的统计意义，并能够联系实际提出有意义的数学问题，分析数据，挖掘信息，感受统计学独特的思维方式，提升数据处理能力，积累通过统计调查解决现实问题的活动经验，会用数学的思维思考问题，培养数据观念，发展数据分析能力。

通过设置开放性问题，让学生有一种身临其境的感觉，培养学生的创新意识，提升学生的创新思维能力。

通过小组合作，经历个体实践—组内讨论—展示交流的过程，鼓励学生会用数学的语言表达观点，培养学生的合作意识，提升学生的表达能力。

通过课堂学习反思，提升学生的归纳与概括等能力，促进理性思维的发展。

三、 单元基本问题

【问题】在问题情境中，如何选择适当的统计量表示数据的集中趋势？

问题阐释：从教学目标看，选择适当的统计量表示数据的集中趋势，是本单元教学的一条主线。为此，就要理解各统计量的统计意义，这渗透到本单元的每一个节次，在本单元学习目标的设定与达成方面具有统领作用。从教学重点看，理解平均数(加权平均数)、中位数、众数的统计意义，能选择适当的统计量表示数据的集中趋势，也是本单元的重中之重。因此，"在问题情境中，如何选择适当的统计量表示数据的集中趋势?"自然也就成了本单元的基本问题。

建议：在具体问题情境中，可以以问题为驱动，充分启发学生合理分析问题、解决问题。问题情境的设置可以以学生的生活实际为出发点，要有助于唤起学生的积极思维，使学生能面对适度的学习困难。可以循序渐进地提高难度，并设置开放性问题，组织个性化的教学活动，充分调动学生的积极性，提升学生的数据核心素养。

四、 单元学习目标

(1)理解平均数(加权平均数)、中位数、众数的统计意义,认识到平均数(加权平均数)、中位数、众数是刻画数据集中趋势的统计量。

(2)会计算一组数据的平均数(加权平均数)、中位数、众数,会用平均数(加权平均数)、中位数、众数分析一组数据的集中趋势,发展数据分析能力,逐步形成数据的观念;会用样本平均数估计总体平均数,进一步感受抽样的必要性,体会用样本估计总体的思想。

(3)经历数据处理的基本过程,体验统计与生活的联系,感受统计在生活和生产中的作用,体会数学的应用价值,养成用数据说话的习惯和实事求是的科学态度;会用数学的眼光看待情境中的问题,会用数学的语言表达自己的观点,会用数学的方法解决问题。

五、 单元活动整体规划

单元课时活动安排见表 3-10-1。

表 3-10-1　单元课时活动安排

课时 1　平均数(1)	
活动 1	活动名称:复习回顾,引出问题 活动内容: 结合图 a,让学生回顾统计调查的一般步骤,本章将学习数据的分析,主要研究平均数、中位数、众数等统计量的统计意义,学习如何利用这些统计量分析数据的集中趋势和波动程度,如何利用数据的数字特征刻画数据的分布特征。通过研究如何用样本的平均数估计总体的平均数,进一步体会用样本估计总体的思想。同时体会数据的分析是统计的重要环节。 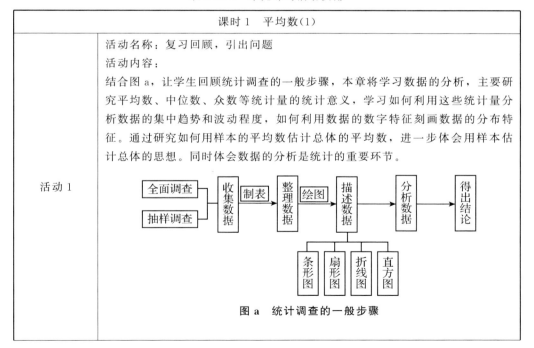 图 a　统计调查的一般步骤

活动 2	活动名称：创设情境，解决问题 活动内容： 有一天，八年级同学进行了体质健康测试，张宇（男）和李铭（男）两名同学各项得分（百分制）如表 a 所示。 **表 a　张宇和李铭体质健康测试各项得分统计表** *(见下表)* 张宇对李铭说："我算了一下，平均分比你高，怎么体质健康测试标准分却比你低呢？" 教师根据学生解决问题的过程，进行适当引导，让学生体会加权平均数产生的过程，体会计算的合理性，教师也可引导学生联想同学的学期成绩、学年成绩的计算方法。根据对学生学情的调查，大部分学生能理解并正确计算权重以百分比形式给出的加权平均数。通过对比分析，初次感知加权平均数，并指出它也是反映一组数据平均水平（集中趋势）的统计量。问题解决后，教师总结。
活动 3	活动名称：比较辨别，形成概念 活动内容： 在活动 2 中，各项得分的占比是以百分比的形式给出的，能否变成比的形式？如果能，各项得分的权分别是多少？这种情形的体质健康成绩又怎么计算呢？ 学生根据这个比与前面百分比的等价性，不难将现在的问题转化为前面的情形进行计算。通过同一问题下，权的不同表现形式，让学生理解两种权的形式本质上相同，意义相同，作用一样，可以相互转化，从而可以运用百分比形式下的计算方法，推导出以比的形式给出的加权平均数的计算方法。
活动 4	活动名称：深化拓展，灵活运用 活动内容： 结合表 b，设置开放性问题，引导学生通过设置问题情境中的权，运用加权平均数的统计意义解决实际问题。学生通过思考"如果想招一名综合能力较强的翻译，应如何赋权？""如果想招一名笔译能力较强的翻译，应如何赋权？""如果想招一名口语能力较强的翻译，又如何赋权？"让学生主动运用权影响一组数据的平均水平，帮助学生内化对权的意义的理解。

学生	体重指数（BMI）	肺活量	50米跑	坐位体前屈	立定跳远	引体向上	1000米跑	体质健康测试标准分
张宇	100	80	80	85	90	50	70	79.5
李铭	80	100	100	90	85	0	80	80.5

续表

<table>
<tr><td rowspan="1"></td><td colspan="5" align="center">**表 b　甲、乙两人应聘成绩统计表**</td></tr>
</table>

	应试者	听	说	读	写
	甲	85	78	85	73
	乙	73	80	82	83

活动 5	活动名称：回顾反思，分层落实 活动内容： (1)课堂小结。 (2)布置分层作业。

课时 2　平均数(2)

活动 1	活动名称：讨论探究，体会异同 活动内容： 为了了解东城区学生每天课余时间参加体育锻炼的平均时长，可以先开展对本校八年级学生每天课余时间参加体育锻炼的平均时长的统计调查(见表 c)，引导学生更好地理解用样本估计总体的思想，体会抽样的必要性与样本的合理性。 当问题情境中的数据以区间分组的形式出现时，又如何计算数据的加权平均数，进而运用平均数的统计意义解决实际问题？ 引导学生体会利用平均数的统计意义解释引入组中值的合理性和必要性。

表 c　本校八年级学生每天课余时间参加体育锻炼的平均时长统计表

时长	频数
$0 \leqslant t < 0.5$	60
$0.5 \leqslant t < 1$	100
$1 \leqslant t < 1.5$	80
$1.5 \leqslant t < 2$	40
总计	280

活动 2	活动名称：渗透思想，提升素养 活动内容： 回到开始要开展的调查：通过对东城区学生每天课余时间参加体育锻炼的平均时长的情况调查，我们可以获得哪些结论呢？这些结论对学生的学习和生活有哪些帮助吗？ 每小组派代表发言。 通过经历完整的统计过程，积累经验，掌握使用统计知识解决问题的方法，感受统计的应用价值。

续表

	课时 3　中位数
活动 1	活动名称：创设情境，引出新知 活动内容： 某公司员工月收入的资料如表 d 所示。 **表 d　某公司员工月收入统计表** 〔表见下〕 (1)计算这个公司员工收入的平均数。 (2)若用(1)算得的平均数反映公司全体员工月平均收入水平，你认为合适吗？ 通过一个具体问题，帮助学生感受平均数作为应用广泛的重要统计量，也有着容易被极端值影响的局限性。由此引出学习和使用其他统计量刻画数据集中趋势的必要性。同时，培养学生在统计表中分析和提取信息的能力，逐步引出中位数的概念，便于学生理解其统计意义。
活动 2	活动名称：例题讲解，归纳方法 活动内容： 例题 1：在一次男子马拉松长跑比赛中，抽得 12 名选手所用的时间（单位：min）如下所示。 136　　140　　129　　180　　124　　154 146　　145　　158　　175　　165　　148 (1)这组样本数据的中位数是多少？ (2)一名选手的成绩是 148 min，你认为他的成绩如何？ 带领学生经历具体数据的操作过程，再梳理归纳中位数的概念及求法，体会中位数在实际情境中所代表的意义，感受从不同的需求出发，选取不同的统计量从不同角度对数据进行分析，可能会得到不同的结论。关键在于具体情境的具体需要。
活动 3	活动名称：巩固提高，加深理解 活动内容： 例题 2：学校开展线上防疫知识大赛，将八(1)班 40 名学生的成绩数据（百分制）进行整理、描述和分析。下面给出了部分信息。

表 d　某公司员工月收入统计表

月收入/元	60000	30000	18000	9000	7000	6000	4000	3000
人数	1	1	1	3	6	1	11	1

续表

a. 图 b 是竞赛成绩的频数分布直方图。

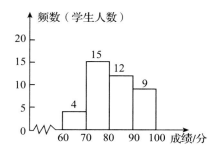

图 b　八（1）班竞赛成绩的频数分布直方图

b. 竞赛成绩在 $80 \leqslant x < 90$ 这一组的数据如下。

| 82 | 83 | 84 | 84 | 85 | 85 |

| 85 | 86 | 87 | 88 | 88 | 89 |

（1）求该班级学生竞赛成绩的中位数。

（2）学校要求每班按成绩高低推荐一半左右的学生参加复赛。两个班的班长在对成绩进行初步统计后，列出了表 e。

表 e　八（1）班和八（2）班竞赛成绩统计表

班级	平均数	中位数
八（1）	80.1	82.5
八（2）	82.3	78.5

小宇说："虽然我没达到班级的平均分，但肯定能进复赛。"小铭说："我超过了班级的平均分，却被淘汰了。"

你是否能够判断他们来自哪个班级？

通过此题，培养学生阅读统计图，并从图中分析和提取信息的能力。进一步经历求数据中位数的过程，体会中位数在实际情境中的意义，明确根据情境与需求，可以从不同的角度选取不同的统计量对数据进行分析。

课时 4　众数

活动 1

活动名称：情境引申，引出新知

活动内容：

根据表 d 的数据，平均数为 9200 元，中位数为 6000 元。小林看到这两个数据很满意，认为自己应聘的最普通的岗位的薪酬应该也不会太差，可看完合同却发现实际工资仅有 4000 元。他又询问了公司的几名职员，发现他们的薪酬也都是 4000 元。

	小林觉得很奇怪，怀疑那位主管提供了虚假的信息，可这位主管又拿出了公司员工的具体薪酬分布表格。他发现，公司主管所给出的数据的确属实。 通过对同一个问题情境的引申，帮助学生感受平均数容易被极端值影响的局限性和中位数更关注位置，对其前后数据的大小参考性小的特点。由此引出学习和使用其他统计量刻画数据集中趋势的必要性。同时，培养学生在统计表中分析和提取信息的能力，逐步引出众数的概念及求法。感受众数是更适合描述这个问题中普通薪酬水平的统计量，让学生更好地理解其统计意义，体会众数的应用价值。
活动2	活动名称：实践应用，巩固新知 活动内容： 有一家鞋店在一段时间内销售了某种篮球鞋50双，其中各个尺码的销售量如表 f 所示。 **表 f　某鞋店一段时间内某种篮球鞋销售统计表** <table><tr><td>尺码/cm</td><td>23.5</td><td>24</td><td>24.5</td><td>25</td><td>25.5</td><td>26</td><td>26.5</td><td>27</td></tr><tr><td>销售量/双</td><td>1</td><td>3</td><td>5</td><td>11</td><td>18</td><td>7</td><td>3</td><td>2</td></tr></table> 你能根据表中的数据为这家鞋店提供合理的进货建议吗？ 通过本道例题巩固求一组数据的众数的基本方法。同时，帮助学生感受用众数去描述一组数据的代表性的强弱，与该数据占整组数据比例的大小有关。明确不管用什么统计量去描述数据，都不能脱离数据本身的特点。

课时 5　数据的集中趋势

活动1	活动名称：整体思考，综合运用 活动内容： 某商场服装部为了调动营业员的积极性，决定实行目标管理，根据目标完成的情况对营业员进行适当奖励。为了确定一个适当的月销售目标，商场服装部统计了每名营业员在某月的销售额（单位：万元），数据如下。 17　18　16　13　24　15　28　26　18　19 22　17　16　19　32　30　16　14　15　26 15　32　23　17　15　15　28　28　16　19 (1)月销售额在哪个值的人数最多？中间的月销售额是多少？平均月销售额是多少？ (2)如果想确定一个较高的销售目标，你认为月销售额定为多少合适，说明理由。 (3)如果想让一半左右的营业员都能达到销售目标，你认为月销售额定为多少合适，说明理由。 通过以上问题，教师引导学生结合问题情境和数据特征，体会各种统计量的统计意义，对通过选择适当的统计量解决问题、用样本估计总体以及数据处理的基本过程做更进一步的认识。

活动2	活动名称：回顾反思，总结提升 活动内容： 结合以下问题，教师与学生一起回顾本单元所学内容，探究过程中体现的统计思想，总结收获和体会。 (1)加权平均数、中位数、众数的统计意义是什么？ (2)谈谈这三种统计量的优缺点。 (3)学习过程中体现或运用到了哪些数学的思想与方法？ (4)你还有哪些收获和体会？

六、 单元评价方案

（一）单元学习效果的评价

学生的学习效果与教师的教学效果是紧密联系的，对本单元的学习效果，主要设计了下面两个评价卷，评价卷一是对学习过程的评价(见表 3-10-2)，评价卷二是对学习内容掌握情况的评价(优：90 分及以上，良：80～90 分，中：60～80 分，差：60 分以下)。

评价卷一

表 3-10-2　学习过程评价表

评价方式	评价项目	评价等级 A	B	C	评价等级说明 A	B	C
教师评价	课堂发言反映出的思维深度				强	一般	弱
	课堂发现问题的角度、能力				多、强	一般	少、弱
	课堂学习的积极性				高	一般	低
小组评价	小组发言的次数、质量				多、高	一般	少、低
	设计解决问题的方法、能力				多、强	一般	少、弱
	讨论与交流的深度				强	中	弱
	帮助同学的次数、效果				多、好	一般	少、差

续表

评价方式	评价项目	评价等级			评价等级说明		
		A	B	C	A	B	C
个人评价	参与学习的兴趣				强	中	弱
	独立思考的习惯				强	中	弱
	体验到学习和成功的愉悦				多	一般	少
	倾听、理解他人的见解及合作交流的意识				强	一般	弱

评价卷二

班级_____　姓名_____　得分_____

1.(15分)某商场为了了解A产品的销售情况，在上个月的销售记录中，随机抽取了5天A产品的销售记录，表a是其售价x(元/件)与对应销量y(件)的全部数据表。

表a　某商场A产品其中5天的销量与售价对应表

售价x/(元/件)	90	95	100	105	110
销量y/件	110	100	80	60	50

在这5天中，A产品平均每件的售价为(　　)。

A.100元　　　B.95元　　　C.98元　　　D.97.5元

2.(15分)在"美丽乡村"评选活动中，某乡镇7个村的得分如下：98，90，88，96，92，96，86。这组数据的中位数和众数分别是(　　)。

A.90，96　　　B.92，96　　　C.92，98　　　D.91，92

3.(15分)受央视《朗读者》节目的影响，某校七(2)班近期准备组织了一次朗诵活动，语文老师调查了全班学生平均每天的阅读时间，统计结果如表b所示，则在本次调查中，全班学生平均每天阅读时间的中位数和众数分别是(　　)。

表b　七(2)班学生平均每天阅读时间统计表

每天阅读时间/h	0.5	1	1.5	2
人数	8	19	10	3

A.2小时，1小时　　　　　　B.1小时，1.5小时

C.1小时，2小时　　　　　　D.1小时，1小时

4. (15 分)图 a 是成都市某周内日最高气温的折线统计图，关于这 7 天的日最高气温的说法正确的是(   )。

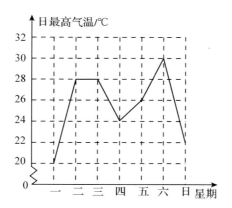

图 a　成都市某周内日最高气温的折线统计图

A. 最大值与最小值的差是 8 ℃   B. 众数是 28 ℃

C. 中位数是 24 ℃   D. 平均数是 26 ℃

5. (15 分)某校招聘教师一名，现有甲、乙、丙三人通过专业知识、讲课、答辩三项测试。他们各自的成绩如表 c 所示(单位：分)。

表 c　三名应聘者的应聘成绩统计表

应聘者	专业知识	讲课	答辩
甲	70	85	80
乙	90	85	75
丙	80	90	85

按照招聘简章要求，对专业知识、讲课、答辩三项赋权 5：4：1，请计算三名应聘者的平均成绩，从成绩看，应该录取谁。

6. (25 分)某年级共有 300 名学生。为了解该年级学生 A，B 两门课程的学习情况，从中随机抽取 60 名学生进行测试，获得了他们的成绩(百分制)，并对数据(成绩)进行了整理、描述和分析。下面给出了部分信息。

a. A 课程成绩的频数分布直方图如图 b 所示(数据分成 6 组：$40 \leqslant x < 50$，$50 \leqslant x < 60$，$60 \leqslant x < 70$，$70 \leqslant x < 80$，$80 \leqslant x < 90$，$90 \leqslant x \leqslant 100$)。

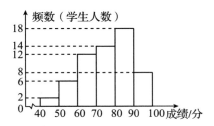

图 b　A 课程成绩的频数分布直方图

b. A 课程成绩在 $70 \leqslant x < 80$ 这一组的是：

70　71　71　71　76　76　77　78　78.5　78.5　79　79　79　79.5

c. 表 d 是 A，B 两门课程成绩的平均数、中位数、众数统计表。

表 d　A，B 两门课程成绩的平均数、中位数、众数统计表

课程	平均数/分	中位数/分	众数/分
A	75.8	m	84.5
B	72.2	70	83

根据以上信息，回答下列问题：

(1) 写出表中 m 的值。

(2) 在此次测试中，某学生的 A 课程成绩为 76 分，B 课程成绩为 71 分，这名学生成绩排名更靠前的课程是_____（填"A"或"B"），理由是_____；

(3) 假设该年级学生都参加此次测试，估计 A 课程成绩超过 75.8 分的人数。

（二）作业设计

作业设计在进行总量控制的前提下，尽量做到题目典型、有针对性、有层次、可选择；形式多样，联系学生的实际生活，有趣味性、应用性。

七、具体课时设计

平均数（1）（课时 1）

（一）教学内容分析

本课时选自人教版数学八年级下册第二十章"数据的分析"，属于"统计与概率"领域。从教材地位看，平均数是衡量一组数据平均水平（集中趋势）的重要统计量，加权平均数能很好地反映对某些数据的侧重。本内容既是对第二学段所学平均数的深化和拓展，又是后续方差学习的基础，是联系现实生活，培养学生应用意识和创新能力的良好素材，具有重要的现实意义。

从素养需求看，本内容旨在要求学生理解平均数的统计意义，形成数据观念。

学生在问题解决过程中，积累活动经验，发展核心素养。

从课标要求看，本内容促使学生经历完整的数据统计过程，发展数据观念。通过前期对课程标准的深入解读，我们发现，随着课程标准的发展，对统计的要求越来越细化，和实际结合越来越紧密。《新课标》强调，学生经历完整的数据统计过程，发展数据观念，体现了大数据时代对数据分析能力的要求。

（二）学生情况分析

在知识储备上，学生已经掌握了算术平均数的算法，有了初步的数据分析意识，但是由于受生活经验的局限和认知水平的影响，学生对权的意义和作用、对归纳加权平均数的公式的理解存在困难，学情调查问卷中也反映出学生具备初步的数据分析意识，对以百分比的形式出现的加权平均数能够较好地求解，但对基本统计量的意义理解得不够准确，数据分析素养处于相对较低的水平，缺少一种综合全面的统计思维。

（三）教学目标

(1)理解加权平均数的统计意义是表示数据的相对重要程度，认识到加权平均数是刻画数据集中趋势的统计量。

(2)会计算一组数据的加权平均数，会用加权平均数分析一组数据的集中趋势，发展数据分析能力，逐步形成数据分析的观念。

(3)会用数学的眼光看待情境中的问题，会用数学的语言表达自己的观点，会用数学的方法解决问题，体会数学的应用价值。

（四）教学重难点

教学重点：对权和加权平均数统计意义的理解。

教学难点：对权的意义的理解，用加权平均数描述数据的集中趋势。

（五）教学过程

1. 复习回顾，引出问题

同学们，这节课我们要继续学习统计部分的有关知识，前面我们已经学习了数据的收集、整理与描述。数据分布的一些特征可以通过这些图表反映出来。但更多的关于数据的分布特征还隐藏在这些数据之中，为了进一步获取信息，还需要对数据进行分析，得出更多有价值的结论，为决策提供依据。

本章将学习数据的分析，主要研究平均数、中位数、众数等统计量的统计意义，学习如何利用这些统计量分析数据的集中趋势和波动程度，如何利用数据的数字特征刻画数据的分布特征。通过研究如何用样本的平均数估计总体的平均数，进一步体会用样本估计总体的思想。

以前，我们学过平均数，知道它可以反映一组数据的平均水平。本节课，我们将在实际问题情境中，进一步探讨平均数的统计意义。

【设计意图】让学生回顾统计调查的一般步骤，了解本节课的学习内容，同时体会数据分析是统计的重要环节，而平均数是数据分析中常用的统计量。

2. 创设情境，解决问题

问题1：针对课时1中的活动2，请你计算一下，看看是不是张宇说的这样？如果是，你知道缘由吗？你觉得他俩的平均分谁高一些？

【设计意图】体质健康测试是学生熟悉的情境，以学生的生活实际为出发点，提出问题，能更好地调动学生学习的积极性，激发学生的探究欲，引导学生从数学的角度看待问题，用数学的方法解决问题。

学生活动：学生手算，或使用计算器计算，然后进行评判。

预案1：若学生站在张宇的角度，以简单算术平均数为评判依据。

$$\bar{x}_{张} = \frac{100+80+80+85+90+50+70}{7} \approx 79.3$$

$$\bar{x}_{李} = \frac{80+100+100+90+85+0+80}{7} \approx 76.4$$

师生活动：教师适当引导并复习小学平均数的相关知识，并将计算方法代数化，提出简单算术平均数的计算公式 $\bar{x} = \frac{x_1 + x_2 + \cdots + x_n}{n}$。站在张宇的角度评判，一组数据的平均数反映平均水平，他的平均成绩确实较高，似乎有一定的道理；但是在这里，学生的各项得分在体质健康测试成绩中的占比有所不同，学生能感受到不合理，但是不一定能说得清楚。

追问1：能否同等看待各项得分，直接将七项得分加起来除以项数7，得到这组数据的平均数，以此作为体质健康测试成绩？

【设计意图】通过张宇评判的角度，可以借此回顾平均数的意义：一组数据的平均数是这组数据的总和与数据个数的比，说明算术平均数能够反映一组数据的总体平均水平（集中趋势），进一步提出将计算方法代数化，提出公式 $\bar{x} = \frac{x_1 + x_2 + \cdots + x_n}{n}$，同时，让学生明确体质健康测试成绩中各项得分的占比有所不同，为引入加权平均数及其计算方法做铺垫。

预案2：若学生都了解各项占比有所不同，没有直接用算术平均数计算，可以提出让学生验证从加权平均数的角度看，张宇是否成绩更好。然后提出追问。

追问2：根据各项占比，在计算体质健康测试成绩时，比较侧重哪些成绩。

教师活动：展示各项占比。

【设计意图】让学生初步体会权的意义和作用，反映数据的重要程度。

追问 3：如何在计算体质健康测试成绩时体现各项的差别？

师生活动：教师根据学生解决问题的过程进行适当引导。对于追问 3，尽量让学生自己解决，给学生充分思考、尝试的时间，让学生体会加权平均数产生的过程，体会计算的合理性。教师也可引导学生联想学期成绩、学年成绩的计算方法。根据对学生学情的调查，大部分学生都能理解并正确计算权重以百分比形式给出的加权平均数。

$\bar{x}_{张}=100\times15\%+80\times15\%+80\times20\%+85\times10\%+90\times10\%+50\times10\%+70\times20\%=79.5$

$\bar{x}_{李}=80\times15\%+100\times15\%+100\times20\%+90\times10\%+85\times10\%+0\times10\%+80\times20\%=80.5$

师生活动：通过对比分析，初次感知加权平均数，并指出它也是反映一组数据平均水平(集中趋势)的统计量。

回应问题 1 中两名同学的争论，问题解决后，教师总结：

权的意义是反映数据的重要程度，如 15％，15％，20％，10％，10％，10％，20％分别表示体重指数(BMI)、肺活量、50 米跑、坐位体前屈、立定跳远、引体向上、1000 米跑七项成绩的权，而这样计算得出的平均数 79.5，80.5 分别称为这两名同学七项成绩的加权平均数。

【设计意图】追问 2 让学生明白各个数据具有不同的重要程度，在计算平均成绩时需要体现这个不同点。追问 3 让学生自主研究问题的解决方法，思考怎样将数据连同其重要程度一起纳入平均数的计算，并能说明这种方式的合理性，初步体会重要程度的作用，最后列出正确的算式，给出权的意义。问题循序渐进，层层深入，为权的产生提供自然合理的背景，激发学生步步深入地思考，结合学生已有的生活经验，从而获得解决问题的方法。

3. 比较辨别，形成概念

问题 2：在问题 1 中，各项得分的占比是以百分比的形式给出的，能否变成比的形式？如果能，各项得分的权分别是多少？这种情形的体质健康测试成绩又怎么计算呢？

权重等价于：

3∶3∶4∶2∶2∶2∶4

师生活动：学生根据这个比与前面百分比的等价性，不难将现在的问题转化为前面的情形进行计算：

$$\bar{x}_{张}=100\times\frac{3}{20}+80\times\frac{3}{20}+80\times\frac{4}{20}+85\times\frac{2}{20}+90\times\frac{2}{20}+50\times\frac{2}{20}+70\times\frac{4}{20}$$

$$=\frac{100\times3+80\times3+80\times4+85\times2+90\times2+50\times2+70\times4}{20}=79.5$$

$$\bar{x}_{李}=80\times\frac{3}{20}+100\times\frac{3}{20}+100\times\frac{4}{20}+90\times\frac{2}{20}+85\times\frac{2}{20}+0\times\frac{2}{20}+80\times\frac{4}{20}$$

$$=\frac{80\times3+100\times3+100\times4+90\times2+85\times2+0\times2+80\times4}{20}=80.5$$

【设计意图】通过同一问题下，权的不同表现形式，让学生理解两种权的形式本质上相同，意义相同，作用一样，可以相互转化，从而可以运用百分比形式下的计算方法，推导出以比的形式给出的加权平均数的计算方法。

追问 4：能否用语言描述权以比的形式给出的加权平均数的计算方法？

追问 5：在问题 1，2 中，各个数据的重要程度不同(权不同)，这种加权平均数的计算方法能否推广到一般？若能，权以哪种形式体现更方便表述？

追问 6：若 n 个数 x_1，x_2，$\cdots$，x_n 的权分别是 w_1，w_2，$\cdots$，w_n，则这 n 个数的平均数该如何计算？

师生活动：教师引导学生得到加权平均数公式。

一般，若 n 个数 x_1，x_2，$\cdots$，x_n 的权分别是 w_1，w_2，$\cdots$，w_n，则 $\dfrac{x_1w_1+x_2w_2+\cdots+x_nw_n}{w_1+w_2+\cdots+w_n}$ 叫这 n 个数的加权平均数。

【设计意图】从特殊到一般，给出加权平均数的一般公式。

4. 深化拓展，灵活运用

问题 4：针对活动 4，如果你是这家公司的招聘者，请按你认为的各项重要程度设计四项得分的权来确定录用者，并说一说你这样设计的理由。

师生活动：教师呈现开放性问题，学生独立思考，主动赋权，解决问题。

【设计意图】设置开放性问题，学生思考"如果想招一名综合能力较强的翻译，应如何赋权？""如果想招一名笔译能力较强的翻译，应如何赋权？""如果想招一名口语能力较强的翻译，又应如何赋权？"让学生主动运用权影响一组数据的平均水平，帮助学生内化对权的意义的理解。

5. 回顾反思，分层落实

(1)课堂小结

结合以下问题，教师与学生一起回顾本节课所学内容，探究过程中体现的统计思想，总结收获和体会。

①加权平均数在数据分析中的作用是什么？

反映一组数据的平均水平、集中趋势。

②权的意义和作用是什么？

反映数据的重要程度，影响数据的平均水平。

③体现或运用到了哪种数学的思想与方法？

④你还有哪些收获和体会？

【设计意图】引导学生从知识、方法和活动经验等方面进行回顾反思，进一步巩固对加权平均数的统计意义、权的意义和作用的理解，养成及时总结、不断反思的好习惯。将课堂学习进行升华，引导学生有意识地用一些统计量分析数据，学会从数学的角度看待问题，用数学的语言表达自己的观点，用数学的方法解决问题。

（2）布置分层作业

【设计意图】设计分层作业满足不同程度学生的需求，必做题帮助包括基础较薄弱的学生在内的全体学生回溯学习过程，落实基础知识和基本技能。选做题使基础较为扎实的学生能熟练运用知识技能解决实际问题，排查概念疏漏，加深对加权平均数及权的理解。同时，满足学有余力的学生的提升需求，发展数据观念，增强推理能力，体会数学的应用价值。作业内容的选择，可以让学生体会学习过程的重要性、思想品德的重要性，渗透社会主义核心价值观。

A 层（阅读理解）

①学期末，某班评选一名优秀学生干部，表 a 是班长、学习委员和团支部书记的得分情况。

表 a　班长、学习委员和团支部书记的得分情况统计表

项目	班长	学习委员	团支部书记
思想表现	24	24	26
学习成绩	26	28	24
工作能力	28	24	26

假设在评选优秀学生干部时，思想表现、学习成绩、工作能力这三个方面的重要比为 4∶2∶4，通过计算说明谁应当选为优秀学生干部。

解：班长的成绩 $= \dfrac{24\times4+26\times2+28\times4}{4+2+4} = 26$（分）；

学习委员的成绩 $= \dfrac{24\times4+28\times2+24\times4}{4+2+4} = 24.8$（分）；

团支部书记的成绩 $= \dfrac{26 \times 4 + 24 \times 2 + 26 \times 4}{4 + 2 + 4} = 25.6$（分）；

∵ $26 > 25.6 > 24.8$，

∴ 班长应当选。

【设计意图】考虑到班级里有个别学生的数学基础非常薄弱，为了使他们也能有所收获，不放弃学习数学，设置了这类阅读型的作业。

A 层（巩固基础）

②在"双减"政策下，某学校规定，学生学期的学业成绩由两部分组成：平时成绩占 60%，期末成绩占 40%。小颖的平时成绩、期末成绩分别为 90 分、92 分，则小颖本学期的学业成绩为 _____ 。

③某校学生期末操行评定从德、智、体、美、劳五方面进行，五方面按 $3:3:2:1:1$ 确定成绩，小明同学本学期五方面的得分分别为 10 分、9 分、8 分、9 分、9 分，则他期末操行评定的得分为 _____ 。

B 层（巩固提高，※选做题）

④某公司要招聘一名职员，根据实际需要，从学历、经验、能力和态度四个方面对甲、乙、丙三名应聘者进行了测试，测试成绩如表 b 所示。

表 b 甲、乙、丙三名应聘者应聘成绩统计表

应聘者	学历	经验	能力	态度
甲	9	8	7	5
乙	8	6	8	7
丙	8	9	8	5

A. 如果将学历、经验、能力和态度四项得分按 $1:1:1:1$ 的比例确定每人的最终得分，并以此为依据确定录用者，那么谁将被录用？

B. 如果这家公司较看重员工的学历（其他三项比例相同），你帮公司设计四项得分的比例，并以此为依据确定录用者，那么谁将被录用？

C. 如果你是这家公司的招聘者，请按你认为的重要程度设计四项得分的比例确定录用者，并说一说你这样设计比例的理由。

【设计意图】设置开放性问题，让学生主动运用权影响一组数据的平均水平，帮助学生内化对权的意义的理解。设置此问题情境，引导学生树立正确的价值观，在未来生活、工作中不能唯学历论，也要注重能力、态度等，引导学生正确规划自己的人生。

【作业④参考答案】

A. 直接相加，甲、乙各得 29 分，丙得 30 分，录用丙。

B. 将学历、经验、能力和态度四项得分按 3：1：1：1 的比例加权平均，录用甲（按 2：1：1：1 或 4：1：1：1 等能体现学历重要的比例设计均可）。

C. 学生对自己设计的比例阐述理由，只要合理即可。如看重态度，有无经验均可，将学历、经验、能力和态度四项得分按 2：1：2：3 的比例加权平均，录用乙。

八、 核心活动的实施实录

此处将核心活动课堂实录转化为文字后形成核心活动的实施实录，能为教师提供全景式的课堂回溯。具体内容可扫描右侧二维码阅读。

课堂实录（文字版）

九、 教师的反思与成长

针对本单元的知识内容，以前的教学往往过度关注具体知识点的概念和计算能力的获得，忽视了平均数、中位数和众数作为反映数据集中趋势统计量的统一特征。其实，这三个统计量在反映数据集中趋势方面没有先后之分，只是在具体情境中，看哪一个更适合。因此，研究的方法具有一致性，可以站在单元的角度上，对探究方法进行一致性设计，能够让学生对本部分知识的整体性有更加清晰的认识，更加深刻地理解它们能反映数据集中趋势的特点，以及整体把握全章内容的结构和体系，站在数据分析的角度上看待数据集中趋势和波动程度这两类统计量。此外，以培养学生的数据观念为教学目标的单元教学，在每一单元课时，都紧紧围绕这一主线开展教学活动，更利于学生获得数学基础知识、基本技能、基本思想和基本活动经验，发展运用数学知识和方法发现问题、提出问题、分析和解决问题的能力，更好地形成适应终身发展需要的核心素养。

【点评】

本单元以"数据的分析"为主题整体设计，有效地整合了统计内容和统计活动。学生从真实的、贴近生活的问题情境中收集、整理数据，描述、分析数据，进而反思实际生活问题，并给出改进建议。目标明确，逻辑条理清晰，单元活动设计层层深入。

单元设计素养立意，核心素养贯穿单元目标、教学内容、活动设计及评价之中。单元目标体现了素养导向：学生经历数据处理的基本过程，体验统计与生活之间的联系，体会数学的应用价值，养成重证据、讲道理的科学态度。在教学过程中，引导学生用数学的眼光看待体质健康测试情境，用数学的知识、思维、方法解决问题，最后用数学的语言表达自己的观点。设计分层作业以满足不同程度学生的需求，为学生提供了新的学习机会。分层作业既落实了数学知识与技能，又解决了实际生活中的问题，使学生发展了数据观念，增强了推理能力。课堂及课后的学习效果评价主体及目标多元化，评价方式多样化，注重过程。

点评人：丁明怡